Harald Irnberger/Ingrit Seibert

Zentralamerika
Opfer, Akteure, Profiteure

Lamuv

CIP-Titelaufnahme der Deutschen Bibliothek

Irnberger, Harald:
Zentralamerika: Opfer, Akteure, Profiteure; Reportagen / Harald
Irnberger ; Ingrit Seibert. – Göttingen : Lamuv Verl., 1989
  ISBN 3-88977-181-5

NE: Seibert, Ingrit

Bitte fordern Sie unser kostenloses Gesamtverzeichnis an:
Lamuv Verlag, Düstere Straße 3, D-3400 Göttingen

1. Auflage, Mai 1989
© Copyright Lamuv Verlag GmbH, Düstere Straße 3, D-3400 Göttingen,
1989

Umschlaggestaltung: Gerhard Steidl unter Verwendung
eines Fotos von Perry Kretz/stern
Gesamtherstellung: Steidl, Göttingen
ISBN 3-88977-181-5

Inhaltsverzeichnis

Zentralamerika

Sechs Staaten, keine Nation

Wo ein Maultier mehr kostet als ein Politiker

Der Arias-Plan

Ein Wunder schien geschehen. Im Empfinden vieler Zentralamerikaner, in dem der von der spanischen Kolonialmacht eingeschleppte Katholizismus in jener mystischen Intensität verankert ist, die sich aus den indianischen Urreligionen dieser Region speist, war das bei aller Unerwartetheit des konkreten Ereignisses nicht ungewöhnlich. Geschah es doch unter ausdrücklicher Berufung auf ein vorangegangenes Gipfeltreffen im guatemaltekischen Esquipulas – dessen Kathedrale mit ihrer anerkannt wundertätigen Figur des *Santo Cristo Negro,* des Schwarzen Christus, Ziel vieler Wallfahrten ist –, daß die Präsidenten von Guatemala, El Salvador, Honduras, Nicaragua und Costa Rica an diesem 7. August 1987 in Ciudad de Guatemala ein Friedensabkommen unterzeichneten, das dann in den Massenmedien nach dem costaricanischen Präsidenten *Arias-Plan* bezeichnet wurde.

Wenige Wochen später erhielt Oscar Arias Sanchez dafür in Stockholm den Friedensnobelpreis zugesprochen. Es war dies eine reichlich eigenwillige Entscheidung der Herren der schwedischen Akademie angesichts des Anteils anderer – insbesondere des guatemaltekischen Präsidenten Vinicio Cerezo – am Zustandekommen dieses Planes zur friedlichen Beilegung aller in dieser Region seit Jahren bewaffnet ausgetragenen Konflikte politischer und sozialer Natur durch eigene Initiativen der betroffenen Staaten. Das heißt somit: nicht auf der Ebene nordamerikanischer Diktate und Interventionen.

Entsprechend gequält fiel das Gratulationslächeln der Regierenden in Washington aus, die es nicht gewohnt sind, wenn in ihrem Hinterhof die dortigen Politiker auf eigene Ideen kommen und diese noch dazu verwirklichen wollen. Doch im Hinblick auf die nahezu vollständige materielle Abhängigkeit aller Staaten der Region – mit Ausnahme Nicaraguas, das nach dem Sieg der sandinistischen Revolution vom 19. Juli 1979 von Washington mit einem Wirtschaftsembargo und einem Söldner-Krieg für seine Eigenmächtigkeiten bestraft wurde – von den finanziellen Zuwendungen aus den USA, gab es für Skeptiker viele Gründe, dem Arias-Plan wenig Erfolgschancen einzuräumen. Bedeutete dieses Abkommen doch den einseitigen Versuch der Betroffenen, eineinhalb Jahre vor dem Ende der Regierungszeit Ronald Reagans eine Ära nordamerikanischer Zentralamerikapolitik für beendet zu erklären, die mit dem Namen dieses Präsidenten der USA verbunden bleiben wird: jene der Rückkehr zu ungeschminkter Interventionspolitik durch ökonomische Erpressung und militärische Bedrohung.

Wo dessen Amtsvorgänger Jimmy Carter – halbherzig zwar und ohne nachhaltiges Ergebnis, sieht man davon ab, daß er nicht versuchte, den Sturz des nicaraguanischen Diktators Anastasio Somoza zu verhindern – mit der Durchsetzung von Menschenrechten Politik machen wollte, rückte für Reagan das Verlangen nach »Freiheit und Demokratie« an oberste Stelle. Oder was sich eben ein nordamerikanischer Millionär von schlichtem Gemüt darunter vorstellt, der selbst bei seinem größten Wahlsieg in der Tat nur von etwa einem Viertel seiner erwachsenen Landsleute gewählt wurde und dem jedes Wissen und Verständnis über beziehungsweise für die historischen, kulturellen, sozialen und politischen Zusammenhänge in einer Region fehlt, in der Analphabetismus und Verelendung ein Massenproblem sind, Rundfunk, Fernsehen und Zeitungen ausschließlich einer machthabenden Minderheit offenstehen, tödliche Gewalt von Todesschwadronen und Entführerkommandos erst recht im Schatten von Wahlurnen zum Alltag politischer Auseinandersetzungen gehört, sowie letztendlich »ein Maultier mehr kostet als ein Politiker«.

Dieser Ausspruch wird einem Präsidenten jener *United Fruit Company* zugeschrieben, die mit dem Aufbau ihrer Bananenplantagen für viele Jahre die nahezu uneingeschränkte Macht in den Staaten Zentralamerikas übernahm und diese zu den sprichwörtlichen *Bananenrepubliken* degradierte.

Es nimmt angesichts solcher Zustände nicht Wunder, wenn von den kritischen Geistern Zentralamerikas Begriffe

wie Demokratie oder Wahlen – in Nordamerika und Europa
positiv besetzte des politischen Vokabulars – mit Inhalten
wie Betrug gleichgesetzt werden. Daran hat sich seit den
Zeiten der *United Fruit* nur insofern etwas geändert, als
die Methoden der Manipulation durch den Einsatz nordamerikanischer Demokratiekunst inzwischen verfeinert
wurden.

Das Scheitern der mit den Namen Reagan verbundenen
»Demokratisierungspolitik« für Zentralamerika war somit
selbst für die intelligenteren Anhänger des US-Systems
unter den Politikern dieser Region abzusehen, bevor sie im
letzten Amtsjahr dieses Präsidenten der Vereinigten Staaten für alle Welt offenkundig wurde. Vom angestrebten Ziel
der »westlichen Demokratie« blieben indes die zur vorgeb-
lichen Erreichung desselben angewandten Mittel übrig:
politische Bevormundung, ökonomische Abhängigkeit
sowie von Oligarchen und Militärs geprägte innere Machtstrukturen im Großteil Zentralamerikas.

Vor dem Hintergrund dieser weithin von den USA installierten Mittel mußte aber auch der Friedensplan von Esquipulas eine Geste hochfliegender Ambitionen bleiben, die
bald von den Realitäten eingeholt werden sollte. Als sich
die fünf zentralamerikanischen Präsidenten im Januar 1988
in Costa Rica zum nächsten Mal trafen, blieb ihrer Mehrheit nur noch übrig, das Interesse einer bereitwilligen
Medien-Öffentlichkeit auf angebliche oder tatsächliche Ver-
säumnisse Nicaraguas zu lenken und ansonsten einver-
nehmlich den Umstand zu ignorieren, daß es ihnen an
Willen und Macht gefehlt hatte, ihre in Guatemala formu-
lierten Vorsätze in die Tat umzusetzen.

Einzig die Regierung von Nicaragua war es trotz alledem,
die wenigstens im eigenen Bereich den Geist von Esquipulas wachzuhalten versuchte und in ernsthafte Waffenstill-
standsverhandlungen mit den Söldnern der von den USA
finanzierten *Contra* eintrat.

In Guatemala hingegen – wo es im Frühjahr 1988 wieder
einmal zu einem Putschversuch kommen sollte – demon-
strierten die Militärs dem zivilen Präsidenten Cerezo

erneut die engen Grenzen seiner Macht. Die Verhandlungen mit den dortigen Kräften der bewaffneten Opposition wurden genausowenig seriös ins Auge gefaßt wie in El Salvador, wo noch dazu die rechtsradikale ARENA-Partei mit genau den wahltaktischen Mitteln die Christdemokraten des Präsidenten Napoleon Duarte an die Wand drückte, mit denen die US-Regierung eine demokratische Fassade zu errichten beabsichtigte, hinter der ihre um Duarte gescharten Günstlinge die Anweisungen aus Washington exekutieren sollten.

In Honduras blieb der faktische Besetzungszustand durch die *Contra* und immer neue Militärkontingente aus den USA unverändert, was durchaus dem Interesse der Militärs dieses Landes entspricht, die sich damit vielfältige illegale Geschäftsmöglichkeiten und die Herrschaft über die zivile Regierung wahren – die unter dem Präsidenten José Azcona Hoyos ohnedies kaum zu größeren Leistungen befähigt gewesen wäre.

In Costa Rica, des Nobelpreisträgers Arias eigenem Land, begannen hinter der makellos sauberen Demokratiefassade die sozialen Konflikte zu eskalieren.

Schließlich spitzte sich noch der Konflikt um die Macht zwischen den USA und deren Gefolgsleuten einerseits sowie den einheimischen Militärs andererseits in Panama zu – einem Staat, der sich zwar immer eher zum Anden-Raum hin orientierte, soweit ihm von Washington dazu Spielraum gelassen wurde. Geographisch ist Panama jedoch ein Teil der Landbrücke zwischen den beiden Amerikas, die Zentralamerika bildet – und die Panamesen geraten zusehends in das politische Korsett, mit dem die USA diese Region einzuschnüren versuchen.

Auch wenn Panama keinem der – zumeist kurzlebigen und ineffizienten – politischen, ökonomischen und militärischen Bündnisse Zentralamerikas angehörte und nun beim Versuch der anderen fünf Staaten der Region abseits steht, ein zentralamerikanisches Parlament einzurichten, das seinen Sitz im Gnadenort Esquipulas haben soll, lassen sich die Vorgänge auf dem Isthmus nicht in ihrer gesamten Komplexität erfassen, ohne den südlichsten Staat der Region zu berücksichtigen.

Zwar versteht sich Guatemala erneut als Zentrum dieser Region – und konkurriert dabei insbesondere mit Costa Rica, das sich als Vorbild sieht –, wobei die Panamesen als Außenstehende betrachtet werden. Das hat historische Ursachen – doch diese wurden reichlich willkürlich in den ersten Phasen der Fremdherrschaft über Zentralamerika geschaffen. Tatsache ist nämlich, daß die Grenzen der fünf beziehungsweise sechs Staaten der Region (Belize als Relikt britischer Kolonialpolitik ist eindeutig dem karibischen Raum zuzurechnen) nicht zwischen unterschiedlichen Staatsnationen im entwickelten Sinne verlaufen. Wo man, wie hier, wohl von verschiedenen Nationalitäten sprechen kann, die sich teilweise mit anderen Ethnizitäten vermischt haben, aber nicht von Nationen im klassischen Sinne, die zu einer historisch-logischen Herausbildung von Staaten geführt haben, befindet sich der Prozeß eigener Geschichts-mächtigkeit naturgemäß in einem unterentwickelten Sta-dium. Im Sinne dieser Diagnose, die für alle Staaten der Region gilt, steht Zentralamerika einschließlich Panama ein wichtiger Teil des Weges zur nationalen Befreiung noch bevor. Die teils schon eingetretene, teils sich ankündigende geo- und regionalpolitische Umbruchsituation, die gleich-falls zu diagnostizieren ist, könnte die fällige nächste Etappe im Prozeß der Suche nach Souveränität beschleunigen.

Schließlich entspricht es einer belegten Gesetzmäßigkeit, daß die von den unterschiedlichen Formen von Kolonialis-mus und Imperialismus beherrschten Völker dieser Erde ihre nationale Identität – ein wesentliches Etappenziel für jede weitere Entwicklung – vorrangig im und durch den Kampf gegen die Fremdherrschaft finden. In Zentrame-rika belegt dies das Beispiel Nicaragua. Alle anderen Kon-flikte dieser Region sind durchaus auch im Rahmen – eines noch weniger entwickelten Stadiums – dieses nationalen Befreiungsprozesses zu sehen.

Der gemeinsame Feind der Interessen aller Völker dieses Raumes sind in erster Linie die USA. Wenn wir gegenwärtig in den Staaten des Isthmus aus den intellektuellen und den unteren Schichten der Bevölkerung eine neue Welle der Ablehnung gegenüber den Vereinigten Staaten aufsteigen sehen, so könnte in dieser Entwicklung eine dynamischere Kraft für eine künftige Einheit dieses Raumes freigesetzt werden, als sie von allen bisherigen staatlichen Bündnissen hervorgebracht wurde.

Zwar zieht sich durch die gesamte Geschichte Zentralamerikas eine Kette von Versuchen befreienden Widerstandes, die von den indianischen Kämpfen gegen die *Conquista,* Aufständen farbiger Sklaven (vor allem in Panama), später bürgerlich-liberalen Reformprojekten im Sinne von Aufklärung und mehr sozialer Gerechtigkeit (für die der aus Honduras stammende, ab 1830 amtierende Präsident der ersten zentralamerikanischen Staatenföderation, Francisco Morazan, sowie in der Mitte dieses Jahrhunderts die beiden guatemaltekischen Präsidenten Juan José Arevalo und Jacobo Arbenz stehen), des weiteren dem Konzept eines populistischen Nationalismus (mit dem der panamesische General Omar Torrijos den USA zumindest einen neuen Kanalvertrag abtrotzte) über bewaffnete Aufstände (vor allem unter dem Gewerkschaftsführer Farabundo Marti in El Salvador) und dem Krieg der vom Bauern-General Augusto C. Sandino angeführten ersten *Guerrilla* Lateinamerikas gegen die nordamerikanischen Besatzungstruppen in Nicaragua bis zur zeitgenössischen *Guerrilla* in Guatemala, El Salvador und Nicaragua reicht, die bislang nur von der *Frente Sandinista* erfolgreich in einen allgemeinen Volksaufstand übergeführt werden konnte.

Es ist nicht damit zu rechnen, daß Präsident Bush die US-Politik gegenüber den Staaten der Dritten Welt und insbesondere jenen Zentralamerikas grundlegend ändert. Wenn trotzdem eine neue Qualität der Chance Zentralamerikas auf Erlangung seiner Selbstbestimmung zu existieren scheint, so liegt diese in der nunmehrigen zeitlichen Parallelität des aufkommenden Volkswiderstandes gegen den Einfluß der USA in allen Staaten der Region in unterschiedlicher Intensität (doch mit dem in Nicaragua vollbrachten

Beweis vor Augen, daß Befreiung möglich ist) sowie dem
gleichzeitig manifest gewordenen Scheitern nicht nur von
Details, sondern der gesamten Konzeption der bisherigen
Politik der Vereinigten Staaten auf dem Isthmus.

Dies bedeutet noch nicht, daß die Situation schon überall
in Zentralamerika revolutionär ist und die sich vage abzeich-
nende Vision von Souveränität demnächst in der gesamten
Region zur Realität würde. Doch ein an seinem – noch nicht
abzusehenden – Ende Geschichtsmächtigkeit bewirkender
Prozeß erscheint irreversibel in Gang gesetzt: von der
Gemeinsamkeit der Fremdbestimmtheit zur Einheit befrei-
ter Nationen. Diese in der Geschichte Zentralamerikas
schon häufige Male angestrebte Einheit könnte ebenso als
von den geographischen Gegebenheiten diktiert angesehen
werden, wie der in dieser Region verspätet in Angriff
genommene Entwicklungsschritt, vom Objekt Nordamerikas zum Subjekt der Selbstbstimmung ganz Lateinamerikas
zu werden.

Von der Unterwerfung
zur Einheit befreiter Nationen

Erst im Pliozän, der ersten Phase des Tertiärs, bewirkten
Erdumwälzungen die Herausbildung des zentralamerikanischen Isthmus, »jener schwankenden Ausdehnung von
Hochebenen und Talkesseln, vulkanischen Gebirgsketten
und tropischen Küstenstrichen, unwegsamen Dschungel-
wäldern und reißenden Flüssen, die Pablo Neruda in dem
Großen Gesang die pastorale Kehle von Amerika nennen
sollte«, schreibt der nicaraguanische Dichter und Politiker
Sergio Ramirez: »Präkolumbianische Völker gelangten über
die Jahrhunderte in ihren legendären Wanderungen zu dieser schmalen Brücke, die die beiden amerikanischen Kontinente verbindet. Sie begründeten dort hochentwickelte
Zivilisationen und erbauten wie die Maya-Völker ihre heiligen Städte, die heute in den Labyrinthen der Wälder begraben liegen. In den Niederungen der großen Seen von Nica-

ragua vermischten sich kurz vor der spanischen *Conquista* Völkerstämme aus dem Süden mit anderen aus dem Norden, wie sich auch Flora und Fauna beider Kontinente vermischten. Eine neue Vegetation, neue Blumen und Früchte, neue Tiere und Vögel vermehrten ihre Spezies auf jenem Landstreifen, der auch für das Heilige Buch des Quichè-Volkes, das *Popol Vuh,* erst entstand, als die Götter die Wasser teilten.«

Vorher, lesen wir dort, »zeigte sich nicht das Antlitz der Erde. Nur das ruhige Meer und der Himmel in ihrer ganzen Ausdehnung waren da. Nichts war beieinander, das Geräusche machte, noch etwas, das sich bewegte, noch sich rührte, noch Geräusche am Himmel verursachte«.

Die Reiche der Quichè, Mayas, Pipil, Tolteken und anderer indianischer Völker zerfielen endgültig, als die Spanier nach der 1521 abgeschlossenen Unterwerfung der Azteken von Mexico aus ihre Eroberungszüge in den Süden ausdehnten, 1524 die Stadt Santiago de Caballeros (Guatemela la vieja) und in der Folge San Salvador, San Miguel, Comayagua, Leon und Granada gründeten. Santiago de Caballeros wurde zum Verwaltungszentrum der von den Spaniern geschaffenen *Capitania general de Guatemala,* die neben Guatemala und Chiapas (heute der südlichste Bundesstaat von Mexico) die nunmehrigen Gebiete von El Salvador, Honduras, Nicaragua und Costa Rica umfaßte sowie dem Vizekönigreich *Nueva España*, also Mexico angegliedert war.

Was die Eroberer auf dieser Landbrücke zwischen den beiden Amerikas an Bodenschätzen vorfanden, reichte bei weitem nicht an die Vorkommen in der Anden-Region heran. Also wurden die Indianer des Isthmus zu Tausenden in die Gold- und Silberminen Perus sowie als Lastenkulis zum Abtransport der in den südlicheren Kolonien geförderten Schätze quer über die zentralamerikanische Landenge deportiert. Die von den Fremden eingeschleppten Krankheiten und der tödliche Bekehrungseifer ihrer Missionare taten ein übriges, um die Ureinwohner der Landbrücke binnen weniger Jahre nahezu vollständig auszurotten.

Im 18. Jahrhundert hatten die Briten weite Küstengebiete an der atlantischen Seite Zentralamerikas besetzt und die dort lebenden Miskitos zu Wahrern ihrer Interessen gegenüber den anderen am karibischen Becken siedelnden Völker befördert. Daneben waren es von den karibischen Inseln kommende Farbige afrikanischen Ursprungs, die das kulturelle Gefüge dieser Teile des Isthmus prägten.

Zu diesem britischen Druck auf das Kolonialreich des niedergehenden spanischen Königreiches gesellte sich bald der Expansionismus der jungen Großmacht USA, zuvor aber noch die Unabhängigkeitsbewegung der in den Kolonien geborenen Nachkommen der *Conquistadoren.*

In Mexico erzwangen die Anhänger der *Iguala* (Unabhängigkeit, Gleichberechtigung zwischen Kreolen und Spaniern sowie Katholizismus als Staatsreligion), angeführt von Augustin de Iturbide, am 24. August 1821 die Anerkennung der Selbständigkeit durch den letzten spanischen Vizekönig. Angetan von der *Iguala,* die ihre Privilegien vor den Massen der mestizischen Landesbewohner sicherte, traten am 15. September 1821 auch die Noblen der *Capitania* im Regierungspalast von Guatemala zusammen, um ihre Unabhängigkeit zu verkünden.

Nachdem sich Iturbide zum Kaiser Augustin I. hatte krönen lassen, wurde im Juli 1822 der Anschluß der ehemaligen Gebiete der *Capitania general* an das Kaiserreich Mexico vollzogen und nach dem Sturz dieses bizarren Monarchen nur ein Jahr später am 1. Juli 1823 die Föderative Republik der Vereinigten Provinzen von Zentralamerika ausgerufen. Chiapas schloß sich 1824 Mexico an.

Der damals noch größere Rest der neuen Republik, »die sich unter dem Einfluß der liberalen *Caudillos* an den politischen Ideen der französischen Aufklärung orientierte und sich die Verfassung der Vereinigten Staaten zum Vorbild nahm«, wie Sergio Ramirez berichtet, zerbrach 1838 in einem Strudel von Bürgerkriegen, die sich an Reformen entzündeten, deren Stoßrichtung gegen die Privilegien der Kirche und der anderen Großgrundbesitzer gerichtet war: »Der Klerus und die Latifundisten, die Erben der Kolonialherrschaft, übernahmen, nachdem sie General Francisco Morazan, der jene liberalen Ideale verkörperte, erschießen ließen, erneut die Macht im Lande. Es folgten lange dunkle Zeiten der Diktatur, in denen sie die Föderative Republik wieder in kleine unabhängige Staaten zerstückelten, die, arm und ausgeblutet von den Kriegen, losgelöst voneinander und einander entfremdet, zu vergessenen Balkanländern Amerikas wurden«, fährt Ramirez fort.

Die dominierenden Minderheiten dieser Länder »wollten etwas repräsentieren, das sie Nation nannten, das sich aber durch keine festen Umrisse bestimmen ließ«. Die neuen Republiken waren »nichts anderes als eine unbekannte und unerforschte territoriale Ausdehnung, in der es wenig bebautes Land gab, eine zahlenmäßig geringe und rechtlose Landbevölkerung aus Mestizen, die in kleinen, weit auseinanderliegenden Ansiedlungen verstreut lebten. Die Latifundisten und die Händler selbst hatten sich zur Nation erklärt und zogen in die Machtkämpfe und Bürgerkriege die Bauern mit hinein, ließen sie unter ihren Fahnen für nichts und wieder nichts kämpfen und sterben«.

Parallel zur inneren Zerfleischung der Kleinstaaten gab es weiterhin Versuche einer Rückkehr zur Förderation – allein zwischen 1842 und 1863 fanden an die zwanzig bi- und multilaterale Konferenzen statt, die diesem Zweck dienen sollten. Die von den liberalen Kräften der aufsteigenden Besitzerklassen getragene Idee der Einheit scheiterte aber in jedem Fall an der Obstruktion der Konservativen – der traditionellen Landbesitzeroligarchie und des Klerus.

»America for the Americans«: Die Monroe-Doktrin

Auf diese Kräfte konzentrierten sich die in ihre imperialistische Phase eintretenden USA, deren Präsident James Monroe im Hinblick auf die Expansion nach Süden 1823 seine Doktrin *»America for the Americans«* formuliert hatte.

Das Interesse der Vereinigten Staaten am Isthmus erhielt einen neuen Ansporn, als 1848 in Kalifornien der Gold-

rausch ausbrach. Ein Heer von Menschen strebte in der
Hoffnung auf schnellen Reichtum von der Ost- zur Westküste Nordamerikas – und die kürzesten Wege dorthin führten
quer durch Nicaragua und Panama. In Washington begriff
man die strategische Bedeutung des Transitraumes Zentralamerika.

1850 wurde zwischen den USA und Großbritannien der
Clayton-Bulwer-Vertrag abgeschlossen, in dem noch festge-
schrieben war, daß keine dieser beiden Großmächte die
alleinige Kontrolle über einen noch zu errichtenden Kanal
zwischen dem Atlantik und dem Pazifik besitzen sollte.

Ein halbes Jahrhundert später war die Vormachtstellung
der USA in dieser Region weit genug gediehen, um den
Briten im *Hay-Pauncefote-Vertrag* den Verzicht auf die Teilhabe an der Kontrolle über einen künftigen Kanal zu diktieren.

In Washington hatte man die Methoden korrigiert, die
Ziele indes kaum geändert. 1855 war der nordamerikanische
Abenteurer William Walker noch an der Spitze einer von
interessierter privater Seite finanzierten, gleichwohl mit
dem Segen des Präsidenten der USA ausgestatteten Söld-
ner-Streitmacht in Nicaragua gelandet, um ganz Zentralamerika zu erobern. *»Five or none«,* lautete Walkers Parole.
Alle fünf Staaten der Region sollten in einer Sklavenfödera-
tion der Südstaaten der USA aufgehen.

Die Zentralamerikaner leisteten noch einmal gemeinsam
Widerstand und besiegten Walkers Streitmacht im April
1857 in der Schlacht von Rivas. Er selbst wurde 1860 bei
einem neuerlichen Landungsversuch in Honduras gestellt
und hingerichtet.

Nach der Niederschlagung der Pariser *Commune* von 1871,
die zum Signal für eine weltweite Expansionsbewegung des
Kapitalismus wurde, veränderte sich ein wichtiger Teil der
nordamerikanischen Interessen in Zentralamerika. Ideen
wie die Sklaverei waren endgültig in den ökonomischen
Überlegungen obsolet geworden. Den peripheren Ländern
wurde nun die Rolle von Rohstofflieferanten für die Indu-
strien der Metropolen zugedacht. Diese neue Ordnung wies

dem Isthmus die Funktion eines Kaffee- und später auch eines Bananenexporteurs zu.

In Zentralamerika förderte diese Entwicklung die Konzentration des kultivierbaren Bodens in den Händen weniger Oligarchen, mit denen Washington nach Belieben umzugehen wußte, und in geopolitischer Hinsicht stieg die Bedeutung der Kontrolle über die transnationalen Verkehrswege zusätzlich.

1903 schickten die Vereinigten Staaten zehn Kriegsschiffe vor die Küste des in den zentralamerikanischen Isthmus hineinragenden Teiles von Kolumbien, auf dem am 18. November dieses Jahres unter dem Schutz von 400 an Land gegangenen Marineinfanteristen von einigen Großgrundbesitzern und Angestellten nordamerikanischer Gesellschaften die Republik Panama ausgerufen werden sollte.

Zehn Tage später wurde der *Hay-Bunau-Varilla-Vertrag* unterzeichnet, mit dem sich die USA »auf ewig« alle Rechte über jene Schneise quer durch Panama einräumen ließen, in der im Anschluß der interozeanische Kanal entstehen sollte.

Eine neue Form der Fremdherrschaft: Die Bananenrepubliken

Während sich in Europa der endgültige Niedergang der alten Großmächte abzuzeichnen begann, der mit dem Ende des Ersten Weltkrieges im Selbstbestimmungsrecht für die Völker im Süden und Osten des Kontinents mündete, wurde in Amerika eine neue Form der Fremdherrschaft über die »verdammten kleinen Republiken« (so der damalige US-Präsident Theodore Roosevelt über die Staaten des Isthmus) formuliert.

Der Präsident der Vereinigten Staaten fügte 1904 der *Monroe-Doktrin* die *Roosevelt-Corollary* hinzu: »Jedes Land, dessen Volk sich wohlverhält, kann mit unserer innigen Freundschaft rechnen. Wenn eine Nation erkennen läßt,

daß sie ihre Belange mit Vernunft und Anstand zu regeln
versteht, wenn sie die Ordnung aufrecht erhält und ihren
Verpflichtungen nachkommt, braucht sie die Intervention
der Vereinigten Staaten nicht zu fürchten. Ständiges Fehl-
verhalten jedoch und die Unfähigkeit, die Zügel der Zivilisation in der Hand zu halten, können, in Amerika ebenso wie
in jedem anderen Teil der Erde, die Einflußnahme einer
zivilisierten Macht unumgänglich machen. Das Bekenntnis
der Vereinigten Staaten zur *Monroe-Doktrin* kann sie dazu
verpflichten, auch gegen ihren Willen die Rolle einer internationalen Schutzmacht in den Fällen zu übernehmen, wo
die besagten Verfehlungen auftreten.«

Diese Politik der USA war – nicht zum letzten Mal – von
den transnationalen Konzernen nordamerikanischen Ursprungs vorweggenommen und exzessiv zu deren Gunsten
ausgelegt worden. Das galt vor allem für die *United Fruit
Company,* die um die Jahrhundertwende mit dem Aufbau
ihrer Bananenplantagen in Lateinamerika begann.

»Die Niederlassungen der Bananengesellschaften ver-
wandelten sich in Guatemala, Honduras und Costa Rica
geradezu in selbständige Staaten, die ihre eigenen Gesetze,
Städte, Polizeitruppen, Geschäfte und ihre eigene Währung
haben, während die Länder selbst nur einen minimalen
Anteil an den Gewinnen bekommen und am Rande dieser
Imperien bleiben«, schreibt Sergio Ramirez. »Von nun an
gehören die Länder Zentralamerikas der *United Fruit Company* und der *Baccaro Brothers & Co.,* die Präsidenten abset-
zen, Abgeordnete kaufen, Gesetze für ungültig erklären
oder neue erlassen und Kriege führen. Sie sind jetzt die
banana republics.«

1908 erklärte Roosevelts Außenminister Elihu Root, zuvor Firmenanwalt der *United Fruit:*»Interventionen als Politik der Vereinigten Staaten sind zu jeder Zeit gerechtfertigt,
wenn das Kapital ihrer Bürger berührt wird.«

Der Minister, der ebenso wie sein Präsident mit dem
Nobelpreis ausgezeichnet wurde, wollte sich nicht lange
mit der Souveränität anderer Staaten aufhalten:»Es ist eine
Frage der Zeit, bis Mexico, Zentralamerika und die karibi-

schen Inseln, die uns noch nicht gehören, unter unserer Flagge stehen werden.«

Diese Vorhersage sollte in nur wenig diskreterer Form verwirklicht werden: Nicht annektierte, sondern Marionetten-Staaten entstanden in weiten Teilen der genannten Regionen. 1988 erleben wir einen salvadorianischen Präsidenten Napoleon Duarte, der bei seiner Ankunft in Washington demonstrativ das Sternenbanner küßt. Die *Stars and Stripes* sind es auch, die von der bürgerlichen Opposition Nicaraguas hochgehalten werden, wenn sie zur Ausspeisung in das Gelände der US-Botschaft von Managua geladen wird. Die Söhne solcher Oppositionellen, die sich vor dem obligatorischen Militärdienst nach Honduras verdrücken und stolz Studenten nennen, erklären uns, William Walker sei ein »Befreier Nicaraguas« gewesen.

Symptomatisch für den Umgang der bürgerlichen Schichten Zentralamerikas mit ihrer eigenen Geschichte ist die von Gabriel Garcia Marquez erzählte Legende von der Statue, die im *Parque central* der honduranischen Hauptstadt Tegucigalpa steht und den Freiheitshelden Francisco Morazan darstellen soll: Eine in dieser Angelegenheit nach Paris entsandte Regierungsdelegation hatte kurzerhand eine in einem dortigen Depot unbenützt herumliegende Statue des Marschall Ney gekauft, weil dies einfacher und billiger war, als tatsächlich eine Morazan-Statue in Auftrag zu geben.

Was man in Zentralamerika das Bürgertum nennen könnte, hat mangels eigener kultureller und nationaler Identität weithin vor den ideologischen Offensiven der USA kapituliert – durch Desertion in das Lager des Stärkeren.

Ihre real existierende Stärke zu demonstrieren, verabsäumten die *Yankees* in ihrem Hinterhof bei keiner sich bietenden Gelegenheit. Ganz im Sinne seines Vorgängers Elihu Roots war es mit John Foster Dulles ein anderer Außenminister der Vereinigten Staaten und Firmenanwalt der *United Fruit,* der beispielsweise in Guatemala für einen Putsch im Interesse des Bananenkonzerns durch ein von den USA finanziertes Söldnerheer sorgte.

Erst der historische Sieg der Sandinisten im Juli 1979, mit
dem sich erstmals in der neueren Geschichte auf dem amerikanischen Festland ein Staat von der Beherrschung durch
die Großmacht im Norden befreit hatte, zwang die USA
dazu, erneut mit permanenten Truppenkontingenten am
Isthmus präsent zu sein, um ihre Vorherrschaft zu sichern.
Zuvor hatte über Jahrzehnte eine paternalistische Politik
von Zuckerbrot und Peitsche, von teilen, um zu herrschen,
genügt.

»Befriedung« und »Eindämmung«

Als nach dem kurzzeitigen Ende einer weiteren Phase der
Diktatur in Guatemala die dortige *Partido Unionista* 1920
einen neuerlichen Anlauf zur Errichtung einer zentralamerikanischen Föderation unternahm, waren es die von Washington in Nicaragua an die Macht gebrachten Konservativen, die als erste ausscherten. Dem von den vier anderen
Staaten am 19. Januar 1921 unterzeichneten Vertrag von San
José, der die *Federacion de Centro America* begründen sollte,
verweigerte das von Konservativen dominierte Parlament
von Costa Rica die Zustimmung. Als sich am Ende dieses
Jahres in Guatemala die Reaktion erneut an die Macht
putschte, war auch dieser Einigungsversuch endgültig
gescheitert.

Was es in dieser Region vorderhand an Bündnissen
geben sollte, waren in der Tat Koordinierungsinstrumente
zur Durchsetzung der US-Interessen auf dem Isthmus wie
die 1951 gegründete Organisation zentralamerikanischer
Staaten (ODECA), der 1960 geschaffene Zentralamerikanische gemeinsame Markt (MCCA) und der 1965 gebildete
Zentralamerikanische Verteidigungsrat (CONDECA), die
allesamt nicht einmal das Aufbrechen bilateraler Widersprüche verhindern konnten, die durch die getrennte Entwicklung der verschiedenen Staaten gewachsen waren und
ihren Ausdruck in obskuren Ereignissen wie dem 1969 zwischen Honduras und El Salvador ausgebrochenen *Fußball-*

krieg fanden, der binnen weniger Tage 5 000 Todesopfer forderte.

An diesen bilateralen Widersprüchen scheiterte schließlich der 1972 von Nicaragua, El Salvador und Guatemala unternommene Versuch, im Rahmen der ODECA eine Föderative zentralamerikanische Republik mit gemeinsamer Armee zu schaffen.

Die Fortdauer dieser Widersprüche war auch ein Ausdruck des selbst im Hinblick auf die Interessen Washingtons unzureichenden Konzeptes nordamerikanischer Zentralamerikapolitik, die von Begriffen wie »Befriedung« und »Eindämmung« dominiert wurde: Im Vordergrund stand die Abwehr »kommunistischer Bedrohungen«, zu welchem Popanz die auf das soziale Elend hinweisenden oppositionellen Volksbewegungen auf dem Isthmus hochstilisiert wurden.

Hinsichtlich der Mittel, die man dieser »Bedrohung« entgegensetzte, war Washington nicht wählerisch. Bizarre Diktatoren wie Maximilian Hernandez Martinez in El Salvador, die Dynastie der Somoza in Nicaragua oder der religiöse Eiferer Efrain Rios Montt in Guatemala, dazu die verschiedenen obskuren Militärjuntas von El Salvador, Honduras und Guatemala schufen bei den Machthabern der Vereinigten Staaten keinerlei Bedenken, weil man sich auf den blinden Antikommunismus solcher Vasallen verlassen konnte.

Von dieser Grundlinie nordamerikanischer Zentralamerikapolitik wich auch die kurzlebige und nur unzureichende Symptomkosmetik bewirkende *Allianz für den Fortschritt* zu Zeiten John F. Kennedys nicht und die halbherzige Menschenrechtspolitik Jimmy Carters nur geringfügig ab. Ob sich an dieser Grundlinie nun, nach dem Ende der Tod und Verderben über Zentralamerika bringenden Ära Reagan und dem Scheitern der gesamten bisherigen US-Konzeption auf dem Isthmus etwas ändern wird, ist ungewiß und zweifelhaft.

Ebenso ist nicht zu erkennen, ob es nach dem faktischen Scheitern des Friedensplanes von Esquipulas – in dem sich

die Präsidenten der Region neben der Befriedung das Ziel
der Demokratisierung gesetzt hatten – zu einem mehr
Erfolg versprechenden neuerlichen Anlauf im regionalpoli-
tischen Rahmen kommen kann.

Keine Demokratie ohne Revolution

Vorderhand wird »Demokratisierung« durch die Abhaltung
von Wahlen geprobt. Doch hier gilt – wie nahezu überall in
Lateinamerika –, daß nicht Wahlen, sondern die Stimmen-
auszählungen einen Sieger hervorbringen. Würden Wahlen
etwas grundlegend verändern, wären sie zuerst in diesem
Hinterhof der USA verboten worden. Politik im herkömm-
lichen Sinne ist in Zentralamerika – abgesehen nunmehr
von Nicaragua – eine Angelegenheit der kleinen städtischen
Mittel- und Oberschichten sowie der Landoligarchie. Deren
politische Parteien unterscheiden sich voneinander wie
Pepsi von *Coca-Cola*. Und ihre Macht wird begrenzt vom
Spielraum, den ihnen die Militärs zugestehen, deren Rolle
die eines Staates im Staate ist.
    Eine sich nicht nur in formalen Akten erschöpfende
Demokratisierung setzt also eine grundlegende Veränderung der sozialen Strukturen voraus. Es kann in Zentralamerika keine Demokratie ohne vorangegangene Revolution geben – eine Revolution wie die der *Sandinisten* in Nicaragua, die seit nunmehr zehn Jahren alle Angriffe der Supermacht abzuwehren verstand, durch äußere Bedrohung und
eigene Fehler manches an Glanz eingebüßt, doch deswegen
nicht ihre Signalfunktion für die Völker Zentralamerikas
verloren hat.
    Die Einheit dieser Völker wird kommen, wenn es ihnen
gelingt, fünf, sechs Nicaraguas zu schaffen – und mit dieser
Einheit wird Souveränität, wird Demokratie kommen.

Guatemala

Die Waisen von Mutter Erde

Von den Opfern und Formen des Kampfes um das Land

Padre Andres Giron

»Land des ewigen Frühlings« bedeutet Guatemala in der
Sprache der Quiché. Das täuscht. Nachts ist es mitunter bit-
terkalt. So auch in dieser Aprilnacht des Jahres 1986. Die
Tausenden Kleinbauern und Landarbeiter, die auf dem
Asphalt und Pflaster vor dem Kolonialbau des Präsidenten-
palastes von Ciudad de Guatemala ausharren, frieren bei
Temperaturen um den Gefrierpunkt. Dazu haben sie seit
mehr als 24 Stunden nichts gegessen. Es war nicht genug
Nahrung für alle da, also wurde ihre Anwesenheit kurzer-
hand zum Hungerstreik erklärt.

Dieser Dreh war einem kräftigen Mann in den Vierzigern
eingefallen, der die landlosen *Campesinos* in die Hauptstadt
gerufen hatte, um dafür zu demonstrieren, daß ihnen die
Regierung drei ungenützte Landgüter zur kollektiven Be-
wirtschaftung übergebe. Mit seinem ungebändigt wuchernden Haarschopf und dem Schnauzer über der Oberlippe,
der seinem Gesicht den Ausdruck eines mexicanischen
Revolutionsgenerals verleiht, stapfte er durch die Reihen
der kleingewachsenen Indios. Doch statt gekreuzter Patro-
nengurte trug er ein Kruzifix vor der Brust und dazu eine
weiße Soutane.

In Guatemala ist *Padre* Andres Giron eine inzwischen
legendäre Figur. Mehrere nahe Angehörige des Priesters
fielen Mordanschlägen zum Opfer, und gegen ihn selbst
wurde zuletzt im August 1988 ein Attentat verübt. Der
Großgrundbesitzerverband UNAGRO hat gegen den Priester einen Prozeß wegen »öffentlicher Aufwiegelung« angestrengt. Auf der anderen Seite kann *Padre* Giron stets damit
rechnen, von dem seit Januar 1986 amtierenden Staatspräsidenten Vinicio Cerezo – der erste Zivilist seit zwanzig Jahren, der dieses Amt bekleidet – als Verhandlungspartner
empfangen zu werden.

Ein solches Gespräch war der kalten Aprilnacht in Ciudad de Guatemala vorangegangen. Die beiden Männer
kannten sich längst. Im Herbst 1985 hatte der junge Rechtsanwalt, der überraschend zum Kandidaten der Christdemo-

kraten gekürt worden war, während seiner Wahlkampagne
die Pfarre des Priesters aufgesucht und von diesem die Zusi-
cherung empfangen, er und alle *Campesinos*, die auf ihn
hörten, würden Cerezo wählen, wenn der verspreche, sein
Amt dann vor allem im Interesse der Armen auszuüben.
Darauf gab der angehende Präsident gerne sein Wort.

Nun, beim neuerlichen Zusammentreffen mit dem
Padre, bot der Präsident, der bei seinem Amtsantritt die rea-
listische Einschätzung geäußert hatte, daß er nun »zwar die
Regierung, aber damit noch lange nicht die Macht erreicht«
habe, einen Kompromiß an. Nicht die drei von ihnen gefor-
derten Güter sollten den *Campesinos* übergeben werden,
sondern nur eines. Dort würden sich auch 600 Familien
ansiedeln lassen.

Der *Padre* hatte sich anschließend mit einem Arzt bera-
ten, der auf den besorgniserregenden Zustand einiger der
Hungerstreikenden hinwies. Dieses Argument, sagte der
Priester später im kleinen Kreis, gab für ihn den Ausschlag,
um vor seine Gefolgschaft zu treten und das Ende der
Aktion mit den Worten zu verkünden: »Wir haben in unserem Kampf gesiegt!«

Der Kampf geht weiter – ganz entgegen dem äußeren
Anschein. Auf der Fahrt hinunter zur pazifischen Küsten-
ebene wird der Besucher im Gegensatz zu nur wenige Jahre
zurückliegenden Gepflogenheiten nicht mehr von Armee-
patrouillen gestoppt, sein Wagen kein einziges Mal nach
Waffen durchsucht. Zwar existieren die mit Tarnfarben
bemalten Betonbunker entlang der Überlandstraßen noch.
Doch sie sind vorderhand unbesetzt. Kein argwöhnisch
dreinblickender Uniformierter fragt den Reisenden nunmehr, ob er etwa zu diesem *Padre* Giron unterwegs sei.

Der hatte erstmals auf sich aufmerksam gemacht, als er
vor 1979 fünf Jahre lang unter den Indio-Bauern des Hochlandes für eine Landreform predigte. Guatemalas Kirchen-
fürsten waren sich mit den Mächtigen ihres Landes und den
Stellvertretern des Herrn zu Rom darin einig, daß dem jungen Mann solche Flausen ausgetrieben gehörten. Sie hielten ihn für lernfähig und meinten zu wissen, wie er auf den

rechten Weg gebracht werden könnte. Andres Giron wurde
in den Vatikan abkommandiert, um Moraltheologie zu studieren.

Dort litt es ihn nicht lange. Noch einem halben Jahr ging
er nach Kalifornien. Und weitere dreieinhalb Jahre später,
1983, tauchte der *Padre* wieder in Guatemala auf – nun in der
fruchtbaren Pazifikebene, in der Gegend von Tiquisate,
einer Gemeinde, die als heimliche Hauptstadt des Landes
gilt. In Ciudad de Guatemala sitzt zwar die Regierung.
Doch das Zentrum von Geld und Macht ist Tiquisate.

Dort begann Andres Giron in seinen Sonntagspredigten
vorzuführen, was er in Sachen Moraltheologie gelernt
hatte: »Demokratie ist, wenn alle zu essen haben«, rief er
den Kleinbauern, Pächtern und Landarbeitern zu, die im
Schatten der Großgrundbesitzer leben. »Frieden gibt es
nur, wenn alle zu essen haben! Niemand bringt einen anderen Menschen um, wenn er ein Stück Land hat, das er
bestellen kann!«

»*Correcto*«, tönte es zustimmend von den Kirchenbänken.

»Wenn ihr zu den Banken geht, diesen überfressenen
Fettwänsten, dann werdet ihr als erstes gefragt: ›Welche
Sicherheiten bietest du uns an?‹ Doch was kann ein *Campe-
sino* schon verpfänden?!«

»*Naaada!*« antwortete der Chor der Landlosen.

An dieser Stelle pflegte der Priester eine wohlkalkulierte
Pause einzulegen. »Doch!« setzte er schließlich fort: »Ihr
habt eure Hände, mit denen ihr arbeitet. Diese Hände sind
Sicherheit genug. Ihr müßt euch nichts schenken lassen, ihr
müßt niemandem sein Land wegnehmen!«

»Wir wollen alle Gesetze peinlich genau beachten«,
änderte Andres Giron nun die Form der Anrede, »aber wir
brauchen Geld, um Land zu kaufen – und dieses Geld zahlen wir mit den Früchten unserer Arbeit zurück. So einfach
ist das! Die Regierung muß nur für uns bürgen, damit man
uns dieses Geld borgt.«

Wenige Monate nach dem Amtsantritt von Vinicio
Cerezo sind es Tausende *Campesinos,* die vor den Palast des
Präsidenten ziehen, um für eine solche Regierungsbürg-

schaft zu demonstrieren. Der Amtsträger, selbst als erst 43jähriger zum Staatsoberhaupt gewählt, findet für seinen Generationskollegen Andres Giron vor den herbeigeeilten Reportern nur positive Worte: »Im Grunde stimmen wir in unseren Zielen überein. Der *Padre* hat verstanden, daß man in diesem Land ohne sozialen Druck nichts erreicht. Doch wie rasch etwas möglich ist, hat der Präsident zu entscheiden.«

Die Phalanx der Generale, die den Präsidenten bei dessen öffentlichen Auftritten umgeben und die Einsamkeit von Vinicio Cerezo an der Spitze des Staates augenscheinlich machen, läßt diese Aussage mehrdeutig klingen. Er weiß, wie fragil seine Regierungsmacht ist, und hütet sich, Worte wie »Landreform« bloß in den Mund zu nehmen. »Ich vermeide alle Aussagen, die zu einer Polarisierung der Gesellschaft führen könnten«, sagt der Präsident, begleitet von einem um Verständnis werbenden Lächeln.

Padre Andres Giron scheint auf seine Art gleichfalls zu wissen, wo die Grenzen seiner Möglichkeiten in diesem Staat liegen. Nachdem er die Stola abgelegt, die Meßutensilien in eine Aktentasche verpackt und mit einigen Kirchgängern geplaudert hat, chauffiert er die Besucher zu einer nahe von Tiquisate gelegenen *Finca,* die er mit geborgtem Geld gekauft hat und die nun von ehemals landlosen *Campesinos* gemeinschaftlich bewirtschaftet wird. »Die Leute müssen lernen, sich selbst zu verwalten«, berichtet er von seinen Erfahrungen. »Ihr größter Feind ist ihre Ignoranz – für die meisten von ihnen hört alles beim Bauch auf. Sobald der voll ist, hören sie auf zu kämpfen.«

Tiquisate ist für Guatemala historischer Boden der besonderen Art: Da war der Hauptsitz der *United Fruit Company,* die den Staat viele Jahre lang faktisch regierte. Doch von Tiquisate nahm auch das *Movimiento pro tierra* seinen Ausgang – die von Giron gegründete Pro-Land-Bewegung, der inzwischen landesweit etwa 150 000 Mitglieder angehören. Indianische *Campesinos* aus dem Hochland ebenso wie mestizische Landarbeiter und Pächter aus der pazifischen Küstenregion. Jeder von ihnen leistet monatlich einen frei-

willigen Beitrag in der Höhe von zwei *Quetzales* (etwas
mehr als eine DM) als Investition für eine bessere Zukunft.

In der Umgebung von Tiquisate waren neben den nordamerikanischen Herren der Bananenplantagen auch einheimische Großgrundbesitzer mit ausgedehnten Baum-
wollpflanzungen präsent. Neben den mestizischen Plan-
tagenarbeitern zogen diese Pflanzungen jedes Jahr indianische Saisonarbeiter aus dem Hochland an, die nach der
Baumwollernte mit ihrem kargen Verdienst in der Tasche
wieder auf ihre wenig tragenden Hochlandböden zurückkehrten, die nicht einmal die Selbstversorgung dieser Familien mit Mais und Bohnen ermöglichen.

Als in den frühen achtziger Jahren der Weltmarktpreis für
Baumwolle dramatisch sank, verzichteten viele Großgrundbesitzer darauf, die Ernte einzubringen. Für sie war das ein
Verdienstausfall – für die Landarbeiter indes der abzuse-
hende Ruin. Die Unruhe wuchs in der bis dahin von der
Armee und privater *Hacienda*-Polizei auf Grabesruhe einge-
stimmten Gegend. Um weiteren Schwierigkeiten aus dem
Weg zu gehen, stellten die meisten *Haciendieros* ihre Produktion von Baumwolle auf Hirse um – ein Produkt, das
maschinell geerntet werden kann.

Damals begannen sich die Landlosen um den im Hochland aufgewachsenen *Padre* zu scharen, dessen Vater, ein
Parlamentsabgeordneter, von der Armee ermordet worden
war. Doch der Priester hatte inzwischen seine Lektion
gelernt. Er rief nicht nach Enteignung und nicht nach Revolution. Sein Vokabular enthielt vorderhand lauter Worte,
die keinem Anhänger des Kapitalismus unschicklich
erscheinen können: *Kaufen, Kredite, Bürgschaften* waren
seine in der Öffentlichkeit am häufigsten gebrauchten
Begriffe. Mit dieser Strategie, offenbarte er scherzend manchem Besucher, wolle er »ganz Guatemala für die *Campesinos* kaufen«.

In der Zwischenzeit sind auf diese Weise vier *Fincas* von
insgesamt etwa 2 500 Hektar Nutzland zusammengekom-
men, auf denen an die 1 000 Familien siedeln und arbeiten.
Die Amtskirche Guatemalas hat dazu nichts beigetragen.

»Unsere Bischöfe sind Herzöge«, sagt Andres Giron, »die
würden mich am liebsten tot sehen.«

Und dann, nach einem eingehenden Gespräch, nennt er
sein tatsächliches Ziel: »Vordergründig wollen wir mehr -
Land für die Bauern kaufen –, doch eigentlich geht es
darum, eine politische Bewegung auf die Beine zu stellen,
die eine Landreform erkämpft.«

Dies ist das zentrale Problem Guatemalas, wo – wie
selbst die regierungsamtliche US-Entwicklungsagentur
AID erkannte – die »ungerechteste Landverteilung in ganz
Lateinamerika« besteht.

Das Land des ewigen Sterbens

Der Kampf um die fruchtbaren Böden hat aus dem »Land
des ewigen Frühlings«, in dem die Maya-Völker die Zentren
ihrer Hochkulturen errichtet hatten, zu einem Land des ewigen Sterbens gemacht, seit die Spanier aus dem heutigen
Mexico kommend auf der Suche nach »schöneren Weibern
und mehr Gold« auf dem zentralamerikanischen Isthmus
einfielen.

Zwar waren die Reiche der Maya zu diesem Zeitpunkt
nur mehr ein Schatten ihrer Vergangenheit. Gleichwohl
kämpften diese Indios in 27 Revolten und Aufständen
gegen die Kolonialmacht an und legen teils noch heute fei-
erlich das Gelübde ab: »Unseren Vätern wurde Gewalt
angetan durch die Weißen, die Sünder, die Mörder … Wir
wollen töten, wollen ein Ende machen mit dem schlechten
Beispiel, das sie uns gegeben haben.«

Der Reisende wird die Nachkommen dieser Maya-Völker
zuerst in der alten Hauptstadt Antigua, dieser aufwendig
rekonstruierten Ansammlung spanischer Kolonialbauten,
oder in Panajachel, dem touristischen Zentrum am Atitlan-
See, als geschäftstüchtige Verkäufer von kunstvoll gewe-
ten und bestickten Decken, aus Holz geschnitzten Masken
und Schmuck aus Jade antreffen. Doch solche Begegnun-
gen offenbaren nichts von der für den Außenstehenden ver-

schlossenen Welt der *Quiché* oder der *Cakchiquel,* die als
Bergbauern ihre terrassenförmig in die steilen Abhänge
gegrabenen Mais- und Bohnenäcker bewirtschaften, zu den
hohen Festtagen aber dem Klang der Trommeln und
Marimbas folgen, in die Städte herabsteigen, um dort zwei,
drei Tage lang ihre alten Tänze zu tanzen.

Zu den höchsten Feiertagen der Maya zählen Allerheiligen und Allerseelen – die Festtage der Toten. Schon Tage
vorher rücken ganze Sippen, bewaffnet mit Schaufeln,
Besen, Pinseln und Farbeimern, auf den Friedhöfen an, um
die Gruften auf Hochglanz zu bringen, in denen sie ihre
Vorfahren bestattet haben.

Die Sonne steht schon tief, der Nachmittag neigt sich seinem Ende zu, als sich am Tag vor Allerheiligen zu den Klän-
gen mehrerer Musikkapellen ein bunter Zug die steile, mit
Steinen gepflasterte Straße zur Kirche Santo Tomas in Chi-
chicastenango hinaufbewegt – dem Zentrum der *Quiché.*
Männer schwitzen unter der Last von drei Altären samt den
Statuen von Schutzheiligen, die sie auf den Schultern tragen. An die fünf Meter ragen die mit Spiegeln und bunten
Federn geschmückten Altarwände auf.

Hinter jeder schreitet mit rhythmischen Schritten eine
Gruppe von Tänzern in gleichfalls mit Spiegeln und bunten
Federn verzierten Gewändern einher. Sie tragen Masken
mit vielfach blonden Bärten. Den spanischen Missionaren,
die mit den Schiffen der Eroberer gekommen waren, oblag
es, die Indios zur Abkehr von ihren alten Göttern zu bewegen und dem Gott der neuen Herrscher zuzuführen. Vielfach knüpften sie dabei an die traditionellen Riten der Maya
an und verknüpften sie mit anderen Inhalten. So kommt es,
daß die *Quiché* noch immer ihre Eroberer feiern.

Doch der Katholizismus der Indios im Hochland Guatemalas ist nicht gänzlich getrennt vom Glauben an die alten
Götter. Die steinernen Treppen, die hinaufführen zur Kirche des Santo Tomas, sind Relikte des Maya-Tempels, der
an dieser Stelle stand. Auf den ersten Stufen befindet sich
ein steinerner Altar, auf dem die*Quiché* ihren traditionellen
religiösen Bräuchen folgend Weihrauch und Kopal verbren-

nen, bevor sie in die Kirche eintreten, um ihre Opfergaben niederzulegen.

Am Allerheiligentag bewegt sich der Zug der schwankenden Altäre neuerlich durch die engen Gassen der Stadt. Zum Klang der Marimbas und Trommeln führen die Tänzer stundenlang die Schritte und Figuren aus, die sie seit Wochen intensiv geprobt haben. Während dieser Zeit hat keiner von ihnen eine Frau angerührt. So verlangt es die Überlieferung von denen, die würdig sein sollen, die nun in der Sonne glitzernden Kostüme und Masken zu tragen, die unter großen finanziellen Opfern von einem Kostümverleiher ausgeborgt wurden.

Am Friedhof türmen sich Berge von Blumen auf den Gruften, wo die Familien ihre Toten feiern. Guatemalas Militär, ansonsten vor allem in den größeren Indio-Siedlungen des Hochlandes allgegenwärtig, läßt sich am Ort des Festes nicht blicken, der beherrscht wird von einer melancholischen, verschlossenen Fröhlichkeit, die gegenüber Fremden rasch in aggressive Ablehnung umschlagen kann.

Obwohl bereits die *Conquista* mit dem Genozid an den Indios begann, haben in Guatemala stärker als anderswo in Zentralamerika die Nachkommen der Ureinwohner in ihrer kulturellen Eigenständigkeit überlebt. Laut offiziellen Statistiken sind an die 40 Prozent der Guatemalteken unvermischt indianischer Herkunft – faktisch indes über 70 Prozent. In diesem Land bestehen noch immer 23 indianische Kulturen (daneben zahlreiche Mischformen) – und es existiert ein ungezügelter Rassismus der sich *Ladinos* nennenden kreolischen und mestizischen Nachkommen der Eroberer gegenüber denen der Maya-Völker. Es gibt gegenwärtige Botschafter der Regierung dieses Landes, die – auf die Indio-Problematik angesprochen – wegwerfend von »diesen Tieren« sprechen.

Ein Klassenkampf um den Boden

Der permanente Krieg, der in Guatemala seit der Eroberung durch die Spanier tobt, ist im Grunde ein Klassen-
kampf um den Boden und die Art seiner Nutzung.

»Für die Indios war das Land eine heilige Sache, die man
sich nicht aneignen konnte. Man war nur zu Gast auf der
Erde und bediente sich ihrer kollektiv. Zu dieser Zeit war
Guatemala tatsächlich ein Paradies, in dem keiner Mangel
litt«, sagt *Padre* Andres Giron. »Der Begriff des Privateigen-
tums an Boden, den die Spanier einführten, war den Indios
fremd. Mutter Erde war für sie der Lebensspender – und
diese Mutter hat man ihnen genommen.«

   Privateigentum an Boden, das hieß und heißt in erster
Linie in wenigen Händen konzentrierter Großgrundbesitz
zuerst der Herren der Indio-Plantagen, denen dann die Kaffeebarone und schließlich die nordamerikanischen Bananenkonzerne folgten, neben denen sich eine einheimische
Baumwolloligarchie herausbildete. Laut nicht anzuzwei-
felnden Statistiken sind 90 Prozent der landwirtschaftlichen
Betriebe Minifundien von durchschnittlich 386 Quadratme-
ter Größe.

   Die kleine Clique der Großgrundbesitzer schuf nach dem
Abzug der spanischen Kolonialverwaltung jenes Macht-
instrument, das ihre Vorherrschaft noch immer absichert,
dabei aber zu einem eigenständigen politischen Machtfak-
tor – samt der ökonomischen Verfügungsgewalt über Banken und Fabriken, agrarischen und Handelsunternehmen –
geworden ist: Die Armee, die schon früh zum Mittel des
Terrors griff, ausgeführt durch Todesschwadronen, um
jeden Widerstand gegen die herrschenden Klassen zu bre-
chen und bizarre Diktatoren an der Macht zu halten. Die
entstammen häufig ihren eigenen Reihen.

   Der von 1873 bis 1885 regierende Justo Rufino Barrios
war der erste »Liberale« in der Galerie dieser Diktatoren: Er
bemühte sich um eine Modernisierung des Staates in dem
Sinne, daß er die wirtschaftliche Macht des Klerus zurück-
drängte, Zwangsarbeitsverpflichtung für die Indios einführte

und dem Auslandskapital die Türen weit öffnete. Neben zahlreichen Kaffeepflanzern (hauptsächlich aus Deutschland) kam die *United Fruit Company,* die bald auch das Transport- und Energiewesen kontrollierte und durch deren Anwesenheit die örtliche US-Botschaft endgültig zum dritten politischen Machtzentrum des Landes neben Oligarchie und Armee wurde.

Mit dem von 1898 und 1920 regierenden Manuel Estrada Cabrera – vom guatemaltekischen Nobelpreisträger Miguel Angel Asturias in dessen Roman *»El Señor Presidente«* sarkastisch wie die gesamte Kaste der einheimischen »Feudalherren« als Wesen von brutal-raffgieriger Primitivität porträtiert – setzte endgültig die Ära des Ausverkaufs Guatemalas durch korrupte Diktatoren an die USA ein, die ihren ersten Höhepunkt und ein vorläufiges Ende als Folge der Präsidentschaft des 1931 an die Macht gelangten General Jorge Ubico fand. Mit dessen Sturz im Jahr 1944 unter dem Druck kämpfender Arbeiter und Studenten sollte die bislang einzige Phase in der Geschichte Guatemalas beginnen, in der dieser Staat um Souveränität und soziale Gerechtigkeit bemüht war – ein Intermezzo, dessen Ausmerzung durch Oligarchie, Armee und US-Regierung bis in die Gegenwart den Hintergrund der politischen Entwicklung des Landes liefert.

Mit Juan José Arevalo, einem Universitätslehrer, trat 1945 erstmals ein demokratisch gewählter Präsident sein Amt in Ciudad de Guatemala an. Er hob die Zwangsarbeitsverpflichtung für die Indios auf und leitete soziale Reformen ein, bis er nach sechsjähriger Amtszeit und einer weiteren regulären Wahl von Oberst Jacobo Arbenz abgelöst wurde. Der aufgeklärte Militär begann eine ehrgeizige Landreform. Es wurden 16 Prozent des Nutzlandes an Kleinbauern umverteilt, bis das Imperium zurückschlug.

»Die Agrarreform der Revolution ... hat zum Ziel, den feudalen Besitz auf dem Lande und die Produktionsverhältnisse, die ihn ermöglichen, abzuschaffen, um eine kapitalistische Produktionsweise in der Landwirtschaft einzuführen und den Weg zur Industrialisierung Guatemalas zu

ebnen«, war – nicht ohne Widersprüche – in der Verfassung
von 1945 angekündigt worden.

Arbenz' Landreform konzentrierte sich ausnahmslos auf
brachliegendes Nutzland, für das den vormaligen Eigentümern eine Entschädigung gezahlt wurde. Doch denen paßte
die ganze Linie nicht – zuvörderst der *United Fruit Company,*
mit über 200 000 Ländereien der größte Grundbesitzer
Guatemalas, seit unter Ubico auf Druck aus Washington die
deutschstämmigen Kaffeepflanzer hauptsächlich zugunsten des US-Bananenkonzerns enteignet worden waren.

Wie nie zuvor wurde das Zusammenspiel eines transnationalen Konzerns mit der US-Regierung zur Durchsetzung
nordamerikanischer Kapitalinteressen in Lateinamerika
deutlich. Außenminister der USA war zu dieser Zeit John
Foster Dulles, der in seiner früheren Funktion als Mitglied
der Anwaltskanzlei *Cromwell & Sullivan* im Auftrag der *United Fruit* zahlreiche Verträge ausgehandelt hatte, die der
Konzern mit dem Diktator Ubico abschloß. Nun versuchte
das von Dulles geführte *State Departement* bei der Regierung Guatemalas zugunsten von *El Pulpo,* der Krake, zu
intervenieren.

Zugleich wurde die US-Propagandamaschinerie in Gang
gesetzt, um die gerade in den Kalten Krieg geschlitterte
westliche Welt davon zu überzeugen, daß der Kommunismus in Zentralamerika eine neue Bastion errichte. US-Präsident Dwight D. Eisenhower ließ seinen Außenminister
und dessen Bruder, dem damaligen CIA-Chef Alan Dulles,
freie Hand bei der Erledigung dieses Problems: Unternehmen *El Diablo* – der Teufel, wie die *Yankees* ihren Coup tauf-
ten – konnte gestartet werden.

Am 18. Juli 1954 marschierte eine aus Honduras kom-
mende Söldnerstreitmacht – finanziert und ausgebildet von
der CIA – unter dem formalen Kommando von Oberst
Castillo Armas in Guatemala ein, ohne auf nennenswerten
Widerstand der den Oligarchen verpflichteten regulären
Armee zu stoßen. Von den US-Basen in der Kanalzone in
Panama stiegen US-Flugzeuge mit übermalten Hoheitszei-
chen auf, um guatemaltekische Bauerngemeinden, die zu

Nutznießern der Landreform geworden waren, in Schutt und Asche zu bomben.

Don José, ein drahtiger alter *Campesino,* der nun in der Nähe von Tiquisate eine sumpfige Parzelle auf gerodetem Urwaldboden bewirtschaftet, erinnert sich an diese Tage des Schreckens:»Bei uns hier, wo der *United Fruit* einiges Land enteignet worden war, hausten sie wie die Verrückten. Sie sagten, wir *Campesinos* seien lauter Kommunisten, die man nur bekehren kann, indem man sie zum Teufel schickt.« Dann erzählt er Details der Massaker, wie sie alle nachzulesen sind in Miguel Angel Asturias' Erzählungen über diesen Söldner-Putsch, die er im Band *»Weekend in Guatemala«* veröffentlicht hat – Zeugnisse von Wut und Trauer, die unter den Patrioten Guatemalas nicht erloschen sind.

Die folgenden Regime waren freilich bemüht, daß deren nicht viele überlebten. Zugleich mit der Rücknahme der Landreform und der sonstigen sozialen Reformen aus der Zeit des kurzen guatemaltekischen Frühlings durch die Put- schisten-Junta unter Carlos Castillo Armas begannen die Todesschwadrone ein Gemetzel, denen ganze Generatio- nen von oppositionellen Politikern, Intellektuellen und Gewerkschaftern bis in die Reihen der Christdemokraten zum Opfer fielen.»Über 90 000 Menschen wurden in Guate- mala seit 1954 ermordet«, lautete die fassungslose Zwi- schenbilanz des früheren Außenministers Guillermo Toriello im Jahr 1982. Wohlgemerkt: Es war nur eine Zwi- schenbilanz.

»Es drängt sich der Eindruck auf, diese systematische Gewaltanwendung ziele darauf ab, neben der radikalen auch die Alternative eines gemäßigten, friedlichen gesell- schaftlich-politischen Wandels zu verhindern«, resümieren die Autoren des»Politischen Lexikon Lateinamerika«(Beck Verlag) über die Zustände in Guatemala.

Der Terror hat seine Wirkung nicht verfehlt. Auch ein alter Kämpfer wie Don José offenbart sich den Fremden nur, weil diese in Begleitung von *Padre* Andres Giron gekommen sind, der das uneingeschränkte Vertrauen dieser

Campesinos genießt. Und der kein Blatt vor den Mund
nimmt: »Die Pharaonen unserer Epoche« nennt er die USA
beim Mittagessen im Hause von Don Pedro, dem Nachbarn
von Don José. Der Gastgeber ist ein zur Landwirtschaft
zurückgekehrter Sohn eines Offiziers, der loyal zu Arbenz
stand, sowie Vorsitzender des Pfarrgemeinderates in einer
der inzwischen schon 76 Pfarren, die der Priester rund im
Tiquisate zu betreuen hat.

Don Pedro hört schweigend und mit keinem Wort seine
Meinung kundgebend zu, während *Padre* Andres die Revolution in Nicaragua verteidigt und die dortigen *Comandantes* als wahre Christen lobt. Don Pedros zwanzigjähriger
Sohn hingegen nickt zu den Worten des *Padre* zustimmend
mit dem Kopf und stimmt lebhaft zu, als Andres Giron den
Campesinos rät, sich zu einer Vermarktungsgesellschaft
zusammenzuschließen, statt ihren Mais über erpresserische
Zwischenhändler abzugeben. Die, sagt der *Padre,* steckten
mit den vier Großgrundbesitzern unter einer Decke, denen
nun alle wertvollen Ländereien in dieser Region gehören.
Die *United Fruit* zog sich nämlich bald nach dem Putsch von
1954 aus Tiquisate und ganz Guatemala als Bananenprodu-
zent zurück. Der Konzern trat seine von den Putschisten
zurückgeholten Landgüter an Vertreter der einheimischen
Oligarchie ab.

Don José führt den Umstand, daß die *Yankees* abzogen,
obwohl nun wieder ihre Vasallen in Guatemala regierten,
auf die Angst vor künftigen Problemen mit der *Guerrilla*
zurück, die ebenso wie die Instrumente der Diktatur aus der
Armee hervorging. Zwar gab es schon zuvor erste Ansätze
eines bewaffneten Widerstandes gegen die Oligarchenherr-
schaft, dem sich Che Guevara anzuschließen trachtete,
bevor er in Mexico mit Fidel Castro und dessen kubanischen Gefährten zusammentraf. Eine organisierte Form
nahmen diese Bemühungen indes erst Ende des Jahres
1960 im Gefolge eines gescheiterten Umsturzversuches der
beiden jungen Offiziere Yon Sosa und Turcios Lima an, von
denen die *Fuerzas Armadas Rebeldes* (FAR) gegründet wurden.

Diese *Guerrilla* fand in erster Linie unter den *Ladino*-Bau-
ern des Ostens, den Landarbeitern der Plantagen in der
pazifischen Küstenregion und der städtischen Arbeiterschaft Resonanz. Ihr großer strategischer Fehler lag darin
– das mag mit der Herkunft der *Comandantes* aus der Armee
zusammenhängen, deren Führungskader seit jeher ausschließlich aus Kreolen und Mestizen bestehen –, daß sie
die indianische Mehrheit der Landbevölkerung nicht geson-
dert in ihre Überlegungen einbezogen und die rassistische
Komponente des guatemaltekischen Klassenkampfes igno-
rierten.

Vernichtung und Reorganisation der Guerrilla

Das Auftauchen der *Guerrilla* rief erneut die USA auf den
Plan, die sich abermals verstärkt in die Innenpolitik Guatemalas einschalteten. Nachdem der 1954 an die Macht
gekommene Oberst Castillo Armas 1957 von einem seiner
Leibwächter ermordet worden war und dessen Nachfolger,
General Ydigoras Fuentes, die Opposition nicht in den Griff
bekam, eroberte im März 1963 mit einem von der örtlichen
US-Botschaft gesteuerten Putsch Oberst Peralta Azurdia
den Präsidentenpalast. Nun begann die Reorganisation von
Guatemalas Armee durch nordamerikanische Militärberater zu einer *Counterinsurgency*-Streitmacht. Parallel zur
effektiveren Kontrolle des Landes durch die Militärs ließ
Washington eine Demokratie-Fassade errichten und für
das Jahr 1966 die ersten Wahlen seit dem CIA-Putsch aus-
rufen.

Es entsprach durchaus der Strategie Washingtons, einen
weithin angesehenen Reformpolitiker als Gallionsfigur auf
den Präsidentenstuhl zu hieven, um hinter dem äußeren
Schein die Machtstrukturen in die entgegengesetzte Richtung zu ordnen. In diesem Sinne zwang US-Botschafter
Gordon Mein die Militärs, die Wahl von Julio Mendez Montenegro anzuerkennen – dem zugleich die Kontrolle über
Armee und Polizei entzogen wurde.

Während sich die *Guerrilla* – geleitet von der Illusion, mit diesem Präsidenten verhandeln zu können – auf einen Waffenstillstand einließ, begann eine alle bisherigen Gemetzel überbietende Terrorwelle der Todesschwadronen unter den zivilen Politikern, die Mendez' aktive oder passive Gefolgschaft bildeten, sowie eine gnadenlose Jagd der von Spezialisten aus den USA angeleiteten Armee auf die sich nicht schnell genug reorganisierende *Guerrilla*. Deren letzte Verbände wurden 1968 in der *Sierra de las Minas* vernichtet, wobei an die 8 000 Bauern massakriert wurden. Der für dieses Unternehmen verantwortliche General Carlos Arna Osorio verdiente sich dabei im Volk den Namen »Schlächter von Zacapa«.

Kurzum, der Mann hatte sich für höhere Aufgaben empfohlen. Nachdem Mendez macht- und glücklos seine Schuldigkeit im Präsidentenpalast getan hatte, einigten sich die herrschenden Kräfte Guatemalas darauf, den Schlächter zum neuen Staatsoberhaupt wählen zu lassen.

Die wenigen Überlebenden der *Guerrilla* versuchten sich teils im städtischen Untergrund festzusetzen, wo ihnen einige spektakuläre Aktionen wie die Hinrichtung des US-Botschafters Gordon Mein gelangen. Andere zogen sich über die Grenze nach Mexico zurück, um von dort nach einer Phase der Fehleranalyse unter strenger Geheimhaltung in die Urwälder am Fluß Ixcan und in die *Sierra Madre* zurückzukehren, wo sie mehrere Jahre lang allen Zusammenstößen mit der Armee auswichen und sich ausschließlich darauf konzentrierten, eine den kulturellen Eigenheiten der indianischen *Campesinos* entsprechende militärisch-politische Organisationsstruktur aufzubauen. Im Hochland entstand die *Guerrilla-Armee der Armen* (EGP), die *Organisation des Volkes in Waffen* (ORPA); später trat auch die FAR und der bewaffnete Flügel der kommunistischen Partei, die PGT, wieder in die als »verlängerter Volkskrieg« konzipierten Auseinandersetzungen mit der Staatsmacht ein.

Der *Guerrilla* kamen in dieser neuen Phase des Kampfes vorerst mehrere Entwicklungen zu Hilfe: Zum einen die weitere Verschlechterung der Lebensbedingungen der

indianischen Hochlandbauern, die von expandierenden
Agrar-Großbetrieben auf immer kleinere und schlechtere
Anbauflächen zurückgedrängt wurden – somit teilweise nur
noch als Saison- und Wanderarbeiter überleben konnten,
was ihre soziale Entwurzelung förderte und sie vermehrt
den Kräften des bewaffneten Widerstandes zuführte. Zum
anderen der sich ausbreitende Einfluß von ursprünglich im
städtischen Untergrund entstandenen revolutionären Basis-
bewegungen, wie dem im April 1978 gegründeten *Comite de
Unidad Campesina* (CUC). Nicht zuletzt unter dem Einfluß
des Begeisterungstaumels, den der Sieg der Sandinisten in
Nicaragua im Juli 1979 ausgelöst hatte, gelang es dem CUC
im Juli 1980 und Februar 1981, die größte Streikbewegung in
der Geschichte Guatemalas auszulösen, die zeitweise 90
Prozent der Plantagen des Landes erfaßte.

Dazu kam schließlich für das in Ciudad de Guatemala
regierende Regime eine außenpolitische Verunsicherung,
nachdem US-Präsident Jimmy Carter als Reaktion auf die
anhaltenden Massaker in Indio-Gemeinden und den städtischen Terror der Todesschwadronen 1977 die Militärhilfe
der Vereinigten Staaten sperren ließ. Das bedeutete zwar
keine besonderen materiellen Verluste, da die Regierungen
von Südkorea, Taiwan, Israel, Südafrika und Argentinien
rasch einsprangen sowie Unternehmen aus der Schweiz,
Österreich und Belgien umfangreiche Waffenlieferungen
bereitstellten – wohl aber einen moralischen Auftrieb für
die auf allen Ebenen in den Untergrund gedrängte Opposition.

Als im März 1978 General Romeo Lucas Garcia in den
Präsidentenpalast einzog, sah er sich denn auch dazu gezwungen, wenigstens Teile der Christdemokraten zu
umwerben, um die politische Isolierung der Militärs – die
bis dahin noch den städtischen Mittelstand an ihrer Seite
wußten – aufzulockern.

Solche taktischen Manöver änderten nichts an der repres-
siven Politik der Herrschenden. Todesschwadrone ermordeten die sozialdemokratischen Parteiführer Manuel Colon
Argueta und Augustin Fuentes Mohr. Zugleich versuchten

die Militärs, die Streikbewegung blutig niederzuschlagen, was eine Massenflucht von Landarbeitern in die Berge – somit in das Einflußgebiet der *Guerrilla* – auslöste. Bei der Jagd nach den Flüchtenden fiel die Armee im Hochland über zahlreiche Bauerndörfer her – wodurch der Flüchtlingsstrom zusätzlich verstärkt wurde.

Es setzte nun eine vorerst entscheidende Phase im guatemaltekischen Volkskrieg ein. Die *Guerrilla*-Organisationen reagierten auf die für sie positiv scheinende Entwicklung mit verstärkter militärischer Kooperation und der Formulierung einer gemeinsamen politischen Plattform für eine Übergangsregierung. Dieser um 1980 begonnene Prozeß mündete im Februar 1982 im föderativen Zusammenschluß von EGP, ORPA, FAR und PGT zur *Unidad Revolucionaria Nacional de Guatemala* (URNG).

Die Armee wiederum startete im Juli 1981 eine neue Großoffensive gegen die *Guerrilla,* die einen bis dahin nicht dagewesenen Flüchtlingsstrom in die Arme der aufständischen Kräfte trieb – diese somit zwar quantitativ um ein Vielfaches wachsen ließ, aber insofern lähmte, weil nicht genug Waffen für die zahlreichen Neuzugänge zur Verfügung standen und des weiteren der Zustrom von Frauen, Kindern und Alten die Bewegungsfreiheit der bewaffneten Verbände hemmte. Immer wieder mußte auf Angriffe gegen Armee-Einheiten verzichtet werden, um die geflüchteten Zivilisten nicht den Racheaktionen von damit angelockten zusätzlichen Uniformierten auszuliefern.

Aus dieser militärischen Blockierung hätte sich die *Guerrilla* nur lösen können, wenn zu diesem Zeitpunkt – wie im Frühjahr 1979 in Nicaragua – ein breiter Volksaufstand in den Städten eine zweite Front eröffnet hätte. Die Voraussetzungen dafür schienen nun auch in Guatemala günstig zu sein. Lucas Garcia hatte sogar in den Augen seiner Hintermänner von Armee, Oligarchie und US-Botschaft (die nach dem Amtsantritt von Ronald Reagan wieder offen an die Seite der alten Alliierten zurückgekehrt war) abgewirtschaftet, und als er im März 1982 mit zu plumpen Wahlbetrug versuchte, seinen Verteidigungsminister General Anibal Gue-

vara als neuen Präsidenten zu installieren, brachte er auch
das städtische Bürgertum in Bewegung.

Während nun einerseits in den Städten die zuvor ermordeten oder ins Exil vertriebenen oppositionellen Führer
fehlten, die den objektiv möglichen Volksaufstand hätten
auslösen können, wußte man in der Armeeführung und der
US-Botschaft, wie dieser revolutionären Stimmung vorzubeugen sei. Einige Armee-Verbände umstellten den Präsidentenpalast, zwangen Lucas Garcia und Guevara zur Aufgabe und setzten einen General als neuen Präsidenten ein,
der den Anschein von Legitimität erweckte, weil er 1974 für
die Christdemokraten kandidiert hatte, dann aber von noch
weiter rechts stehenden Waffenkameraden ins zeitweilige
Exil getrieben wurde: Efrain Rios Montt, inzwischen Prediger einer fundamentalistischen protestantischen Sekte, der
sich nun als »Instrument Gottes« an die Spitze des Staates
berufen sah.

In den Augen eines aufgeklärten Europäers mag der
General eine lächerliche Figur gewesen sein. Für die Durchsetzung der Interessen von Guatemalas Oligarchie und der
Washingtoner Regierung erwies er sich indes als der rechte
Mann zur rechten Zeit, der mit einem höchst unterschiedlichen Instrumentarium vorging, das er unter dem Titel
»Fusiles y Frijoles« (Gewehre und Bohnen) einsetzte. Zuerst
wurde mit einer Welle von Massakern, die Zehntausenden
das Leben kosteten, das soziale Hinterland der *Guerrilla*
weithin vernichtet. Etwa eine Million *Campesinos* mußten
aus ihren Dörfern flüchten.

Die überlebenden Indio-Bauern ließ das Regime in
neuen Wehrdörfern zusammenziehen, wo sie unter ständi-
ger Kontrolle der Armee-Verbände leben und zugleich zur
aktiven Teilnahme am Krieg gegen die Aufständischen in
sogenannten *Patrullas de autodefensa civil* gezwungen werden. An die 5,5 Millionen Guatemalteken – etwa 70 Prozent
der Gesamtbevölkerung – gerieten damit in die von den uniformierten Killer-Kommandos beherrschten Zonen.

In den Städten hingegen begann sich der Terror der
Todesschwadronen nicht mehr willkürlich gegen die gesamte

Bevölkerung, sondern unauffälliger, aber gezielt gegen die wenigen noch verbliebenen Führungskader der Opposition zu richten. Mit Hilfe moderner Massenmedien und einem Heer von Missionaren aus den USA setzte der frömmelnde General auf eine ideologische Umerziehung der städtischen Unterschichten, die er – in Lateinamerika gegenwärtig eine vielfach in Zusammenarbeit mit der CIA betriebene und von transnationalen Konzernen großzügig unterstützte Strategie – einem Bombardement religiöser Verheißungen aussetzte, als deren Folge die Marginalisierten apathisiert werden soll(t)en.

Nach nicht einmal zweijähriger Amtszeit hatte Rios Montt seine Schuldigkeit so gründlich getan, daß ihn die US-Botschaft am 8. August 1983 durch seinen Verteidigungsminister General Oscar Mejia Victores aus dem Weg putschen ließ. Dem oblag es, den Rückweg zu zivilisierter erscheinenden Herrschaftsformen zu bereiten und für den November 1985 erstmals seit vielen Jahren wieder leidlich demokratische Wahlen auszuschreiben.

Formaldemokratisches Marionettenspiel

Das Spiel mit der Demokratie schien für die herrschenden Kräfte gefahrlos geworden zu sein. Alle reformistischen Kräfte, von denen der Versuch einer Veränderung der politischen und ökonomischen – somit auch der sozialen – Strukturen Guatemalas erwartet werden konnte, waren in den Jahren zuvor aus dem Weg gemordet worden, und um allen sonstigen Überraschungen vorzubeugen, sorgte die rigide Auslegung eines an sich schon rigiden Wahlgesetzes dafür, daß das Spektrum der Wählbaren kontrollierbar blieb.

Der Wahlsieg der Christdemokraten entsprach somit der Papierform: Sie sind jene Partei, die von den Militärs gerade noch geduldet wird und die zugleich den USA bei deren Versuch, eine sich von der Zeit offener Militärherrschaft abhebende demokratische Fassade zu errichten, die ideale Präsentationsmöglichkeit bietet. Dazu kommt schließlich, daß sie jene Gruppierung sind, mit der sich die unzufriedenen Mittelschichten am ehesten identifizieren können.

Im Grunde lief diese Wahl somit auf eine modifizierte Neuauflage des formaldemokratischen Marionettenspiels mit Julio Mendez Montenegro in den sechziger Jahren hinaus. Ob diese Rechnung indes aufgeht, ist teilweise offen.

Das Überraschende dieser Wahl war nicht der Sieg der Christdemokraten, sondern, wie schon eingangs angemerkt, der Umstand, daß es der zu dieser Zeit 43jährige Rechtsanwalt Vinicio Cerezo zu deren Präsidentschaftskandidaten gebracht hatte. Stellt er doch nicht den Typus des allen Mächtigeren zuverlässig gefälligen Honoratiorenpolitikers dar, sondern in manchen Aspekten für Guatemalas provinzielles bürgerliches Spektrum durchaus eine neue Qualität.

Zwar wird Cerezo von Leuten, die ihn lange kennen, durchaus eine gehörige Portion Opportunismus und dazu ein begrenztes Ausmaß an Mut nachgesagt, das dort endet, wo es um existentielle Fragen geht. Auf der anderen Seite gesteht man ihm zu, von seinem Anspruch her ein Patriot und dazu ein Mann von flexibler Denkungsart zu sein, dessen Vorstellungskraft über die Möglichkeiten hinausreicht, die gegenwärtig in diesem Land verwirklichbar sind. Ein ehemaliger Studienkollege nennt Cerezo »eigentlich einen Sozialdemokraten«, der sich die Christdemokraten als Vehikel erwählt habe, um realisieren zu können, was von den tatsächlichen Machthabern Guatemalas gerade noch toleriert werde.

Diese Einschätzung wird durch Indizien aus den ersten drei Jahren der Amtszeit des Präsidenten gestützt. Sieht man von der besonderen Konstellation der Regierungen Nicaraguas und Panamas ab, war Cerezo jenes nominelle Oberhaupt eines zentralamerikanischen Staates, das zuletzt die selbstbewußteste Haltung gegenüber den Anmaßungen der US-Regierung an den Tag legte. Ihm ist es in erster Linie zu danken, daß die von Washington verlangte und lange Zeit durchgesetzte Isolierung Nicaraguas von dessen zen-

tralamerikanischen Nachbarn durchbrochen wurde – was
eine Hauptvoraussetzung für das Zustandekommen des
Friedensplanes *Esquipulas II* darstellte.

Doch die innenpolitische Seite der Medaille ist eine
andere. Guatemalas Todesschwadrone sind nicht mehr so
spektakulär wie vor wenigen Jahren, doch weiterhin aktiv.
Die Armee kann es sich leisten, im Bereich der Hauptstadt
und der südlichen Landesteile auf ein engmaschiges Kon-
trollnetz zu verzichten. Doch im Hochland, im Umfeld der
indianischen Gemeinden, ist sie nach wie vor demonstrativ
an jedem wichtigen Ort präsent wie eine fremde Besatzungsmacht. Die von ihr eingerichteten Wehrsiedlungen,
faktisch Konzentrationslager zur Erfassung jeglicher Lebens-
äußerung, existieren noch immer. Der Reisende, der durch
diese ländlichen Regionen fährt, wird weiterhin alle paar
Kilometer auf ein paar indianische *Campesinos* treffen, die
mit geschulterten Flinten hinter der mitgeführten Staats-
flagge hertrotten – sogenannte Zivilverteidigungspatrouil-
len, die zwar keinerlei militärische Bedeutung in der Auseinandersetzung mit der *Guerrilla* besitzen, aber ein Instrument gegenseitiger Bespitzelung, der Verunsicherung und
Denunziation sind.

Die nach ihrer nahezu erfolgreichen Offensive von 1982
erneut zurückgedrängte *Guerrilla* kämpft gegenwärtig ohne
Aussicht auf einen durchschlagenden militärischen Erfolg
und abgeschnitten von den Möglichkeiten, der massiven
politischen Propaganda der herrschenden Kräfte wirksame
Aufklärung entgegenzusetzen.

»Guatemala, wie es jetzt ist, hat keine Zukunft«

Eingangs der Urwaldstraße, die hinauf führt zu den impo-
santesten Zeugnissen der Maya-Reiche, den im Dschungel
freigelegten Ruinen der Tempelstadt von Tikal, treffen wir
auf mestizische junge Leute, die uns versichern, es gäbe gar
keine *Guerrilla* mehr – nur noch Banden von Mexicanern,
die mit Nahrungsmittelgeschenken an Indio-Frauen deren

Männer zum Mitgehen veranlaßten, welches Spiel diese primitiven Leute erst durchschauten, wenn alles aufgegessen, doch nun der Mann weg sei. Und diese Gesprächspartner waren bei weitem nicht die unintelligentesten, mit denen wir uns unterhielten.

Die *Guerrilla* besitzt in diesem Klima keine faktische Möglichkeit, in eine politische Phase des Kampfes überzuwechseln. Ein vom Präsidenten ausgesprochenes Angebot zum Dialog im Sinne der Vereinbarungen von *Esquipulas* blieb aufgrund einer Intervention der Militärs folgenlos. Ein – gescheiterter – Putschversuch im März 1988 erinnerte Cerezo daran, wie schmal der Grat ist, auf dem er seine Politik entwickeln kann.

An eine Bestrafung der Verantwortlichen für die Massaker der letzten Jahre und Jahrzehnte ist somit nicht zu denken. Dies machte der Präsident deutlich, als er den Angehörigen der etwa 40 000 in den letzten Jahren verschleppten Menschen vorschlug, diese zu »vermutlich Toten« erklären zu lassen und das »Verschwundenenproblem« vermittels einer finanziellen Unterstützung für die Hinterbliebenen durch den Staat aus der Welt zu schaffen.

Die wahren Machthaber Guatemalas – Oligarchie, Armee und US-Regierung – ließen Cerezo zwar nicht zuletzt deshalb an das Präsidentenamt gelangen, um vor der von ihm repräsentierten Fassade demokratischen Scheins dem auch ökonomisch ausgebluteten Land unter dem Vorwand der Unterstützung eines wortreich beteuerten Demokratierungsprozesses neue Finanzhilfen aus dem westlichen Ausland zuzuführen. Doch alle diese Kapitalspritzen ändern nichts an der verheerenden sozialen Situation, solange die politischen und ökonomischen Strukturen unangetastet bleiben.

Laut einer Erhebung aus dem Jahr 1985 liegt die durchschnittliche Lebenserwartung in Guatemala bei 43, auf dem Land gar nur bei 28 Jahren. Neun Prozent aller Neugeborenen werden nicht einmal ein Jahr alt, jedes fünfte Kind stirbt vor Vollendung des vierten Lebensjahres. Laut einer Statistik der *Bank für Guatemala* aus dem Jahr 1984 sind 78

Prozent der erwerbsfähigen Bevölkerung arbeitslos oder unterbeschäftigt. Nach Angaben der Interamerikanischen Entwicklungsbank sind 80 Prozent der Guatemalteken Analphabeten und 75 Prozent unterernährt. Letzteres gilt laut jüngsten Untersuchungen für 81 Prozent aller Kinder.

An diesen Fakten hat sich in der Amtszeit von Cerezo nichts geändert, der bereits während seiner Wahlkampagne erklärte: »Es kann in einem demokratischen Staat keine Landreform geben, weil dies die Wirtschaft des Landes zerstören würde.«

»Er hat sich als Lügner und Opportunist erwiesen«, wendet sich *Padre* Andres Giron von diesem Präsidenten ab, der den populären Priester in der Öffentlichkeit generös »meinen Freund« nennt.

Das Reich des Andres Giron, der immer wieder durch Europa tourt, um den Zufluß weiterer Finanzhilfen zu sichern, ist von dieser Welt – und doch ein Stück ganz anderes Guatemala, als es Vinicio Cerezo präsidiert. Sein Hauptsitz hat der *Padre* in der Ortschaft Nueva Concepcion, wo ein Schild auf dem Pfarrhaus verkündet, daß er von Dienstag bis Donnerstag in Pfarrangelegenheiten und Donnerstag und Freitag in Landproblemen zu sprechen ist – allerdings, so steht es auf einem zweiten Schild: nur bei Anmeldung. Und: Geborgt wird nichts. Gleich neben der Kirche steht eine Schule und ein kleines Krankenhaus, in dem eine Behandlung ein Fünftel dessen kostet, was in einem staatlichen Spital dafür bezahlt werden muß.

Der Weg zu Andres Giron führt durch einen Vorraum, in dem die Flaggen aller fünf zentralamerikanischen Staaten stehen, die sich nach dem Abzug der spanischen Kolonialherren vergeblich dauerhaft zu konföderieren versuchten. Dort hängen auch die Bilder der zwei Vorgänger des Priesters – beide wurden von unbekannten Tätern ermordet. Wenn es nach denen ginge, lebte auch der *Padre* nicht mehr. Andres Giron ist nach dem jüngsten Anschlag gegen seine Person stets von zwei Leibwächtern umgeben – netten Bauernburschen, deren einer eine Maschinenpistole und der andere einen Trommelrevolver mit sich führt. Auf die

Frage, wer ihn habe umbringen wollen, zuckt Andres Giron die Achseln. »Vermutlich Leute von der Armee«, sagt er dann. »Doch ich habe vorgesorgt, es ist genug Nachwuchs vorhanden.«

Später wird der *Padre* seine Besucher zum Neubau des von ihm gegründeten Priesterseminars führen, das die gegenwärtig 40 Seminaristen in eigener Arbeit errichtet haben. Sie bewirtschaften dort einen Acker, halten Hühner und Rinder. Die angehenden Priester sollen sich selbst erhalten und der bäuerlichen Arbeit nicht entwöhnt werden, die viele von ihnen ohnedies seit frühester Kindheit gewohnt sind. Diese zwischen 14 und 20 Jahre alten *Muchachos* kommen aus allen Landesteilen, doch durchweg aus Familien, die ihnen kein Studium hätten finanzieren können.

Sie sind die Elite der Armen Guatemalas – und werden darauf vorbereitet, den Kampf ihres Mentors gegen die Armut fortzuführen. Die penibel in Ordnung gehaltene Bibliothek des Seminars weist darauf hin, was hier gelehrt wird: kritische Werke über Soziologie, Ökonomie, Politik und Theologie – Werke der führenden Befreiungstheologen vor allem.

Naturgemäß sehen Guatemalas Kirchenobere dem Treiben in Andres Girons Seminar mit großer Ablehnung zu. Doch sie können wenig dagegen unternehmen. Der *Padre* läßt sich nichts verbieten, was er als richtig erkannt hat. Und er läßt sich nicht einschüchtern. Es ist erst wenige Monate her, daß die Holzbaracken, in denen das Seminar bis dahin in Tiquisate untergebracht war, während der Ferien plötzlich in Flammen aufgingen. Das Ergebnis ist der Neubau bei Nueva Concepcion – ein stimmungsvoller Ort der Inspiration und der praktischen Arbeit zugleich.

Die Seminaristen leben in funktionierender Selbstverwaltung. Der *Padre* hätte gar nicht die Zeit dazu, sich ständig um sie zu kümmern. Um in jeder seiner 76 Pfarren wenigstens alle zwei Wochen einmal präsent zu sein, liest er jeden Tag drei bis vier Messen in verschiedenen Weilern. Dort ruht dann auch mitten unter der Woche für ein paar

Stunden die Arbeit. Die Frauen kommen in ihren besten
Kleidern – bunten Kreationen mit vielen Maschen und
Rüschen – zur kleinen Kirche, wo eine erwartungsfrohe
Stimmung herrscht, als würde eine Wanderbühne für sel-
tene Abwechslung sorgen. Dem Priester reist ein Eisverkäu-
fer mit seinem Fahrrad voraus, der sich bei jedem Halt eines
guten Geschäftsganges erfreuen kann.

Bis Andres Giron mit seinem schwarzen Auto eintrifft,
das ihm ein US-amerikanischer Senator geschenkt hat,
singt die Gemeinde fröhlich-fromme Weisen im Hum-ta-ta-
Takt, der an alpenländische Volkslieder erinnert. Der *Padre*
enttäuscht sein Publikum selten. Was die Liturgie an zere-
moniellen Handlungen vorschreibt, spult er zwar im Eil-
zugtempo ab, doch seine Predigten entbehren nicht komö-
diantischer Eindringlichkeit und dramatischer Effekte. Da
wendet er sich einmal an Kinder, deren Schuljahr gerade zu
Ende gegangen ist, läßt sich aus den Kirchenbänken Zeugnisse reichen und kommentiert diese.

Besser als ihre Lehrer müßten sie werden, schärft er den
Schülern ein und führt dann im Mittelgang gestenreich vor,
wie er seinerzeit von seinen Schulmeistern mitunter verprü-
gelt worden sei, was ihm indes, wovon sich jeder überzeugen könne, nicht geschadet habe. »Die größte Sünde ist es,
durch das Leben zu gehen, ohne eine Spur hinterlassen zu
haben«, schärft der Priester seinen Zuhörern zum Abschluß
ein.

In der nächsten Kirche nimmt der *Padre* die Anwesenheit
eines Gitarristen zum Anlaß, um in seiner Predigt von Victor Jara zu erzählen, dem Sänger des chilenischen Widerstandes, dem seine Peiniger die Finger abhackten, um ihm
dann die Gitarre mit der Aufforderung zu geben, er solle
ihnen etwas vorspielen. Die aus dem alltäglichen Leben
Lateinamerikas gegriffene Geschichte sorgt für betroffenes
Schweigen unter den *Campesinos*.

»Es ist die Wahrheit, was ich ihnen erzählte, und ich
glaube schon, daß sie verstehen, was ich ihnen sagen will«,
kommentiert Andres Giron während der Heimfahrt seinen
Auftritt. Nun wirkt er müde, ausgelaugt. Die Politik der klei-

nen Schritte zehrt an den Kräften dieses massigen Mannes, der viele Rückschläge überwinden muß. Er weiß, daß es nicht genügt, den durch Generationen in Abhängigkeit und Unwissenheit gehaltenen Menschen ein Ziel zu formulieren und ein Stück Land zu geben: »Ein Landarbeiter, der sein Leben lang gewohnt war, nur die Anweisungen des Verwalters auszuführen, kann nicht binnen kurzer Zeit selbständig einen eigenen Betrieb führen«, wechselt er das Thema. »Daran sind anderswo schon viele Versuche einer Landreform gescheitert. Es entstand neue Verschuldung, neue Abhängigkeit – und zum Schluß fiel alles Land zurück in die Hände der Großgrundbesitzer.«

Wir fahren an einigen Häusern vorbei, an deren Wänden die *Guerrilla*-Organisation ORPA mit roter Farbe ihre Parolen hinterlassen hat. »Natürlich habe ich zur *Guerrilla* Kontakt«, erklärt der *Padre,* »wir haben im Grunde die gleichen Ziele, aber gehen nicht den gleichen Weg. Sie glauben nicht, daß ich mit meinen Methoden etwas erreiche, aber sie behindern meine Arbeit nicht, und ich glaube nicht, daß sie mit ihren Methoden ans Ziel gelangen werden – aber ich respektiere sie.«

Eine Pause des Schweigens tritt ein, bis Andres Giron fortfährt: »Guatemala, wie es jetzt ist, hat keine Zukunft. Was ich erreichen wollte, ist eine gewaltfreie Revolution – doch inzwischen fürchte ich, daß es zu einer sehr blutigen Revolution kommen wird.«

El Salvador

Die Überlebenden der Massaker

Das Entstehen einer neuen Gesellschaft in einem belagerten Staat

»Wir leben in einem großen Gefängnis«

Chalatenango ist eine Stadt im Belagerungszustand. Die Provinzmetropole im nördlichen Bergland El Salvadors gleicht einer Festung. Der schmucke Pavillon im *Parque central* wurde rundum mit Sandsäcken ausgelegt und zu einer Maschinengewehr-Stellung ausgebaut. Sandsackbarrieren trennen diesen Platz vor der Kathedrale in zwei Hälften. Die Häuserfassaden auf der einen Längsseite wurden mit Tarnfarben bemalt; dort hat die Armee ihr örtliches Hauptquartier bezogen. Unter den Arkaden auf der anderen Längsseite sind Ladentüren geöffnet; hier unterhalten ambulante Händler ihre Verkaufsstände. Das zivile Leben der Stadt findet freilich nur bei spärlichem Kerzenlicht statt.

Doch, manchmal gebe es nachts auch elektrischen Strom in Chalatenango, antwortet die Chefin des einzigen geöffneten Wirtshauses den Fremden auf deren Frage nach der Ursache der Dunkelheit. Ob man es mit einer von der Armee verordneten oder einer von der *Guerrilla* verursachten Verdunkelung zu tun hat, will sie offenbar nicht sagen. Es sitzen auch einige Soldaten im Lokal, die ihre kugelsicheren Westen über die Sessellehnen gehängt haben.

Was immer in dieser Stadt geschieht – es passiert unter den Augen und in Hörweite der Armee. Seit Einbruch der Dunkelheit steht alle zehn Meter ein Soldat mit eingelegtem Gewehr unter den Arkaden rund um die *Plaza,* in deren Mitte ein Mast mit einem leistungsstarken Strahler aufragt. Der wird vom armeeeigenen Aggregat in der Kaserne gespeist. Im Licht dieses Scheinwerfers spielen vor der Kathedrale ein paar Jugendliche Volleyball. Immer wieder trottet ein Zug Gleichaltriger, behängt mit Waffen und Rucksäcken, an den Spielenden vorbei in Richtung der Straße, die aus der Stadt hinausführt und hinauf in die Berge der Provinz Chalatenango.

Im Morgengrauen sind von dort oben Schüsse und das Knattern tieffliegender Helikopter zu hören.

Chalatenango ist umständehalber keine wirtliche Stadt. Im erstbesten Gemischtwarenladen, den die Fremden betreten, um etwas zum Frühstück zu kaufen, werden sie zwar gerade noch bedient. Doch dann ziehen sich die zwei Verkäuferinnen in die entfernteste Ecke des Ladens zurück. Auf Fragen jedweder Art wissen sie nur eine Antwort: »*No se.*« – »Ich weiß nicht.«

Wie man zu diesem oder jenem nur wenige Kilometer entfernten Ort gelangt?

»*No se.*«

Auf der *Plaza* werden die Fremden von Soldaten eingeholt, die den Auftrag haben, sie in die Kaserne zu bringen, wo ein Offizier den Grund des Besuches in Chalatenango wissen will.

Auf solche Unterhaltungen vorbereitet, zücken die Besucher eine Landkarte, in der unweit dieser Stadt eine archäologische Fundstätte von Maya-Ruinen eingezeichnet ist. Die wollen sie besichtigen, sagen die Fremden und lösen damit unverhohlenes Gelächter bei den Uniformierten aus, die noch nie etwas von der Existenz solcher Ruinen gehört haben, aber nun davon überzeugt sind, es mit harmlosen Narren zu tun zu haben.

Versehen mit der Aufforderung, diese »Konfliktzone« rasch wieder zu verlassen, machen sich die Reisenden außerhalb der Sichtweite der Militärs in die Gegenrichtung des ihnen nahegelegten Weges auf. Die Straße wird immer steiler und steiniger, bis sie schließlich in ein Bachbett mündet, an dessen anderem Ufer gerade noch ein überwucherter Pfad auszumachen ist.

Der anschließende Fußmarsch beschert eine neuerliche Begegnung mit einer Einheit der bewaffneten Streitkräfte von El Salvador, deren Kommandant auf das Zusammentreffen mit *Gringos* nicht vorbereitet wirkt, zumal diese allerlei seine literarische Bildung übersteigende Dokumente und vor allem ihre Landkarte mit den eingezeichneten Maya-Ruinen zücken, zu denen sie unterwegs seien, zumindest aber bis zum nächsten Dorf, denn für eine Umkehr wäre der Tag jetzt wohl schon zu weit fortgeschritten.

Nach einigem Hin und Her ist auch dieses Hindernis auf dem Weg nach San José de las Flores überwunden. Dort fin-

det sich der Besucher auf der anderen Seite der Front
wieder, die kreuz und quer, mit allenthalben täglich wech-
selndem Verlauf, den kleinsten Staat auf dem Isthmus in
eine zweigeteilte Republik trennt. Ein gutes Dutzend junger Männer in uneinheitlich dunkler Kleidung, doch jeder
mit einem schußbereit umgehängten Schnellfeuergewehr,
halten die zentralen Positionen der Hauptstraße von San
José besetzt. Kurz darauf verlassen einige ihrer Gefährten
die *Pulperia* in der Ortsmitte mit Säcken voller Lebensmittel.

»Die *Muchachos* sind gute Kunden – sie haben genug
Geld und zahlen bar«, wird der Gemischtwarenhändler den
Fremden später erzählen, während rings um das Dorf das
Knattern von Armeehubschraubern und dazu immer wie-
der das Mündungsfeuer schwerer Bord-MGs zu hören ist.
Manche Ortsbewohner blicken aufmerksam zum Himmel,
um gegebenenfalls rechtzeitig in Deckung gehen zu kön-
nen. Vor ein paar Wochen, berichtet eine Frau, sei das Zen-
trum des Nachbardorfes Arcatao aus diesen fliegenden
Monstren beschossen worden.

Doch an diesem Tag bleiben die Helikopter weg von San
José und kreisen weiterhin im Tiefflug über den zerklüfte-
ten Hügeln, in die sich die *Guerrilleros* nach ihrem Einkaufs-
besuch in San José de las Flores zurückgezogen haben.
»Wir müssen jetzt wieder gehen, um die Leute im Dorf nicht
zu gefährden«, erklärte einer der *Muchachos* – einen Sack
Bohnen geschultert und in der rechten Hand ein NATO-
Sturmgewehr – den Fremden zum Abschied, nachdem er
ihnen erzählt hatte, daß kleine Armee-Einheiten wie diese
dort draußen vor dem Ort jedem Kampf mit der *Guerrilla*
aus dem Weg zu gehen trachteten, solange sie keinen aus-
drücklichen Angriffsbefehl hätten. »Die sind zwar da, aber
dieses Gebiet kontrollieren wir«, lautete seine Einschätzung der örtlichen Lage.

»Die Menschen hier im Dorf sind sicher zum überwiegen-
den Teil auf der Seite der *Guerrilla*«, werden die Besucher
später von einer der Nonnen erfahren, die sich in San José
niedergelassen haben, seit dieses Dorf wieder bewohnt ist.
Das ist erst gute zwei Jahre her. Um die Mitte der sechziger

Jahre hatte die Armee diesen Teil Chalatenangos ebenso wie andere umkämpfte Landesteile mit gezieltem Bombenterror – buchstäblich einer Strategie der verbrannten Erde – radikal entvölkert. Wer nicht im Splitterhagel umkam, mußte ohne alles Hab und Gut die Flucht antreten. Tausende überquerten die nahe Grenze nach Honduras, um dort in spartanischen, dem Terror hondurianischer und auch einfallender salvdorianischer Militärs ausgesetzten Flüchtlingslagern interniert zu werden. Andere suchten in den Elendsquartieren der Hauptstadt San Salvador Zuflucht.

»Wir haben uns gedacht, das ist kein Leben, da sterben wir besser in unserer Heimat«, erzählt Alberto, ein etwa 40jähriger *Campesino,* der zu den ersten ungefähr eintausend Menschen gehörte, die um die Mitte des Jahres 1986 nach San José de las Flores zurückkehrten. In den Flüchtlingslagern war die *Coordinadora nacional de repoblacion* (CNR) entstanden, die diese Kampagne ins Leben rief.

»Seither leben wir hier wie in einem großen Gefängnis«, sagt Alberto. »Die Armee läßt häufig Nahrungsmittellieferungen nicht passieren, die für uns bestimmt sind, und wir können nur einen kleinen Teil unserer Äcker bewirtschaften. Es ist unmöglich, weiter draußen auf dem Feld zu arbeiten, weil dort ständig bombardiert wird.«

Die Äcker sind – wie fast überall in den gebirgigen Teilen El Salvadors – klein und in steile Abhänge gegraben. Früher hätte jeder Kleinbauer nur auf seiner eigenen Parzelle gearbeitet, und die Ernte habe bei keinem von ihnen ausgereicht, um ihre Familie ernähren zu können, erzählt einer der *Campesinos,* die sich am Abend mit den Fremden auf einen Fruchtsaft zusammensetzen. In San José de las Flores wird kein Alkohol mehr ausgeschenkt. Das haben die Wiederbesiedler des Dorfes so beschlossen. »Wenn die Leute trinken, fangen sie zu streiten an. Das darf in unserer Lage nicht passieren. Man weiß hier nie, was passiert. Außerdem sind wir arm und brauchen unser weniges Geld für wichtigere Sachen«, begründet einer der Einheimischen diese Einführung.

Ob das eine Idee der *Muchachos* von der *Guerrilla* gewesen sei, wollen die Besucher wissen.

Die Männer am Tisch blicken sich stumm an. »Die
Muchachos haben viele gute Ideen«, sagt schließlich einer.
Zum Beispiel, daß es besser sei, wenn sich die *Campesinos*
zu Kooperativen zusammenschlössen, um gemeinschaftlich zu arbeiten und auf den verbliebenen Anbauflächen
einen maximalen Ertrag zu erzielen.

Das tun die Bauern von San José de las Flores jetzt. Es
reicht trotzdem nicht für alle, und bemühten sich nicht
diverse internationale Hilfsorganisationen darum, immer
wieder Lieferungen ins Dorf zu schleusen, hätten längst alle
Rücksiedler wieder wegziehen müssen.

»Die Soldaten behindern uns, wo sie können«, ruft ein
drahtiger Mann mit zornigem Blick aus. »Sie zertrampeln
die Felder und reißen den Mais aus. Das machen die *Muchachos* nie. Die bezahlen für alles!«

60 Prozent des Staatshaushaltes aus Washington

Die Armee hätte gerne weiterhin ein freies Schußfeld
gehabt. Nicht, daß die Herren Offiziere wegen ein paar Zivilisten zimperlich wären. Aber es gibt Zeiten, da ist aus man-
cherlei Gründen Zurückhaltung geboten. Schließlich lebt
der Staat El Salvador – den nicht zuletzt dessen Armee bildet – zum Großteil von Zuwendungen der US-Regierung,
die an die 60 Prozent des Staatshaushaltes finanziert. Mehr
als eine Million Dollar pro Tag ist es Washington wert, El
Salvador eine »Demokratie« nennen zu können.

Damit sind sicher noch nicht alle Gelder erfaßt, die bisher in die Aufrüstung der Armee des Kleinstaates gepumpt
wurden. An die 50 000 Mann umfaßt das Militär inzwischen. Auf jeden 50. Salvadorianer kommt ein Uniformierter – doch nur auf jeden 200. ein Lehrer, auf jeden 2 500. ein
Arzt. Die Bevölkerung besteht zu 40 Prozent aus Analphabeten.

Kurzum, in Washington, wo zwar viele Parlamentarier von reichlich schlichter Denkungsart sind, aber doch das eine oder andere Prinzip kennen, muß die Regierung die nötige Zustimmung zur weiteren Finanzierung des Militärapparates von El Salvador immer wieder mit dem Argument erkaufen, dort unten bei den Schutzbefohlenen im zentralamerikanischen Hinterhof gehe es täglich weiter aufwärts mit der Demokratie und den Menschenrechten. Da passen Meldungen über neue Massaker an irgendwelchen Dörflern schlecht ins Bild. Das sehen auch die vernünftigeren der Offiziere ein und suchen nach anderen Wegen, um sich das Volk vom Leib zu halten, das in so einem Krieg nur stört.

Im November 1986, kurz nach ihrer Rückkehr nach San José de las Flores, berichten die Leute im Dorf, seien 500 Soldaten unter der Führung des für seine harte Hand bekannten Oberst Caceres angerückt – mit einer Tonbandkassette, die sie kurz zuvor aus San José kommenden ausländischen Reportern gewaltsam abgenommen hatten. Der Oberst habe die Schulkinder des Ortes zusammentreiben und ihnen diese Kassette vorspielen lassen. Die ahnungslosen Kleinen erkannten die Stimmen einiger Ortsbewohner. Sechs von ihnen nahmen die Soldaten mit.

Es sei ungewöhnlich genug, daß die Verhafteten nach einiger Zeit wieder zurückgekommen seien, sagt ein *Campesino*. Sie hätten kein Wort darüber gesprochen, wohin man sie gebracht habe und was mit ihnen geschehen sei.

»Die Soldaten wenden jetzt neue Methoden an«, fügt ein anderer Bauer hinzu. »Früher hätten sie diese Leute auf der Stelle erschossen.«

Das mit den neuen Methoden werden die Besucher in San José de las Flores noch öfter hören. So am nächsten Tag, während einige Jagdbomber eine Hügelkuppe unweit von San José mit Boden-Luft-Raketen beschießen und Bomben abwerfen. »Früher hätten sie auch das Dorf bombardiert, jetzt kommt anschließend ein Flugzeug und wirft Propagandaschriften der Regierung ab«, kommentiert eine der Nonnen das Geschehen.

Schon bei der Anreise in die Provinz Chalatenango wurden den Reisenden bei einer der Straßenkontrollen von Soldaten Flugblätter aufgenötigt, auf denen von ehrlichen salvadorianischen Arbeitern und Bauern die Rede war, die von der *Guerrilla* umgebracht worden seien.

Die Herrscher des Landes dürften wissen, daß San José de las Flores einer der Orte ist, wo solche Propaganda nicht verfängt. Die Autoritäten machten sich erst gar nicht die Mühe, die Rücksiedler durch die Ausstellung von Personaldokumenten zu erfassen. Und als im März 1988 angeblich in ganz El Salvador vermittels der Abhaltung von Parlaments- und Gemeinderatswahlen ein weiteres Mal der schöne Brauch der Demokratie gepflegt wurde, schickte man in dieses Dorf erst gar keine Urnen.

Das war auch nicht nötig. Die Leute von San José de las Flores versammelten sich anderntags, um ohne Parteilisten und Wahlpropaganda aus ihrer Mitte jene zu wählen, die nun alle öffentlichen Angelegenheiten zu regeln haben.

Ob das gleichfalls eine Idee der *Muchachos* von der *Guerrilla* war, wollen die Besucher wissen.

»Hm, wer kann schon sagen, wo eine Idee herkommt«, antwortet ein *Campesino* versonnen.

Ein anderer bittet die Fremden, sich in der Hauptstadt nach dem Verbleib des Lehrers von San José zu erkundigen, den die Soldaten bei einem ihrer jüngsten Auftritte im Dorf mitgenommen hätten und über dessen Schicksal seither Ungewißheit herrsche.

Sorge ist angebracht. Viele, die in den Kerkern El Salvadors verschwanden, tauchten nie wieder auf. An einem Straßenrand auf die Leiche eines massakrierten Menschen zu stoßen, ist in manchen Gebieten keine Seltenheit. In den letzten zehn Jahren fielen an die 60 000 Menschen den Todesschwadronen zum Opfer. Daß es überhaupt noch Leute gibt, die sich offen oppositionell betätigen, grenzt an ein Wunder.

Die 14 Großen Familien

Nicht einmal in Guatemala gingen die Machthaber so offenkundig daran, jedwede Opposition physisch zu liquidieren,
wie in diesem Zwergstaat von etwa der Größe Hessens, der
mit seinen 4,5 Millionen Einwohnern – 250 pro Quadratkilometer – der dichtbesiedeltste Amerikas ist. Und dazu einer,
in dem verschwenderischer Reichtum so dicht wie kaum
anderswo neben kraßem Elend existiert. Die Arbeitslosen-
und Unterbeschäftigtenrate von 65 Prozent drückt diesen
Tatbestand nur unzureichend aus.

Die soziale Disharmonie ist ebenso langlebig wie die Ge-
walttätigkeit der herrschenden Klassen gegenüber den
Habenichtsen. Der gegenwärtige, nun schon an die zehn
Jahre während Bürgerkrieg ist die Fortsetzung der Klassen-
kämpfe, die vor über fünfzig Jahren ihren ersten Höhepunkt erreichten.

Am Anfang dieser Kämpfe standen *los catorce grandes* –
die sprichwörtlichen 14 Familien: Großgrundbesitzer und
ursprünglich hauptsächlich Indigo-Pflanzer, die 1821, dem
Jahr der Unabhängigkeit El Salvadors, die ganze politische
und ökonomische Macht im Staate an sich rissen. 0,02 Prozent der Bevölkerung besaßen damals ein Drittel des kultivierbaren Bodens; 91,4 Prozent Kleinbauern mußten sich
22 Prozent des Landes teilen.

Die Zahl der *Großen Familien* wuchs mit dem Entstehen
der Kaffee-Bourgeoisie um die Jahrhundertwende auf nun
etwa 60 an. Nach wie vor gilt, daß faktisch aller Reichtum in
den Händen von zirka einem Prozent der Bevölkerung liegt
– das zugleich die politische Macht besitzt. Diese in Teilhabe
mit den Militärs und der US-Regierung.

Die Armee war auch in diesem Land als eine Privatpoli-
zei der Oligarchie als Reaktion auf Aufstände der von den
Großgrundbesitzern um ihr Land gebrachten Kleinbauern
um die Jahrhundertwende entstanden. Von Anfang an standen die verschiedenen Militärs unter dem wechselnden Einfluß unterschiedlicher Oligarchen-Familien, die sich – unterstützt von ihrer jeweiligen Armee-Fraktion – interne Machtkämpfe lieferten.

Der oligarchische Prätorianismus wurde erstmals nachhaltig gestört, als 1930 ein Betriebsunfall passierte: Arturo Araujo, ein Reformen ankündigender Populist, wurde zum Präsidenten gewählt. Eingezwängt in die realen Machtverhältnisse, konnte er indes dem Erwartungsdruck der verelendeten Massen nicht genügen, die durch sein Auftreten in Bewegung geraten waren. Zwar hatte dieser Präsident seine soziale Basis längst verloren, als sich im Dezember 1931 – mit Reformversprechungen – General Maximiliano Hernandez Martinez an seine Stelle setzte. Doch die von Araujo ursprünglich geschürten Hoffnungen auf einen tiefgreifenden Wandel begannen sich in Forderungen zu verwandeln.

Um diesem politischen Erwachen der Massen wieder Herr zu werden, bescherte der General El Salvador dreizehn Jahre klassischer lateinamerikanischer Diktatorenherrschaft und der von ihm repräsentierten Armee des Landes jene eigenständige Machtposition neben der traditionellen Oligarchie, welche die Militärs bis heute nicht eingebüßt haben.

Am Anfang dieses Kapitels stand ein Zwischenspiel, von dem das kollektive Bewußtsein der Salvadorianer seither geprägt wird: *La Matanza* – das große Massaker, dem zwischen 30 000 und 50 000 *Campesinos* zum Opfer fielen.

»Ich glaube, daß das Drama von 1932 für El Salvador ungefähr den gleichen Stellenwert besitzt, wie die Nazi-Barbarei für Europa oder die nordamerikanische Barbarei für Vietnam. Von jenen unheilvollen Tagen an waren wir andere Menschen, und El Salvador war ein anderes Land. Das heutige El Salvador ist das Werk der damaligen Barbarei«, sagt 53 Jahre später im kubanischen Exil der einzig überlebende führende Oppositionelle dieser Zeit, der inzwischen greise Miguel Marmol.

Das Vorspiel zu diesem Intermezzo bildete die Weltwirtschaftskrise von 1929, die für El Salvador mit seinen Monokulturen katastrophale Auswirkungen hatte. So sanken die Kaffeepreise von 16 Dollar im Jahr 1928 auf unter sechs Dollar 1932. Für die Kaffeebarone war dies eine empfindliche

Gewinneinbuße – für das Heer der auf die kargen Einnahmen aus der Erntearbeit angewiesenen Landlosen der völ-
lige Ruin. Der damalige US-Militärbeauftragte für Zentralamerika, Major A. R. Harris, notierte: »Was einem bei der
Ankunft in San Salvador zuerst auffällt, sind die vielen
Luxuslimousinen. Man könnte glauben, es gäbe nur *Pak-
kards* und *Pierce Arrows.* Neben diesen Millionärswagen
und den von barfüßigen Männern geführten Ochsenkarren
scheint es nichts anderes zu geben. Zwischen den ungeheuer Reichen und den ungeheuer Armen gibt es keine Mittelschicht ... Die Situation ist reif für den Kommunismus,
und die Kommunisten scheinen dies zu wissen ... Die
Regierung begreift offensichtlich, daß die Lage gefährlich
ist. Sie zeigt sich im Kampf gegen den kommunistischen
Einfluß sehr wachsam.«

Diese Regierung setzte schon damals nicht auf die Beseitigung der sozialen Ursachen der wachsenden Unzufrieden-
heit, sondern auf Repression. Dabei sollte es bis in die
Gegenwart bleiben. Und die Regierung der USA stand ihr
dabei zu allen Zeiten zur Seite, nachdem die Vereinigten
Staaten 1932 erstmals als Zeichen »guter Nachbarschaft«
Kriegsschiffe vor die Küste El Salvadors entsandte.

In der Tat wuchs damals unter den von Hunger und
Unterdrückung geplagten Massen der Einfluß radikalisier-
ter Arbeiter und Intellektueller, die an die Spitze der erst
seit wenigen Jahren bestehenden Gewerkschaftsbewegung
traten und im März 1930 die Kommunistische Partei El Salvadors gegründet hatten. Der Kopf dieser Bewegung war
ein Mann, den seine Gefährten seines schwarzen Haares
wegen *El Negro* nannten: Augustin Farabundo Marti, nach
dem ein halbes Jahrhundert später die gegenwärtig fünf
wichtigsten *Guerrilla*-Organisationen El Salvadors ihre 1980
gebildete militärische Einheitsfront benennen sollten:
Frente Farabundo Marti para la Liberacion Nacional
(FMLN).

Farabundo Marti war als Student der Rechtswissenschaf-
ten in San Salvador auf die Werke der europäischen Marxi-
sten gestoßen, deren Studium er im guatemaltekischen Exil

vertiefte, in das ihn die Flucht nach seiner ersten Verhaftung im Jahr 1920 führte. Der junge Revolutionär beteiligte
sich dort an die Gründung der Sozialistischen Partei Zentralamerikas und kämpfte in Mexico sowie an der Seite Sandinos in Nicaragua.

Diese beiden Kampfgefährten fanden indes keine ideologische Übereinstimmung: Sandino sah sich in der Tradition
eines Pancho Villas und Emiliano Zapatas – Martis großes
Vorbild war Lenin. Dies sollte eine wichtige Ursache für die
bald wieder vollzogene Trennung zwischen den beiden
Männern im ansonsten guten Einvernehmen sein. Die
nicht unerhebliche verschiedenartige ideologische Ausrichtung von Nicaraguas nun regierender *Frente Sandinista* und
El Salvadors *Frente Farabundo Marti* besteht bei aller grund-
legenden Solidarität fort.

Marti war wie Sandino das vorerst unersetzbare Haupt
der von ihm geführten Bewegung und wie dieser von äußerster moralischer Rigorosität. Doch während die Bauern-
armee des »Generals der freien Menschen« ihren Krieg
gegen die nordamerikanischen Invasoren in Nicaragua
erfolgreich beendete und Sandino erst anschließend vom
Yankee-Knecht Somoza ermordet wurde, scheiterte der
Kampf der Salvadorianer gegen ihre Beherrscher vor allem
aufgrund eigener Unzulänglichkeiten im entscheidenden
Moment – ein Hinweis auf folgende geschichtliche Abläufe
in diesen beiden Staaten?

Angesichts des herrschenden Elends bedurfte es Anfang
der dreißiger Jahre in El Salvador keiner kommunistischen
Agitation, um die Massen zur Rebellion zu ermuntern. Im
Gegenteil, die junge Kommunistische Partei, die über nur
wenige erfahrene Kader verfügte, sah sich vom Druck der
Straße schneller vorangetrieben, als sie selbst zu agieren vermochte. Das Ergebnis war eine weithin verpfuschte und
dazu verratene Aufstandsplanung. Dreimal verschob man
den Tag des Losschlagens kurzfristig. Vier Tage, bevor der
Umsturz endgültig stattfinden sollte, wurde Farabundo Marti – und mit ihm nahezu die gesamte Führung der Partei –
festgenommen. Die verratene Revolution stand kopflos da.

»Die Matanza war schrecklich«

Es wäre nicht Zentralamerika, hätten sich dazu nicht auch noch rätselhafte Dinge ereignet. In der Nacht auf den »Tag X«, den 22. Januar 1932, brachen im benachbarten Guatemala mehrere Vulkane aus, mit ihnen der Izalco im Westen El Salvadors. Ein Ascheschleier verdunkelte die aufgehende Sonne. Die Gunst dieses Phänomens nutzend, ließ der gerade erst durch einen Putsch an die Macht gelangte Armeechef Martinez verkünden, guatemaltekische Truppen fielen in das Land ein und jeder Salvadorianer sei aufgerufen, das Vaterland zu verteidigen.

Als die rebellierenden Bauern am Morgen des 22. Januar im Sinne des von Marti vor dessen Verhaftung ausgegebenen Aufstandsplanes zu ihren Macheten und wenigen Flinten griffen, trafen sie auf wohlvorbereitete Truppenkontingente. Die Revolution war gescheitert, bevor ein Schuß fiel.

Die Militärs und Oligarchen gaben sich einem Blutrausch hin, dem nicht nur die besiegten Aufständischen zum Opfer fielen. Ein Oberst Macao schrieb in einem 20 Jahre später veröffentlichten Bericht: »Die *Matanza* war schrecklich. Weder Kinder noch Greise und Frauen entkamen. In Juayagua wurden alle ehrlichen Leute, die keine Kommunisten seien, aufgefordert, zum Gemeindeamt zu kommen und sich dort einen Schutzausweis abzuholen. Als sich die Menge auf dem Platz eingefunden hatte, wurden die Zufahrtstraßen gesperrt. Auf den Dächern waren Maschinengewehre postiert. Alle wurden umgebracht. Nicht einmal die Hunde, die ihren Herren nachgelaufen waren, ließen sie am Leben.«

Massaker wie dieses ereigneten sich überall im Land. Farabundo Marti wurde am Morgen des 2. Februar 1932 in einem Gefängnishof in San Salvador erschossen. Die Opposition brauchte Jahrzehnte, um sich vom Aderlaß der *Matanza* wieder halbwegs zu erholen.

Der Hauptverantwortliche für das Hinschlachten von 30 000 bis 50 000 Menschen binnen weniger Tage, General

Martinez, benützte die Ereignisse nicht nur zur Ausrottung aller Kräfte, die potentiell auf soziale Veränderungen hätten dringen können – er ordnete auch die politischen Machtverhältnisse in einer Weise neu, die erst vor wenigen Jahren mit dem Beginn direkter US-amerikanischer Intervention in die Politik El Salvadors teilweise revidiert wurde. Ab 1932 galt die Formel, daß die Militärs das Präsidentenamt und die für Sicherheitsfragen relevanten Ministerien besetzen, während die Kaffeeoligarchie – die sich mit den Jahren zu Eigentümern von industriellen Mischkonzernen und Handelsunternehmen entwickelte – die Wirtschaftspolitik nach ihrem Gutdünken betreiben konnte.

Der Mann, der diese Weichenstellung vornahm, trug stärker als jeder andere Machthaber seiner Epoche die Züge, die Gabriel Garcia Marquez seinem Inbegriff eines lateinamerikanischen Despoten im »Herbst des Patriarchen« verlieh. Maximiliano Hernandez Martinez, den seine Zeitgenossen *El Brujo* – der Hexer – nannten, war freilich als Militär der kongeniale Partner der zentralamerikanischen Oligarchie, die den aus ärmlichen Verhältnissen stammenden, brutalen und ungebildeten Aufsteiger mit von Standesdünkel genährter Verachtung einen »bescheuerten Indianer« nannte – doch den General im Präsidentenpalast gleichwohl als vorzüglichen Hüter ihrer Interessen gewähren ließ, wenn er beispielsweise während einer schweren Scharlachepidemie den Import von Hilfsgütern und Impfstoffen verweigerte. Statt dessen ließ er die Straßenlaternen mit rotem Papier umwickeln. Die buntgefilterten Leuchtstrahlen würden die Luft von den Bakterien säubern, begründete der General diese Maßnahme.

Der Vegetarier, der ein Pendel zum Entdecken giftiger Nahrungsmittel erfand, an seinem Amtssitz spiritistische Sitzungen abhalten ließ und sich in telepathischer Verbindung mit dem Präsidenten der USA glaubte, gewann dem Elend von Kindern, die ohne Schuhe aufwachsen mußten, nur Gutes ab: »Auf diese Weise empfangen sie die wohltuenden Strömungen unseres Planeten, die Vibrationen der Erde. Pflanzen und Tiere tragen schließlich auch keine Schuhe.«

An der Massakrierung Zehntausender *Campesinos* fand Martinez erst recht nichts auszusetzen:»Es ist ein größeres Verbrechen, eine Ameise zu töten, als einen Menschen. Der Mensch wird nach seinem Tode reinkarniert, die Ameise aber stirbt für immer.«

Von diesem Mann ließ sich El Salvadors Oligarchie regieren, bis die US-Regierung den stets von deutschen Adjutanten umgebenen Verehrer des preußischen Militarismus und Hitler-Anhänger 1944 nicht länger im Präsidentenpalast von San Salvador sehen wollte, wofür freilich die innenpolitischen Exzesse des grausamen Exzentrikers relativ unerheblich waren.

1948 putschte sich mit dem Oberstleutnant Oscar Osorio abermals ein Militär an die Macht. Vertreter verschiedener Fraktionen der Armee hielten das Präsidentenamt besetzt, bis ein von der örtlichen US-Botschaft gelenkter Putsch der sogenannten *Jungen Offiziere* am 15. Oktober 1979 den Weg für – teilweise – zivile Fassadenkosmetik freimachte.

Die erste »revolutionäre« Junta

Die aus zwei Militärs und drei Zivilisten gebildete Regierung nannte sich sogar revolutionär: *Junta Revolucionaria de Gobierno.* Der Zeitpunkt des Coups war genausowenig zufällig gewählt wie dieses nach grundlegendem Wandel klingende Vokabular. Hatte doch erst drei Monate zuvor in Nicaragua die sandinistische Revolution gesiegt – stürmisch akklamiert von der Bevölkerung ganz Zentralamerikas und erst recht El Salvadors, wo die Situation gleichfalls für einen radikalen Wechsel reif zu sein schien. Erst später sollte klar werden, daß die in Nicaragua von den Ereignissen überrollte US-Regierung nun in El Salvador mit dem Anschein einer»Revolution« einer solchen Entwicklung zuvorzukommen trachtete. Was in der Tat für dieses Mal gelang.

Die Mitglieder dieser ersten »revolutionären« Junta mögen sich nicht als Marionetten Washingtons gefühlt haben. In aller Vertraulichkeit wurde ein Plan für eine Land-

reform ausgearbeitet. Immerhin lebten zu diesem Zeitpunkt noch 60 Prozent der Bevölkerung El Salvadors auf
dem Lande – wo sich nach offiziellen Angaben 92,5 Prozent
der landbesitzenden Bauern lediglich 3,3 Prozent der
Anbauflächen teilen mußten, während 0,7 Prozent Großgrundbesitzer an die 40 Prozent des Agrarlandes besetzt
hielten.

Doch statt zu einer Landreform kam es zu einer präventi-
ven Terrorwelle der Todesschwadronen, allen voran der be-
rüchtigten ORDEN, der Angehörige der staatlichen Sicherheitskräfte ebenso angehörten wie Mitglieder privater
Hacienda-Polizeitruppen und aus Nicaragua verjagte
Schlächter aus Somozas Nationalgarde.

Das erste Mitglied der Regierungsjunta, das erkannte,
welche Realitäten dieses Gremium chamouflieren sollte,
war der sozialdemokratische Parteiführer Guillermo
Manuel Ungo. Zusammen mit dem ehemaligen Rektor der
Katholischen Universität, Roman Mayorga, trat er am
30. Dezember 1979 mit dem Hinweis auf die von den staatlichen Sicherheitsorganen nicht nur tolerierte, sondern
mitinszenierte Terrorwelle von seiner Regierungsfunktion
zurück. Zugleich wurden die von der Notwendigkeit weitreichender Reformen überzeugten *Jungen Offiziere* vom
rechtsradikalen Flügel der Armee in der Junta ausgebootet,
in der ab Januar 1980 nur noch die Christdemokraten das
zivile Element repräsentierten.

Diese zweite Junta ließ über ein bescheideneres Land-
reform-Projekt nachdenken und verstaatlichte das Bank-
wesen sowie den Außenhandel. Im März 1980 folgte dann
der endgültige Wechsel zurück zur Herrschaft der Oligarchie – verbunden mit einem eindeutigen Fanal: Während er
eine Totenmesse zelebrierte, wurde in San Salvador der
populäre Erzbischof und unnachsichtige Kritiker der Maß-
losigkeit und des Terrors der Herrschenden, Oscar Arnulfo
Romero, am Altar erschossen.

Damit war klar, wie die alten Machthaber weiterhin zu
agieren gedachten – und daß sie in Washington genug Rückhalt besaßen, um sich das leisten zu können. In diesem

Monat zogen sich auch die Christdemokraten aus der Regierungsjunta zurück. Ein führender Funktionär dieser Partei fand sich trotzdem, der bereit war, an ihrer Stelle als Feigenblatt an der Staatsspitze zu agieren. Napoleon Duarte nämlich, ehemals populärer Bürgermeister von San Salvador, 1972 um einen Sieg bei den Präsidentenwahlen geprellt, daraufhin verhaftet, gefoltert und exiliert. Er hatte einen guten Namen zu verlieren – und verlor nicht nur diesen restlos.

Während sich die Führer der sozialdemokratischen MNR und der linkskatholischen MPSG, Guillermo Ungo und Ruben Zamora, zur Flucht ins Exil genötigt sahen und sich dem Oppositionsbündnis Demokratische Revolutionäre Front (FDR) anschlossen, die nun in einer Allianz mit den *Guerrilla*-Streitkräften der FMLN den politischen Flügel des Widerstandes bildete, ließ sich die Marionette Duarte von Dezember 1980 bis Mai 1982 als einflußloser Präsident der Regierungsjunta vorzeigen.

Allein in diesem Zeitraum ermordeten die Todesschwadronen – somit faktisch die Sicherheitsorgane des von Duarte repräsentierten Staates – an die 20 000 Zivilisten.

In Washington, wo inzwischen Ronald Reagan Präsident war, fand man, dies sei nicht so tragisch – nur ein wenig Demokratie fehle in dieser Inszenierung noch. Also wurde für März 1982 die Wahl einer verfassunggebenden Versammlung und eines Interimspräsidenten angesagt. Dieses Amt hatten die nordamerikanischen Regisseure für Duarte vorgesehen.

Bei der Wahl, die nur in Teilen des Landes – und dort unter fragwürdigen Bedingungen – stattfand, kam es anders. Die von Major Roberto d'Aubuisson, dem für den Mord an Erzbischof Romero persönlich verantwortlichen Chef des militärischen Geheimdienstes, angeführte und eine Allianz des rechtsradikalen Spektrums von Oligarchie und Armee darstellende ARENA wurde zur stärksten Partei, die den schon reichlich senilen Reaktionär Alvaro Magana in den Präsidentenpalast schickte. D'Aubuisson behielt sich das Amt des Parlamentspräsidenten vor.

Diese Optik paßte Washington nicht. Also wurde im
März 1984 neuerlich – und wieder unter den fragwürdigen
Umständen wie 1982 – gewählt. Mit einem enormen Geld-
einsatz und einigen im vertraulichen Kreis mit den gefähr-
lichsten Gegnern Duartes gesprochenen guten Worten
schaffte es die US-Regierung nun mit Hängen und Würgen,
ihren kleinen Napoleon in den Präsidentenstuhl zu hieven.
Der bedankte sich, indem er San Salvadors Flughafenauto-
bahn zur *Avenida Ronald Reagan* erklären ließ.

An der salvadorianischen Realität von blutiger Gewaltherrschaft und sozialem Elend änderte sich indes nichts.
Der Plan Washingtons, diese Zustände hinter einer Demokratie-Fassade zu verbergen, wandte sich letztendlich gegen
seine Urheber: Bei den Parlaments- und Kommunalwahlen
im März 1988 wurde Duarte endgültig politisch demontiert
– die ARENA holte sich mit tatkräftiger Unterstützung der
Oligarchie und der rechtsextremen Militärs dort, wo überhaupt gewählt wurde, eine satte absolute Mehrheit. Im
März 1989 wurde der Kandidat der rechtsradikalen
ARENA, Alfredo Cristiani, zum neuen Präsidenten gewählt.

DIE FMLN

Das heißt keineswegs, daß sich in El Salvador im letzten
Jahrzehnt kein Wandel vollzogen hätte. Allerdings fand der
nicht auf der Bühne der offiziellen Politik statt, sondern auf
der anderen Seite der örtlich nie genau zu bestimmenden
Front, die dieses Land in zwei faktisch getrennte Staaten
teilt. Diese Front markiert den Einflußbereich der *Guerrilla,*
die sich als spätes Echo der Massaker von 1932 in den begin-
nenden siebziger Jahren mit ersten militärischen Aktionen
zu Wort meldete.

Die Opposition hatte sich damals von den furchtbaren
Schlägen der *Matanza* zu erholen begonnen – und zugleich
wurde klar, daß an einen fälligen Machtwechsel auf politi-
schem Wege nicht zu denken war. Bei den Präsidentschafts-

wahlen von 1972 und 1977 wurden die Kandidaten der vereinigten Linken und Christdemokraten durch massiven und
offenkundigen Betrug um ihren Sieg geprellt.

Ein Wandel konnte somit nur mit revolutionären Methoden herbeigeführt werden. Diese Einsicht führte ab 1974 zur
Bildung von abseits der offiziellen Demokratierituale tätigen politisch-gewerkschaftlichen Volksorganisationen, als
deren bewaffneter Arm sich die *Guerrilla*-Verbände formierten.

Die erste Reaktion der Herrschenden auf die militärischen Aktionen der *Guerrilla* war eine neuerliche Terrorwelle, die sich hauptsächlich gegen Landarbeiter richtete.
Das Militärregime bediente sich dabei in erster Linie der
Organizacion Democaratica Nacionalista, der bereits er-
wähnten ORDEN, die in den sechziger Jahren als paramili-
tärischer Verband gegründet worden war. Damals verfolgten die Machthaber mit dieser Kreation den Zweck, durch
diverse Vergünstigungen, die ORDEN seinen Mitgliedern
bot, Kleinbauern zu organisieren und auf diese Weise ein
engmaschiges Spitzelsystem unter der Landbevölkerung
aufzubauen.

In den Siebzigern war ORDEN zur aktivsten aller Todesschwadronen El Salvadors gediehen, was zum offiziellen
Verbot dieser Organisation im Jahr 1980 – also im Gefolge
der »Revolution« vom 15. Oktober 1979 – führte, das freilich
zu keiner Zeit reale Bedeutung besaß.

Der Terror der Todesschwadronen trug wesentlich dazu
bei, daß große Teile der Landbevölkerung in die von der
Guerrilla kontrollierten Gebiete El Salvadors flohen. Die
Aufständischen hatten rasch an Kampfkraft gewonnen, und
sie fühlten sich 1980 stark genug, das »Jahr der Befreiung«
auszurufen. Doch die *Guerrilla* verabsäumte es, die in der
Geschichte dieses Staates bislang günstigste Gelegenheit
zu einem raschen Umsturz zu nutzen. Während im März
1980 die wenige Monate zuvor geschmiedete Allianz zwischen reformistischen Parteien und moderaten Militärs
endgültig zerbrach, die Armee in sich gespalten war sowie
die USA aus politischen und militärischen Gründen ver-

mutlich nicht in der Lage gewesen wären, eine Invasions-
streitmacht zu entsenden, doch auf der anderen Seite die in
der FDR vereinigten Volksorganisationen den politischen
Willen des Großteils der Salvadorianer repräsentierten, war-
tete die zivile Opposition vergeblich auf ein Zeichen der
FMLN zum allgemeinen Volksaufstand, der – wie im Januar
zuvor in Nicaragua – den Boden für die militärische Endoffensive hätte bereiten können.

Die *Guerrilla* hatte diese historische Chance vor allem
deshalb ungenutzt verstreichen lassen, weil unter dem Mantel der soeben vollzogenen Vereinigung der wichtigsten
Guerrilla-Organisationen zur FMLN nach wie vor strategische Meinungsunterschiede und ideologische Vorbehalte
zwischen den verschiedenen Gruppen bestanden. Im
Gegensatz zu Nicaraguas *Frente Sandinista,* die gleichfalls
in drei Tendenzen gespalten war, diese Spaltung aber vor
dem Beginn ihrer Endoffensive – vor allem aufgrund des
taktischen Geschicks der Brüder Ortega – rigoros beilegen
konnte, blieb die *Frente Farabundo Marti* weiterhin ein von
borniert-sektiererischen Elementen durchsetzter Organis-
mus, in dem die Neigung bestand, interne Konflikte blutig
auszutragen. Bereits im Jahr 1975 fiel der salvadorianische
Dichter Roque Dalton, der sich im bewaffneten Kampf
engagierte, einem Femeurteil vorgeblich eigener Genossen
zum Opfer – und er sollte nicht der letzte prominente Angehörige der *Guerrilla* bleiben, der von Leuten aus den eigenen Reihen ermordet wurde.

Bis etwa 1982 war die *Guerrilla* trotzdem in der Lage,
größeren Armee-Einheiten erfolgreich offene Gefechte zu
liefern und das von ihr kontrollierte Territorium auf bis zu
ein Drittel des Staatsgebietes auszudehnen. Nach und nach
faßten allerdings die herrschenden Mächte wieder Tritt.
Während die Todesschwadronen daran gingen, die zivile
Opposition buchstäblich auszurotten – Dutzende Morde
pro Tag waren in der Hauptstadt keine Seltenheit – und die
Bevölkerung nachhaltig einzuschüchtern, engagierten sich
die USA nicht nur finanziell zunehmend im Krieg gegen die
Guerrilla.

In aller Offenheit schickte Washington Militärberater nach El Salvador. Am stärksten wirkte sich indes die logistische Unterstützung aus, die der salvadorianischen Luftwaffe gewährt wurde. Von der US-Basis Palmerola in Honduras stiegen allnächtlich Aufklärungsflugzeuge auf, die – ausgestattet mit hochsensiblen Wärmesensoren – jede Truppenkonzentration der *Guerrilla* aufzuspüren in der Lage waren und den nachfolgenden Jagdbombern präzise Zielvorgaben lieferten.

Damit wurden nicht nur die aufständischen Kräfte dazu gezwungen, ihre Verbände wieder in kleinere Einheiten aufzusplittern, was größere Operationen nur noch selten zuließ. Mit einem mörderischen Flächenbombardement wurden darüber hinaus ganze Landstriche völlig in Schutt und Asche gelegt und entvölkert, was der *Guerrilla* einen großen Teil ihrer sozialen und logistischen Basis raubte. Etwa ein Drittel der Bevölkerung El Salvadors mußte sich auf die Flucht begeben – ein beträchtlicher Teil über die Grenze nach Honduras und von dort teilweise weiter in andere zentralamerikanische Staaten.

Die Strategie der verbrannten Erde machte die Kluft zwischen den Herrschenden und der Landbevölkerung endgültig unüberbrückbar. »Den Leuten hier haben die Roten eine Gehirnwäsche verpaßt. Wir haben ihnen angeboten, beim Wiederaufbau zu helfen, doch die nickten nur stumm und gehen uns aus dem Weg, wo sie können«, sagt nahe dem Guazapa-Massiv – an die 20 Kilometer außerhalb der Hauptstadt – ein junger salvadorianischer Offizier, der erst kürzlich seine Ausbildung in den USA absolviert hat. In diesem zur Mondlandschaft bombardierten Gebiet versucht die Armee ebenso wie in anderen Landesteilen nun auf Anregung ihrer US-Berater mit Zuckerbrot und Peitsche die *Campesinos* von der *Guerrilla* zu trennen.

Doch die Leute auf dem Lande erinnern sich daran, daß es die *Muchachos* waren, die sie erstmals in ihrem Leben ordentlich behandelt haben – daß es die *Guerrilla*-Organisationen waren, die ihnen Alphabetisierer, Barfußärzte und Berater schickten, die zeigten, wie man durch gemeinschaft-

liche Arbeit einen besseren Ertrag erzielen kann. Viele
mögen eingeschüchtert sein und sich aus allen Auseinandersetzungen fernzuhalten trachten. Den Kampf um die
Köpfe des aktiven Teiles der Landbevölkerung hat die *Guerrilla* aber zweifelsfrei gewonnen. Die meisten *Campesinos*
werden sich nie mehr für Coca-Cola und Hamburger kaufen lassen – für sie sind Begriffe wie Repression oder Imperialismus keine abgenützten Worthülsen.

Dafür sorgen die Herrschenden noch immer Tag für Tag.
Der Reisende wird auf der Fahrt durch El Salvador die ein-
schüchternde Präsenz der Militärs in jeder Stunde Dutzende Male erleben. Er wird immer wieder riesige Kaser-
nenkomplexe passieren, jede Brücke unter schwerer Bewachung vorfinden und in den Städten entlang der Hauptstra-
ßen auf bewaffnete Posten treffen. Kommt er in den Ebenen des Landes an den ausgedehnten Anbaugebieten der
Haciendas vorbei, auf denen die Ernte eingebracht wird,
sieht er auch dort Soldaten mit schußbereiten Gewehren.
In den Randzonen dieser Güter, wo in ärmlichen Holzhütten die Pächter und Landarbeiter leben, ziehen am hellen
Tag Armee-Patrouillen von Haus zu Haus. El Salvador ist
ein Staat im Belagerungszustand.

Für diese rigorose Bewachung einer ganzen Bevölkerung
und den Krieg gegen die 6 000 bis 8 000 *Guerrilleros* brauchen die Militärs jedes Halbjahr weitere 4 500 Stück Men-
schenmaterial. In diesem Land, in dem – wie fast überall in
Lateinamerika – bis dahin ausschließlich ein aus sozial ent-
wurzelten Existenzen bestehendes Berufsheer existierte,
mußte das Regime im November 1986 zum Zwecke der
Legalisierung zunehmender Zwangsrekrutierungen die allgemeine Wehrpflicht einführen.

Die Guerrilla in der Offensive

Tagsüber stoppen mobile Armee-Einheiten auf den Überlandstraßen willkürlich Reisebusse und treiben die Passagiere mit vorgehaltenen Waffen an den Straßenrand, wo sie

in zwei Reihen anzutreten haben – links die Frauen, rechts die Männer. Unter den verängstigten Blicken der Frauen wird ein Mann nach dem anderen leibesvisitiert und werden die Personaldokumente kontrolliert. Wer im wehrfähigen Alter ist und noch nicht bei der Armee war, muß damit rechnen, auf der Stelle abgeführt zu werden. Aus den Blicken der so behandelten Menschen spricht ohnmächtiger Haß.

Vor dem Kasernentor in der Provinzstadt San Miguel, in dessen Hinterland die von der *Guerrilla* weithin kontrollierte Region Morazan liegt, haben sich am Morgen einige Frauen auf der Suche nach ihren Söhnen versammelt, die am Abend zuvor nicht nach Hause kamen. Ihre Ungewißheit dauert an, bis ein Uniformierter eine Liste mit den Namen der am Vortag zwangsrekrutierten jungen Männer aushängt. Eine der Frauen blickt lange gebannt auf das Papier. Dann murmelt sie unter Schluchzen:»Sie haben mir schon zwei Söhne genommen, den dritten lasse ich nicht mehr aus dem Haus.«

Gleich nebenan herrscht im regionalen Militärspital reger Betrieb. Seit Herbst 1988 ist die *Guerrilla* wieder in fast allen Landesteilen in der Offensive – dieses Mal auch vermehrt mit Sabotageaktionen in den Städten. In San Salvador häufen sich die Anschläge gegen Offiziere und andere Repräsentanten des verhaßten Systems.

Während wir in San Miguel auf unser Abendessen warten, ertönt der dumpfe Knall einer Detonation. Im nächsten Moment verlöschen alle Lichter. Der Chinese, dem dieser Laden gehört, greift sich eine Kerze und läßt eilig die Rolläden vor seinem Lokal herunter. Das passiere oft, sagt er dann. Jüngst seien die *Guerrilleros* mitten in der Stadt und auf dem Helikopter-Stützpunkt der Armee aufgetaucht.

Es bleibt in dieser Nacht finster in San Miguel. Aus der Dunkelheit ist das dröhnende Knattern tieffliegender Hubschrauber zu hören. Der Chinese empfiehlt den Reisenden vor der Weiterfahrt, an ihrem Wagen deutlich sichtbar die Flagge ihres Landes anzubringen. Den Einwand, daß die

doch hier niemand kenne, wischt er beiseite: »Das macht
nichts – aber die *Guerrilleros* würden sehen, daß es keine
Flagge der Vereinigten Staaten ist.«

Die Armee, hatten die *Muchachos* von der *Guerrilla*
erklärt, sei für sie kein besonderes Problem mehr. Mit der
könnten sie schon fertig werden. Doch in der gegenwärtigen Situation würde das garantiert eine Invasion der USA
auslösen. Das würde den Krieg abermals auf unabsehbare
Zeit verlängern.

Honduras

Die Yankee-Kolonie

Wo die Landsknechte der USA einziehen, bleibt nichts, wie es war

In der ehemaligen Hauptstadt

Die füllige Dame hinter dem Tresen von Joacos Discobar ist
eine Menschenkennerin. Sie weiß: Die Nordamerikaner
sind gute Menschen. Und sehr manierlich. Wenn zwei solche *Gringos* etwas auszutragen hätten, würden sie zu diesem Zweck auf die Straße hinausgehen, sagt sie.

Dann kämen diese *Yankees* wieder herein, um einen Ver-
söhnungstrunk zu nehmen. Das sei gut für die Manieren
und gut für das Geschäft, ergänzt die Barfrau.

Von ihren eigenen Landsleuten, den Hondurianern, hat
sie eine bei weitem weniger hohe Meinung: Wenn zwei Einheimische zu raufen begännen, hätten sie sich auf der Stelle
bei den Eiern.

Einheimische sind nicht mehr erwünscht in Joacos
Discobar zu Comayagua, der ehemaligen Hauptstadt von
Honduras. Das gilt indes nur für Männer – ganz im Gegensatz zu den *Muchachas* aus der Umgebung. Wären die nicht
hier, würde es bei Joacos wohl so aussehen wie noch vor
wenigen Jahren. Da seien zumeist nur der Chef und sie
selbst im Lokal gewesen, erzählt die Frau hinter dem Tresen.

Jetzt ist das anders, und das weiß in Comayagua jeder.
Der Chef eines Restaurants mit »internationaler Küche«,
das es auch noch nicht lange in dieser Stadt gibt, als wir sie
im Sommer 1985 erstmals besuchen, hatte auf die Frage, wo
hier etwas los sei, spontan Joacos Discobar genannt. Sogar
aus dem gut 100 Kilometer entfernten Tegucigalpa, der
Hauptstadt, kämen jetzt am Wochenende viele Mädchen
nach Comayagua: »Die finden Sie alle bei Joacos.«

Dieses Lokal liegt an der Kreuzung zweier dunkler Sei-
tengassen ein paar Blocks abseits des *Parque central,* ist aber
leicht zu finden. Fast jedes Kind, das sich auf der Straße her-
umtreibt, fragt hilfsbereit, ob es gefällig sei, den Weg zu Joacos zu zeigen.

Vor dem Eingang der Bar lärmt eine ganze Horde Kinder
und verlangt von den eintretenden *Gringos* »Money«. Ein
vielleicht Zwölfjähriger versucht einer *Gringa,* die sich in

diese Ecke verirrt hat, die Jacke zu entreißen, während er auf einem Fahrrad an ihr vorbeiprescht.

Drinnen im dunklen Raum, dessen Längsseite ein Tresen ausfüllt, stehen verlegen, mitunter teilnahmslos dreinblickende Mädchen in Kleidern, die sie mit Rüschen, Schleifen und Bändern in einen festlichen Zustand versetzt haben. Die Gesichter der *Muchachas* mit ihren breiten Bakkenknochen weisen darauf hin, daß sie fast durchweg Angehörige der ländlichen Indio-Bevölkerung sind.

An der Bar lungern kräftig gebaute, junge Männer mit zumeist kurzgeschorenen Haaren und verlangen lautstark nach Bier oder Cola mit Rum.

Aus dem Nebenraum dröhnt Rockmusik. Wir suchen uns einen Platz an einem Ecktisch. Dort sitzt ein breitschultriger Blonder. Er hat seine Rechte um eine Bierflasche geklammert und blickt stier vor sich hin.

»Hey«, sagen wir und fragen, woher er denn käme.

Na, aus Palmerola natürlich, antwortet er.

Klar. Aber woher er stamme?

Er murmelt den unverständlichen Namen eines Ortes in Minnesota.

Die männliche Stammkundschaft von Joacos kommt fast ausschließlich aus den USA. Es sind viele Schwarze und *Hispanos* aus Puerto Rico unter ihnen.

Die USA liegen einige tausend Meilen im Norden. Palmerola liegt keine zehn Kilometer südwestlich auf der anderen Seite der Durchgangsstraße – und unübersehbar für jeden, der aus Tegucigalpa kommend in das Tal von Comayagua hinabfährt. Ein mehrere Quadratkilometer großes, mit Maschendraht und Stacheldraht eingezäuntes Areal breitet sich vor den Augen des Reisenden aus. Hinter dem Zaun ragt alle 100 Meter ein Wachtturm auf. Über das Gelände verteilt stehen langgezogene Baracken und Zelte. Dazwischen stehen Helikopter. Auch der Flugsicherungsturm ist nicht zu übersehen. Davor muß wohl eine Landepiste verlaufen. Erst eine genaue Musterung des Geländes läßt erkennen, daß dort mit Tarnfarben bemalte Transportflugzeuge abgestellt sind.

Palmerola, hatten uns honduranische Oppositionelle in
Tegucigalpa mit bedeutungsvoller Miene erklärt, liege
genau in der Mitte der Längsachse beider Amerika.

Im Archiv der Tageszeitung »Tiempo«, die zwar zum weit-
verzweigten Vermögen des zu dieser Zeit amtierenden Vizepräsidenten des Staates, Jaime Rosenthal, gehört, sich aber
eine vorsichtig oppositionelle Haltung zur Politik der Regierung erlaubt, finden wir in der Ausgabe vom 17. Juli 1985 folgende, beide auf ein und derselben Seite veröffentlichte
Meldungen: »Die Pressestelle der Bewaffneten Streitkräfte
von Honduras teilt bezugnehmend auf einen Bericht in
›Tiempo‹ vom 15. Juli über die bevorstehende Ernennung
eines neuen Kommandanten der Militärbasis Palmerola
mit, daß Palmerola keine US-amerikanische Militärbasis
ist, sondern der Sitz der Militärschule für Fliegerei der hondurianischen Luftwaffe, in der sich gegenwärtig mitunter
auch Einheiten aus den USA aufhalten«, heißt es in der
ersten Meldung. »Um weiteren Mißverständnissen vorzubeugen, wird des weiteren festgestellt, daß die Landebahn
von Palmerola der Luftwaffe der USA nicht als Stützpunkt
für Erkundungsflüge über El Salvador dient. Auf dem Territorium von Honduras existiert keine wie immer geartete
ausländische Militärbasis, stellt die Pressestelle der Bewaffneten Streitkräfte fest.«

Gleich darunter lesen wir im nächsten Artikel: »In An-
wesenheit des Befehlshabers des Süd-Kommandos der
Streitkräfte der USA mit dem Sitz in Panama, General John
Galvin, fand gestern auf dem Gelände der Militärbasis von
Palmerola die Übergabe des Kommandos über die im Tal
von Comayagua stationierten Einheiten an Oberst William
Comme statt ... Der neue Chef von Palmerola war im Laufe
seiner Karriere zweimal in Vietnam eingesetzt.« Und weiter
heißt es: »Die Kommandoübergabe fand im Rahmen eines
Festaktes statt, zu dem weitere hohe Militärs aus den USA,
jedoch keine Vertreter von Honduras eingeladen waren. Es
ist nicht bekannt, ob der Chef des US-Südkommandos wieder nach Panama zurückgekehrt ist oder ob er sich noch in
Honduras aufhält.«

»Dieser ganze Zirkus hier mit den Huren ist widerlich – interessiert mich überhaupt nicht«, sagt der große Blonde aus Minnesota, zu dem wir uns an den Ecktisch in Joacos Discobar gesetzt haben: »Ich wollte nicht in dieses Honduras – irgendwas ist hier faul: Der ganze Ort ist voll von schlechten *Vibrations*.«

Er nimmt einen Schluck aus seiner Bierflasche und kommt unvermittelt zur Sache: »Daß wir Militärberater schicken, ist so ein alter Trick. So hat es auch in Vietnam begonnen. Diese Sache hier erinnert mich an all die anderen Scheißländer, in die wir Truppen geschickt haben. Früher oder später wird es das gleiche sein.«

Die Bürger von Comayagua seien sehr froh über die Anwesenheit der Soldaten aus den USA, hatte uns der Chef des Restaurants mit »internationaler Küche« erklärt: »Früher war nämlich hier überhaupt nichts, und jetzt geht es aufwärts – Dollar sind in die Stadt gekommen.«

Die beleuchtete Landepiste von Palmerola eigne sich mit ihrer Länge für alle Maschinen – vom Transporter über Kampfflugzeuge bis zu Langstreckenbombern –, die bei der US Air Force in Verwendung stehen, ist einem Bericht der »New York Times« vom 4. Juli 1985 zu entnehmen. Ferner seien getarnte Raketenstellungen auf dem Gelände der Basis von Palmerola installiert worden, die 1983 zum Zwecke der Ausbildung hondurianischer Soldaten durch US-Militärberater eingerichtet und im Februar 1985 zum Luftwaffenstützpunkt ausgebaut worden sei.

»Ich bin Helikopterpilot und transportiere verwundete hondurianische Soldaten, die an Gefechten mit den Nicaraguanern teilgenommen haben, aus dem Grenzgebiet heraus nach Palmerola«, erzählt der Blonde aus Minnesota am Ecktisch bei Joacos.

Hondurianer? Soviel wir wüßten, gäbe es doch keinen Krieg zwischen Honduras und Nicaragua. Ob diese Verletzten vielleicht Leute von der *Contra* sein könnten?

»Weiß der Teufel, wer die Kerle wirklich sind«, sagt der Pilot. »Ich weiß nur eines mit absoluter Sicherheit: Die ganze Wahrheit erfahren wir nie.«

Auch die Mädchen aus dieser Gegend seien sehr glück-
lich, daß die *Yankees* nun hier sind, sagt die Barfrau bei Joacos. Die wären nämlich vorher furchtbar arm gewesen. Die
meisten von ihnen hätten keine Arbeit gehabt. Die *Muchachas* von auswärts würden zu Hause nicht erzählen, welchen Job sie in Comayagua gefunden hätten. Bei den Mädchen aus der Stadt sei das unterschiedlich. Manche seien
von ihren Eltern mit Schimpf und Schande aus dem Haus
gejagt worden. Andere hingegen würden mit ihrem neuen
Einkommen ganze Familien erhalten.

Ja, natürlich sei Honduras ein sehr katholisches Land,
bestätigt die Barfrau.

Die Stadt ist ein traditioneller Wallfahrtsort. Zu Ostern
strömen die Gläubigen aus allen Landesteilen hierher.

»Wir räumen auf!«

350 Jahre lang war Comayagua die Hauptstadt des im Jahr
1578 gegründeten Honduras – bis sich der dortige Gouverneur eine Geliebte zulegte, die eine exzessive Person gewesen sein muß. Jedenfalls brachte sie mit ihrem Lebensstil
die einflußreichen und puritanischen Familien der Stadt
derart gegen sich und ihren Liebhaber auf, daß der gesamte
Verwaltungsapparat nach Tegucigalpa verlegt wurde, lesen
wir in einem Reiseführer.

Comayagua hat nun an die 40 000 Einwohner. Es gibt
eine Zement- und eine Lebensmittelfabrik. Dort seien in
den letzten Jahren aber kaum noch neue Arbeitskräfte aufgenommen worden, sagt man uns.

In Comayagua sind bei diesem ersten Besuch im Juli
1985 nur wenige Straßen betoniert oder gepflastert. Die
Abwässer rinnen kreuz und quer über die meisten Fahr-
bahnen und haben in diese tiefe Furchen gegraben. An
der Stirnseite des *Parque central* steht wie in jedem größeren Ort Zentralamerikas die Kathedrale. Schräg gegenüber gibt es hier bereits einen Hamburger-Schnellimbiß,
eine Bankfiliale und rundherum viele kleine Bars, die innen

so aussehen, als sei da gerade noch ein Schweinestall gewesen.

Zwei Quergassen abseits der Kathedrale wurden über die Tür eines alten kleinen Hauses die beiden Worte *»Golosinas Savory«* gemalt. *»Golosinas«* wird im Spanisch-Wörterbuch mit »Naschereien« übersetzt. *»Savory«* bedeutet im Englischen »saftig«.

Hinter dem Türvorhang tanzen einige Paare eng umschlungen zu den örtlichen Schnulzen der Saison. Entlang der Wände sitzen *Muchachas* in bunten Kleidern oder engen Jeans. Der Neuankömmling wird von einem Einheimischen, der seinem Haupthaar viel Brillantine gegönnt hat, mit dem Charme eines Maschinengewehrs nach seinem Begehr gefragt.

Als ein Korrespondent aus den USA den Wunsch äußerte, mit einem dieser Mädchen eine Unterhaltung außerhalb dieses Hauses zu führen, verlangten die *Muchachos,* die hier das Sagen haben, eine Kaution in Höhe von 300 Dollar.

In Comayagua seien in den letzten Monaten viele neue Hotels entstanden, erzählt die Barfrau bei Joacos. Die stünden zwar während der Woche zumeist leer. An den Wochenenden würden aber viele Zimmer gebraucht.

Der Kommandant der Basis von Palmerola, ein Oberst ohne besondere Kennzeichen – wenn man sich an die Einheitsphysionomie von US-Militärs gewöhnt hat –, bestätigt, daß in diesem Stützpunkt ständig 1500 und mitunter bis zu 5000 Mann aus den USA stationiert seien: »Der Großteil der Einheiten wird für drei Monate hierher verlegt, damit die Leute mit dem Terrain vertraut werden«, führt der Oberst aus.

Im übrigen sei das Gerede über Prostitution, Bordelle, Aids, Geschlechtskrankheiten, Drogenhandel, Mißbrauch von Minderjährigen zu homosexuellen Handlungen und dergleichen dummes Zeug. Er erlaube nichts, sagt der Oberst, was »Nicaragua einen Vorwand liefern könnte, uns zu kritisieren«. Unter seinem Kommando, fügt er hinzu, müsse jeder Soldat den Zapfenstreich einhalten.

Wir fragen die Joaco-Barfrau, wieviel man für eines der Mädchen hier auslegen müsse. Das sei sehr unterschiedlich und hänge davon ab, wie geschickt die *Muchacha* verhandle, antwortet sie. Manche bekämen mehr Geld, andere dieses oder jenes Geschenk – doch wenn eine so zwischen 15 und 20 Dollar verlange, sei das ein fairer Preis.

Muchachos würden wir wohl keine wollen?

Muchachos?

Ja, die Buben dort draußen vor der Tür. Die bekämen zwischen drei und sieben Dollar. Das sei doch entschie- den billig, findet die Barfrau. Eigentlich zu billig. Nicht wahr?

Aha, deshalb stünden die also dort draußen.

Nicht nur deshalb, ergänzt sie. Diese Kinder hätten alle keine Eltern – oder solche, die sich nicht um sie kümmerten. Jetzt seien die Kleinen gut integriert, sagt die Barfrau. Sie würden den *Gringos,* die sich in Comayagua noch nicht auskennen, den Weg zu Joacos zeigen oder Mädchen heranschaffen, wenn zu Stoßzeiten die Nachfrage das Angebot übersteige.

Mancher *Yankee* habe ein solches Kind richtiggehend adoptiert. Der Kleine würde seinen Paten rechtzeitig vor dem Zapfenstreich aus der Bar holen und ein Taxi organisieren. Mitunter sei ein solcher *Gringo* dann schon so betrunken, daß sein Zögling nach Palmerola hinaus mitfahren müsse.

Inzwischen ist es beinahe ein Uhr morgens geworden, und die meisten Soldaten sind in Begleitung einer *Muchacha* aus Joacos Discobar abgezogen. Vor dem Lokal lungern und lärmen die Kinder noch immer herum. Einige haben einen *Yankee* eingekreist und versuchen, sich mit ihm auf Englisch zu verständigen. Verdammt arme Kleine seien das, denen geholfen werden müsse, versucht er uns ins Gespräch zu ziehen.

Etwas abseits sitzen zwei Jungen am Straßenrand. Sie seien zwölf und neun Jahre alt, antworten sie auf unsere Frage.

Was sie um diese Zeit noch hier treiben würden, fragen wir weiter.

»Jetzt eigentlich nichts mehr«, sagt der Zwölfjährige. »Früher war ich jede Nacht betrunken, aber jetzt sind wir nur noch Freunde.«

Der *Yankee* nebenan hat sich aus der Belagerung befreit und ist mit zwei Kindern im Gefolge abgezogen.

Unser Weg führt an einer Bar vorbei, die nur von Einheimischen frequentiert wird. Direkt im Eingang liegt reglos ein betrunkener *Campesino* - Kopf und Oberkörper auf der Straße, die Beine noch im Lokal. Die Zecher drinnen nehmen keine Notiz von ihm.

Am Zaun gegenüber ist ein Pferd angebunden. Ein paar Häuser weiter wurde mit ungelenker Schrift *»Yanquis fuera del pais«* gemalt. Und gleich daneben, damit diese das auch verstehen: *»Yankee go home«*.

Ein Jeep der US-Militärpolizei rollt langsam vorbei. Der schwarze Sergeant, der neben dem Fahrer sitzt, wünscht gute Unterhaltung.

Die örtlichen Polizisten verfolgen das Geschehen durch das Fenster ihrer Polizeistation hinter der Kathedrale. Nachdem er erfahren hat, daß wir aus Europa kommen, erzählt einer der Polizisten, Honduras habe jetzt einen Staatspräsidenten, der Englisch spreche. Den könnten die *Yankees* nicht mehr so einfach aufs Kreuz legen.

Dann will der Polizist wissen, wieviel so ein Soldat aus den Vereinigten Staaten verdiene.

Genau wüßten wir das auch nicht, sagen wir ihm. Aber 800 Dollar wären wohl das Mindeste.

»800 Dollar! Im Jahr?«

»Nein, im Monat.«

»Im Monat!«

Einige Augenblicke lang starrt uns der Polizist fassungslos an. Dann wendet er sich zu einem seiner Kollegen um: »Hast du gehört, diese Kerle verdienen 800 Dollar – im Monat! Hörst du: im Monat!«

Im Hotel ist an Schlaf nicht zu denken. Ständig poltern Leute durch den Flur, wird in Nebenzimmern gelärmt. Manchmal ist ein kurzer Aufschrei einer Frauenstimme zu hören.

Morgens, beim Frühstück im Hamburger-Schnellimbiß, sitzen einige verkaterte GIs in Zivil beisammen und unterhalten sich darüber, welchen Umständen sie ihre Anwesenheit in diesem Land zu verdanken hätten.

»Wir sind hier, um dieses Land vor dem Kommunismus zu retten«, doziert einer, »aber es sieht so aus, als ob diese Leute das nicht verstehen würden. Vor ein paar Monaten war das noch anders. Da mochten uns die Einheimischen richtiggehend, aber jetzt beschimpfen sie uns, und es fängt an, gefährlich zu werden.«

»Gefährlich?«

»Ja, vorletzte Woche sind fünf Hondurianer umgebracht worden, die für uns in der Basis gearbeitet haben, und letzte Woche wieder zwei. Am Freitag haben sie sogar zwei von unseren Leuten mit Messern angegriffen.«

Die Gesichter der Indio-Frauen, die am Straßenrand *Tortillas* zum Verkauf anbieten, wirken hart und verschlossen. An manchen Straßenecken liegen schlafende Kinder im Schatten an die Hausmauer gekauert. Sie werden von den vorbeigehenden Erwachsenen nicht beachtet.

Bei der Sonntagsmesse in der Kathedrale sind etliche der *Muchachas* zu sehen, die wir in der Nacht zuvor in Joacos Discobar angetroffen hatten. Sie tragen ihre besten Kleider – dieselben, die sie in der Disco anhatten.

Der *Padre* muß bei der Predigt mit seiner Stimme immer wieder gegen den Lärm der über Comayagua hinwegziehenden Flugzeuge ankämpfen. »Was denkt ihr über all das, was jetzt in unserer Stadt geschieht«, fragt er seine Gemeinde von der Kanzel herab. »Ihr müßt euch deswegen einige grundlegende Fragen stellen!«

Vor der Kirche sitzen im *Parque central* drei Kinder – darunter ein blondhaariges, weißhäutiges Baby: Der Kleine heiße Harry, sei neun Monate alt und sein Bruder, sagt der zwölfjährige Älteste des Trios – ein dunkelhäutiger Schwarzhaariger mit dem Gesicht eines Indios.

Harrys Vater sei ein Soldat aus den Vereinigten Staaten, wo er sich jetzt auch aufhalte, berichtet der Bruder des Kleinen: »Sieht er nicht genau wie die *Gringos* aus«, fragt der

Zwölfjährige dann mit einem Unterton, aus dem man Stolz heraushören könnte.

Dieser Vater habe versprochen, Harry und dessen Mutter in die Vereinigten Staaten zu holen, sobald das möglich wäre, erzählt der Bruder.

Wir fragen ihn, wo die Mutter des Kindes sei.

»Sie ist dort drüben, um etwas zu erledigen«, gibt der Zwölfjährige Auskunft und deutet in Richtung eines Hauses, das eine Bar mit Stundenhotelbetrieb beherbergt.

Aus dieser Bar kommt ein rothaariger, offenkundig nicht mehr ganz nüchterner *Yankee.* Als er bemerkt, daß wir ihn beobachten, kommt er über die Straße auf uns zu: »Hey, Mann, bin ich ausgepumpt! Ich war gerade drei Monate auf einer Spezialmission. Da hat man doch ein Recht, sich zu erholen. Meint ihr nicht auch?«

Wir wollen wissen, was das für eine Spezialmission gewesen sei. Er gibt keine direkte Antwort, sondern zeigt auf einige andere *Yankees,* die nun ebenfalls aus dieser Bar kommen: »Seht euch die an – die sind gerade aus El Salvador zurückgekommen, wo sie drei Monate lang harte Arbeit geleistet haben.«

»Und was macht ihr Burschen da«, fragen wir ihn nochmals.

»Oh, Mann, frag mich etwas Einfacheres«, sagt der Rothaarige und blickt sein Gegenüber aus hohlen Augen an: »Irgendwas mit den verdammten Kommunisten ist da im Busch. Ich glaube, die aus Nicaragua wollen da einfallen – oder die aus El Salvador. Ich hab da nicht so genau aufgepaßt. Aber sei unbesorgt: Wir räumen auf!«

Drinnen in der Kathedrale ist die Messe zu Ende. Der *Padre* erscheint am Ausgang der Sakristei. Wieder donnern ein paar Flugzeuge über uns hinweg.

»Honduras ist heute ein besetztes Land«, sagt der Priester, während er den Flugzeugen nachblickt: »Wir haben eine Verfassung, in der geschrieben steht, daß auf unserem Territorium keine ausländischen Militärbasen errichtet werden dürfen. Doch unser Land ist voller solcher Basen – jenen der Vereinigten Staaten, und im Süden, an der

Grenze zu Nicaragua, hat die *Contra* ganze Landstriche
okkupiert und die ansässigen Bauern vertrieben. Doch
unsere Regierung verschließt vor dem die Augen und tut so,
als gäbe es das alles nicht.«

Das habe zu verheerenden Folgen geführt, berichtet der
Padre: Prostitution, Drogenhandel, Zuhälterei, furchtbare
Geschlechtskrankheiten bei Erwachsenen und auch bei Kindern – fünf Fälle von Aids seien in Comayagua bereits regi-
striert worden. »Doch unsere Politiker und der größte Teil
der Presse versuchen über diese Zustände den Mantel des
Schweigens zu breiten. Nicaragua sei der Feind, der uns
bedrohe, sagt man uns.«

Einige Ärzte und Schuldirektoren der Stadt hätten zwar
vorsichtig die Stimme erhoben und den moralischen Verfall
in Comayagua beklagt: »Aber sie haben nicht die wichtigste
Frage gestellt – nämlich die, warum die Truppen der *Gringos*
in unserem Land sind! Unser Problem ist nicht der morali-
sche Verfall, sondern der Verfall unserer nationalen Würde!
Wir werden nicht von Nicaragua bedroht, sondern bedro-
hen uns selbst, indem wir uns unsere Selbständigkeit nehmen lassen. Ich glaube nicht, daß Gott gefällt, was hier vor
sich geht. Ich glaube, man muß Gott im Leben und in Freiheit suchen – nicht nur in der Stunde des Todes.«

Die Herren im Land

Wir hatten vor dieser Reise nach Comayagua die Grenzpro-
vinz El Paraiso im Süden besucht und waren dort immer
wieder auf Straßensperren des Militärs gestoßen. Dahinter
befänden sich die Lager der *Contra,* hatten uns Einheimische in Danli gesagt, dem Zentrum dieser Kaffeeanbau-
region. Lauter ehemalige Nationalgardisten des in Nicaragua gefeuerten Diktators Somoza seien das, die sich hier als
die neuen Herren aufspielten – raubten, plünderten, vergewaltigten und Hunderte *Cafetaleros* von ihren *Fincas* vertrieben hätten.

Die Kaffeebauern warten vor dem Gemeindehaus von Danli im Regen auf eine angesagte Delegation der US-Botschaft aus Tegucigalpa, um Schadenersatzforderungen zu unterbreiten. Nach mehreren Stunden des Wartens waren zwei *Yankees* gekommen – nicht solche von der Botschaft, sondern vom Hilfswerk AID. Sie waren verärgert gewesen, hier auch Reporter anzutreffen, und hatten dann erklärt, über Schadenersatzforderungen könne nicht gesprochen werden, weil die USA nicht daran schuld seien, wenn hier einige Leute ihren Besitz verloren hätten. Doch man werde über humanitäre Hilfe reden – Decken, vielleicht auch Zelte.

»Honduras war eine klassische Bananenrepublik – ein Staat, in dem alles, von den Gemischtwarenläden auf dem Land bis zu den Eisenbahnen, den Bananenkonzernen aus den USA gehörte«, hatte uns in der Hauptstadt ein oppositioneller Intellektueller erklärt. »Als sich die Transnationalen dann zurückzogen, weil dieses System für sie nicht mehr profitabel genug war, übernahm die Armee die Macht. Zwar regiert wieder einmal ein ziviler Präsident, doch der ist nur eine Marionette der Offiziere, die Marionetten der USA sind. Eine nennenswerte nationale Oligarchie wie in anderen Staaten der Region hat es in Honduras nie gegeben, daher auch keinen liberalen Flügel der Oligarchie, aus dem sich in den nächsten Generationen eine nationale Befreiungsbewegung hätte entwickeln können.«

Zwar gab es auch in Honduras im Gefolge der Aufstandsbewegungen von Guatemala, El Salvador und Nicaragua erste Ansätze einer *Guerrilla,* doch die wurden von der Armee, unterstützt von eilends eingeflogenen Spezialisten aus den USA, binnen weniger Wochen ausgemerzt.

»Die Yankees treiben, was ihnen gefällt«

Maria geht noch zur Schule und gehört zu jenen Mädchen von Comayagua, die einen weiten Bogen um Joacos Discobar schlagen. Zusammen mit ihrer Mutter und anderen

Frauen wäscht sie die Wäsche der in Palmerola stationierten *Yankees:*»Wir machen diese Arbeit jetzt seit zwei Monaten und haben noch nicht einmal Geld dafür bekommen«, erzählt Marias Mutter. »Ich bin schon dreimal nach Palmerola hinübergefahren, was nicht billig ist, um das Geld einzutreiben, aber sie haben mich dort nicht hineingelassen.«

Warum sie dann nicht in den Streik treten, fragen wir sie.

»Mein Gott, wenn wir die Arbeit nicht machen, tun sie andere. Wir sind arme Leute, *Señor,* da finden sich immer welche.« Außerdem hoffe sie, doch noch zu ihrem Geld zu kommen, sagt Marias Mutter. Eine Frau aus der Stadt habe das tatsächlich geschafft: »Die hat einen Brief an den Präsidenten Reagan geschrieben, und stellen Sie sich vor, sie hat ihr Geld bekommen!«

Ob wir die Adresse des Präsidenten Reagan wüßten, will Marias Mutter wissen.

Nein, die wissen wir auch nicht genau. Doch in Honduras soll es nun ja einen Präsidenten geben, der Englisch spräche und den die *Yankees* nicht mehr so einfach übers Ohr hauen könnten. Sie solle sich doch an diesen *Señor* José Azcona Hoyos wenden, empfehlen wir der Frau.

Beim nächsten Besuch in Comayagua, eineinhalb Jahre später, sind die Wäscherinnen nicht mehr zu finden. »Wir haben diese Dinge jetzt besser organisiert«, berichtet Galen, ein Leutnant aus Minnesota, der in Palmerola im inzwischen eingerichteten PR-Stab der US Army tätig ist: »Wir haben eine Menge Jobs für die Leute aus der Umgebung geschaffen.«

Tatsächlich warten an der Bus-Station vor dem Tor zur Basis zu jeder Tageszeit Dutzende Hondurianer auf den einheimischen Leiter der zivilen Arbeitskommandos, der alle paar Stunden auftaucht und ein paar geeignete Leute für eine gerade anstehende Arbeit aussucht.

Die Tagelöhner wollen fotografiert werden: »Zeigt doch, daß es uns auch gibt«, ruft einer von ihnen den Reportern zu und ordnet seine Kollegen zum Gruppenbild.

Die einheimischen Mädchen, die – nach der neuesten Mode gekleidet, einige von ihnen mit einem Walkman behängt – gleichfalls am Kasernentor in Warteposition gegangen sind, verbergen ihre Gesichter vor den Kameras: »Mein Freund wird mich heiraten und in die Vereinigten Staaten mitnehmen«, erklärt eine der *Muchachas*. »Es wäre nicht gut, wenn mich dann dort jemand auf einem Zeitungsfoto erkennt.«

Janeth ist 21 Jahre alt und stellt sich – hier völlig unüblich – mit ihrem Familiennamen vor: »de Mathews«.

Sie sei also die Frau eines Herrn Mathews – Nordamerikaner, wie der Name andeutet.

Mister Mathews sei ein Schwarzer, sagt Janeth, der vor zwei Jahren nach Palmerola versetzt wurde. Als ihn die Army dann zurück in die USA schickte, sei er dort desertiert und neuerlich bei ihr in Honduras aufgetaucht, um Janeth zu heiraten.

Kurz darauf habe sie ihm eine Tochter geboren, und da hätten die Probleme begonnen: Aus unerklärlichen Gründen sei das Kind völlig hellhäutig und blondhaarig zur Welt gekommen. Ihr Mann habe sie geschlagen und in den Bauch getreten – worauf er nach Palmerola gefahren sei, um sich der Militärpolizei zu stellen.

Für einen Hamburger und ein paar Flaschen Bier im Schnellimbiß – dessen Personal diesen Begriff nicht so ernst nimmt – ist Janeth gerne bereit, ihre Lebensgeschichte zu erzählen. Sie müsse nämlich dringend etwas essen, weil sie letzte Nacht eine ganze Flasche Whisky getrunken habe – aus Kummer über das plötzliche Verschwinden des Freundes, mit dem sie die letzten vier Monate zusammen gewesen sei.

Man habe ihn von einem Tag auf den anderen in die USA zurück versetzt, stehe im Brief, den er Janeth hinterlassen habe. Auch 200 *Lempira* (an die 100 Dollar) seien in diesem Briefumschlag gewesen, sagt sie. Doch die Geldscheine habe Janeth aus Wut in Stücke zerrissen. Sie wolle dieses Geld nicht – sie wolle diesen Mann, ruft die kleingewachsene, aber stämmig gebaute Frau aus. Daher versuche sie sich nun scheiden zu lassen, um den *Gringo* heiraten zu können, wenn er zurückkommt. Daß er das tun wird, davon ist Missis de Mathews überzeugt.

Janeth stammt aus Tegucigalpa. Als sie drei Jahre alt war, sei ihre Mutter verschwunden und in ihrem neunten Lebensjahr der Vater verstorben. Ihre Großmutter habe sie aufgezogen, und bei der befinde sich nun auch ihre Tochter, setzt Janeth die Schilderung ihres Lebens fort.

Danach fragt sie den Reporter, ob er finde, daß sie ein schlechter Mensch sei, ob sie ihn schockiert habe. Ihr hätte es jedenfalls gut getan, das alles einmal jemandem zu erzählen.

Janeth hat zwei unübersehbare Knutschflecken im Gesicht und ein kleines Kreuz um den Hals gehängt. Ein solches trägt auch ihre 24jährige Freundin Ilena, die aus einer Bauernfamilie in der südöstlichen Viehzüchterprovinz Olancho stammt und in der Hauptstadt eine Schule für Schneiderei besucht, wie sie berichtet. Ilena verbringt nur die Wochenenden in Comayagua, wo sie dann zusammen mit Janeth ein Zimmer im Hotel »Luxemburgo« an der Hauptstraße bewohnt.

Um den Aufstieg zu demonstrieren, den diese Adresse bedeutet, arrangieren die beiden Mädchen einen Besuch in ihrer ehemaligen Unterkunft in einer Seitengasse des Marktviertels von Comayagua. Dort befindet sich einer der Dutzenden Billardsalons der Stadt. Die jungen Männer an den Spieltischen haben keinen freundlichen Blick für die Fremden übrig.

Rund um den Hinterhof dieses Hauses, in dem sich der Müll türmt, sind die dunklen kleinen Zimmer gruppiert, in denen die Freundinnen von Janeth und Ilena für vier *Lempira* pro Nacht noch immer logieren.

Nun, am frühen Nachmittag, dösen sie auf ihren Betten – einige von ihnen gemeinsam mit einheimischen jungen Männern, deren jeder als »guter Freund« vorgestellt wird und sich für die Sicherheit der *Muchachas* zuständig erklärt.

Als kurz darauf Brian aus Chicago und Richard aus Nordkalifornien auftauchen – sie sind beide gerade in Palmerola stationiert – und die hinter dem Billardsalon aufgestellte Musikbox in Gang setzen, verdrücken sich die »guten

Freunde«, und die Mädchen kommen angetanzt, um sich auf ein Bier einladen zu lassen.

Janeth hat es bald auf ein halbes Dutzend Flaschen gebracht und erzählt, Mister Mathews, ihr Ehemann, habe die Begriffe *Pulperia* (Gemischtwarenhandlung) und *Putaria* (Bordell) nie auseinanderhalten können.

Nach dem dritten Anlauf verstehen auch die beiden Soldaten den Witz und finden hier überhaupt alles *happy*. Das Wetter vor allem: »Zu Hause in den Staaten ist es jetzt scheußlich kalt.« Und die Mädchen natürlich, mit denen sie mangels Sprachkenntnissen kaum ein Wort reden können, die sich aber unaufgefordert auf ihren Schoß setzen und sich begrapschen lassen.

Sie hoffen beide, bald wieder hierher versetzt zu werden, sagen Brian und Richard. Warum sie in Palmerola sind und was sie dort treiben, wissen sie selbst nicht so genau: »Wie das eben ist bei der Army. Sie schicken dich dahin und dorthin, und dann sitzt du in der Basis und wartest, bis sie dich wieder woanders hinschicken.«

Jeff von der Militärpolizei hat es weniger gut getroffen: »Im letzten Monat habe ich nur drei freie Tage gehabt«, klagt er im Schnellimbiß dem Reporter, der ihm dabei hilft, sich mit der Kellnerin zu verständigen, die statt zweimal Hamburger und einmal Pommes frites einmal Hamburger und zweimal Pommes frites gebracht hat.

»Wir sollen da ständig alle Kneipen im Auge behalten, falls es Krach mit unseren Leuten gibt«, umreißt Jeff den Auftrag der MP.

Kneipen gibt es immer mehr in Comayagua, wo in den vergangenen Monaten etliche Straßen mit einer Betondecke versehen wurden und zahlreiche Holzhäuser schmukken Neubauten gewichen sind. Am *Parque central* gibt es nun ein chinesisches Restaurant, eine Pizzeria und »Tinos Place«, wo Speis und Trank geboten werden. Viele der vergammelten Schuppen, die sich eineinhalb Jahre zuvor an diesem Platz befanden, sind Lokalen gewichen, in denen Preise verlangt werden, die sich nahezu ausnahmslos nur die Soldaten drüben von der Basis leisten können.

Die besseren Leute der Stadt haben einen *Lions Club* gegründet und versammeln sich im »El Pajaro Rojo«, wie das inzwischen auf doppelte Größe ausgebaute Restaurant mit »internationaler Küche« an der Hauptstraße nun heißt. Dort kann man jetzt im Innenhof speisen – unbelästigt von den Kindern, die ständig in den am *Parque central* gelegenen Lokalen auftauchen, um die Essensreste der Gäste zu erbetteln.

»Die Nordamerikaner sind eine große Hilfe für uns«, sagt der auf die vielen Neuerungen angesprochene Taxifahrer, dessen Berufsstand in Comayagua nunmehr auf gut zwei Dutzend Leute angewachsen ist.

In Joacos Discobar ist der Gründer dieses Lokals zurückgekehrt. Er habe zuletzt in den USA gelebt und seinen Laden verpachtet gehabt, berichtet der chinesischstämmige Hondurianer, der seine Karriere als Pizza-Ausfahrer in San Francisco begann. Das Geschäft hier laufe jetzt so gut, daß er sich dazu entschlossen habe, wieder nach Comayagua zu übersiedeln und die Disco zusammen mit seiner Frau selbst zu führen, lautet seine Antwort auf die Frage nach dem Verbleib der auskunftsfreudigen Barfrau, die beim vorangegangenen Besuch des Reporters hinter dem Tresen stand.

Es gibt nun mehrere Discos in Comayagua: nagelneue Etablissements, die sich durch nichts von derartigen Lokalen in den USA oder Europa unterscheiden. Doch Militärs halten auf Tradition. Bei Joacos, wo Hunderte GIs ihren Namen an den Wänden hinterlassen haben, treffen sich die US-Soldaten noch immer am liebsten mit den freundlichen Töchtern des Landes, deren Modebewußtsein in den vergangenen Monaten auffällige Fortschritte gemacht hat. Die Rumflaschen hinter der Theke sind weitgehend den bekannten Whisky-Marken gewichen.

Janeth de Mathews ist bei Einbruch der Dunkelheit wieder von Bier auf Whisky umgestiegen und kämpft zusehends mit den Gesetzen der Schwerkraft.

Galen, der Leutnant von der PR-Abteilung drüben in Palmerola, ist auch da und zeigt sich über den europäischen

Fußball bestens unterrichtet. Er freut sich darauf, demnächst nach Deutschland versetzt zu werden. Dort könne er erstmals in seinem Leben in einem richtigen *Soccer-Team* spielen. Er trainiere jeden Tag nach dem *Lunch* allein auf dem Tennisplatz der Basis. Zentralamerika ist nicht so sehr sein Spezialgebiet: »Ich bin nur dazu da, die Reporter aus den Staaten auf der Basis herumzuführen.«

Letzte Weihnachten habe es ein großes Essen für die Kinder aus der Gegend in Palmerola gegeben. Viele US-Medien hätten diese Story sehr schön *gecovert,* freut sich Galen.

Die Kinder von Comayagua, die nachts vor Joacos zu finden sind, lungern tagsüber im *Parque central* herum. Ein vielleicht zehnjähriger Knirps kramt aus seiner Hosentasche ein Stück einer Filmrolle hervor. Auch die anderen zeigen daraufhin ihre Filmabschnitte vor.

»Jesus«, ruft ein GI lachend aus, während er den Film gegen die Sonne hält und Kader für Kader betrachtet: Er hält einen halben Meter aus einem harten Porno-Streifen in den Händen.

Die drei einheimischen Männer, die auf der nächsten Parkbank sitzend die Szene beobachten, finden das weniger lustig: »Die *Yankees* betrachten unser Land als ihren Hinterhof, in dem sie treiben können, was ihnen gefällt«, sagt einer von ihnen den europäischen Reportern.

»Ich habe zwar eine geregelte Arbeit, doch den meisten Leuten geht es schlechter als vorher, weil alles viel teurer geworden ist, seit die *Gringos* hier sind«, ergänzt der Zweite. »Die haben uns Comayagua zu einer fremden Stadt gemacht.«

Am Rande des *Parque* hat die Katholische Jugend der Stadt ein Transparent mit der Aufschrift über die Straße gespannt: »Kriegsspielzeug schenken heißt, den Frieden gefährden«. Darüber donnern US-Kriegsflugzeuge und Helikopter hinweg.

Im Kloster hinter der Kathedrale bereitet sich ein Dutzend Novizinnen – die meisten von ihnen stammen aus Guatemala – bei stillem Gebet auf ihr künftiges Leben als

Nonnen vor. Vom Leben in der Stadt rundum nehmen sie
vorerst nur den Flugzeuglärm wahr.

Ein paar Häuserblocks vom Kloster entfernt ist eine Art
Country Club entstanden, in dem die höheren Chargen der
Basis ihr Wochenende verbringen. Ein hondurianischer
Offizier erzählt am Swimming-pool liegend seiner Begleite-
rin von den Problemen mit den Waffenbrüdern aus dem
Norden: Er wolle ja nicht direkt behaupten, daß die *Gringos*
Wilde *(brutos)* seien, doch jüngst habe er zwei Offiziere aus
den USA hierher in das *Centro turistico* geführt. Die hätten
sich von ihm den Eintritt (fünf Dollar) und größere Mengen
an Drinks bezahlen lassen, ohne selbst einmal Anstalten zu
treffen, nach der Geldbörse zu greifen. Bitte, es gehe ihm ja
wirklich nicht um das Geld – doch als er einen dieser beiden
Herren aus den USA einige Tage später wieder gesehen
habe, hätte der so getan, als kenne er den hondurianischen
Kollegen gar nicht.

In der Hauptstadt sind erste Erzählungen über Mädchen-
händler zu hören, die junge Frauen gegen deren Willen in
Bordelle nach Comayagua verbracht hätten. Man weiß konkrete Namen und Details, doch die Behörden schlügen alle
Untersuchungen nieder.

Das kirchliche Leben der Stadt leitet nun ein junger *Padre*
namens Lucio Nuñez, für den klar ist, daß alle Großmächte
Unterdrücker seien und in Honduras nur noch geschehe,
was die Regierung der Vereinigten Staaten wünsche. Ein
paar Bürger von Comayagua hätten davon profitiert, doch
für die Mehrheit der Armen sei alles noch schlechter geworden.

Den meisten Menschen in diesem Land fehle es an
Bewußtsein für ihre eigene Situation, sagt der *Padre*. Und
auf die Frage, was er angesichts dieser Problemlage tue:
»Ich bete für den Frieden.«

Unweit von Joacos Discobar hat sich am Abend in einer
Hauseinfahrt ein halbes Dutzend Mitglieder einer evangeli-
schen Sekte um einen Prediger versammelt. Sie singen voll
Inbrunst: »Freude, Freude, Freude, wir sind in den letzten
Tagen!«

Bei Joacos können Janeth und Ilena zu dieser fortge-
schrittenen Stunde nur noch lallen. Auf die Frage, was das
Ziel ihres Lebens sei, wissen beide Mädchen eine spontane
Antwort: »Einen Mann und eine Familie.«

Vor diesem Wochenende wurde in Comayagua das Opfer
eines Raubmordes zu Grabe getragen. An dem vor der
Kathedrale aufgebahrten Sarg hielt ein Freund des Toten
eine nachdenkliche Rede: Es sei an der Zeit, sich darüber
Gedanken zu machen, warum immer mehr Alkohol die
Stadt überschwemme, warum sich die Gewalttaten zu häufen begännen...

Drehscheibe Palmerola

Am Montagmorgen nehmen die aus Fort Bragg in North
Carolina im Zuge des Manövers *Terencio Sierra* eingeflogenen Pioniere der US Army mit ihren Baumaschinen in Palmerola die Arbeit auf. Sie heben Unterstände aus, ebnen
neue Wege und ziehen zusätzliche Stacheldrahtzäune. Das
Gelände der Basis wird auf das Doppelte ihrer bisherigen
Ausdehnung vergrößert. Weitere Mannschaftsunterkünfte
sollen auf den nun schätzungsweise 40 bis 60 Quadratkilometer großen Areal folgen.

Palmerola taucht in diesen Monaten immer häufiger in
den Meldungen über die Eskalation des Zentralamerika-
Konfliktes auf. Jene Militärflugzeuge ohne Hoheitszei-
chen, die am 7. Dezember 1986 aus Honduras kommend
nach Nicaragua eindrangen und die Orte Wiwili und Murra
bombardierten – womit der Auftakt zu einer neuen Dimension des Krieges am Isthmus gesetzt schien –, waren im Tal
von Comayagua gestartet.

US-General John Galvin, zu diesem Zeitpunkt Chef des
Southern Command der US-Streitkräfte, war einen Tag vor
dieser Aktion aus seinem Hauptquartier in der Kanalzone
von Panama nach Palmerola geflogen, um von dort aus das
Kommando über die in Zentralamerika stationierten US-
Truppen auszuüben.

Palmerola wird in US-amerikanischen Zeitungen immer wieder als möglicher neuer Standort des Southern-Command-Hauptquartiers für den Fall genannt, daß die USA jenen unter Präsident Jimmy Carter unterzeichneten Vertrag mit Panama tatsächlich einhalten, der die USA bis Ende 1999 zum Abzug aus der Kanalzone verpflichtet.

Auch Captain Schneyder, der zum Zeitpunkt unseres Besuches für militärische Fragen zuständige Sprecher der Botschaft der USA in der hondurianischen Hauptstadt Tegucigalpa, hat solche Meldungen bereits gelesen:»Doch mehr weiß ich darüber nicht.« Naturgemäß. Diese Frage ist höchst delikat. Laut offizieller Darstellung der Regierung von Honduras gibt es nämlich in diesem Land noch immer keine Basen der USA:»Wir haben nur vorübergehend einige Leute in einem kleinen Teil der Basis von Palmerola untergebracht, die der hondurianischen Luftwaffe gehört«, beteuert Captain Schneyder im Sinne dieser Sprachregelung.

Vorübergehend – das heißt in der Tat, seit 1982 die seither niemals unterbrochene Serie gemeinsamer Manöver von US- und hondurianischen Truppen in diesem Armenhaus Zentralamerikas aufgenommen wurde.

Im Laufe dieser Manöver entstanden im unmittelbaren Grenzgebiet zu Nicaragua neue Straßen, elf für jeden Flugzeugtyp taugliche Landebahnen – darunter jene in El Aguacate, San Lorenzo, Moroco, Jamastran und Puerto Lempira, die gleichfalls nahe der Grenze zu Nicaragua liegen – sowie eine umfassende Aufmarsch- und Versorgungsinfrastruktur, die nicht nur der hondurianischen Armee, sondern vor allem den *Yankee*-Söldnern der gegen das sandinistische Nicaragua operierenden *Contra* zur Verfügung stehen.

Nicht zuletzt: Die US-Truppen brachten auf diesem Wege große Mengen an Waffen, Munition und sonstigen Versorgungsgütern unkontrolliert von jenen US-Parlamentariern, die das Zentralamerika-Abenteuer der Regierung Reagan zunehmend kritischer verfolgten, nach Honduras, wo dieses Material dann der *Contra* hinterlassen wurde.

Alle diese Operationen der US-Streitkräfte werden vom »Task Force Bravo« geleitet, das in Palmerola stationiert ist und einen permanenten Stabs- und Verwaltungsapparat von zirka 1000 Mann unterhält.

Eine der Aufgaben des »Task-Force-Bravo«-Stabes ist die Sammlung und Auswertung jener über elektronische Abhöranlagen, Luftaufklärung und den vor den Küsten Nicaraguas kreuzenden US-Kriegsschiffen gewonnenen Informationen über Truppenbewegungen und militärische Ziele in Nicaragua, die via CIA-Verbindungsoffiziere an die *Contra* weitergeleitet werden, was im Zuge der Untersuchungen über den *»Iran-Contragate«-Skandal* in Washington bekannt wurde.

Solche Aufklärungsflüge unternimmt die US-Luftwaffe von Palmerola aus nahezu täglich auch für die Streitkräfte in El Salvador, um mit den in diesen Maschinen installierten Wärmesensoren Truppenkonzentrationen der dortigen *Guerrilla* aufzuspüren und der salvadorianischen Armee Bombardierungsziele vorzugeben.

Faktisch heißt dies, die US Army managt von Palmerola aus den Krieg gegen salvadorianische *Guerrilla* und die nicaraguanische Armee, indem sie die Logistik bereitstellt und die Einsätze konzipiert und koordiniert. Nur die unmittelbar ausführenden Organe dieses Krieges sind nicht US-Amerikaner, sondern die salvadorianische Armee und die nicaraguanische *Contra* – beide wiederum ausgerüstet und finanziert von den USA.

Ein großer Teil der Etappen-Aufgaben wird in diesem Krieg direkt von US-Einheiten wahrgenommen. Allein für die Abwicklung des Flugbetriebes und die technische Wartung der Flugzeuge befinden sich an die 1000 US-Luftwaffenangehörige ständig in Palmerola, das zugleich als Etappenbasis für die in El Salvador eingesetzten US-Militärberater dient. Mit etwa 150 Mann ist die Sanitätsstation von Palmerola besetzt, in der regelmäßig auch verwundete *Contra* versorgt werden.

Zumindest für die Regierung Reagan galt, daß ihr diese weitgehende Verflechtung ihrer Truppen in den zentralame-

rikanischen Konflikt noch nicht genug der Eskalation war
und sie eine direkte Intervention von US-Truppen ins Auge
faßte. In diesem Zusammenhang ist die Tatsache zu sehen,
daß in Palmerola ständig zumindest an die 1000 US-
Marineinfanteristen stationiert sind – laut offiziellen Dar-
stellungen, »um jeden Angriff der Sandinisten gegen Honduras abwehren zu können«. So General John Galvin,
damals Chef des Southern Command und inzwischen
NATO-Oberbefehlshaber in Europa, in einem Vortrag vor
der US-Handelskammer in Panama.

Diese Bedrohungs-Annahme ist reichlich weit hergeholt
– und in der Tat gilt die Sorge der USA dem Überleben jener
Contra-Verbände, die noch immer in Honduras – seit etwa
Ende 1987 nicht mehr in El Paraiso, sondern in der Provinz
Olancho – stationiert sind, obwohl sie laut dem auch von
Präsident Azcona im August 1988 unterzeichneten zentral-
amerikanischen Friedensplan von *Esquipulas* längst von
dort verschwunden sein müßten.

Doch was der Präsident von Honduras unterschreibt, ist
die Tinte nicht wert. Das Land ist faktisch pleite – immer
wieder zu verzeichnende Hungertote werden ignoriert –
und auf die laufenden Zuwendungen aus den USA in Höhe
von 750 000 Dollar pro Tag, somit auf das Wohlwollen
Washingtons angewiesen. Dazu kann der Präsident nur
einen solchen mimen, solange ihm die Militärs das gestat-
ten. Die wiederum sind gleichfalls auf Militärhilfe aus den
USA angewiesen, die dem ärmsten Staat Zentralamerikas
erst jüngst moderne Jagdbomber lieferten. Vor allem aber
ist ein Großteil der Offiziere korrupt bis in die Knochen –
und sie verdienen prächtig mit, solange die US-Hilfsliefe-
rungen für die *Contra* über Honduras abgewickelt werden.
Und solange sie einen Teil des Munitions- und Waffenbe-
standes der hondurianischen Armee unter der Hand an die
Contra verkaufen können.

In diesem Spiel mit gezinkten Karten funktioniert frei-
lich die Koordination nicht immer. Als die sandinistische
Armee im März 1988 in einer Großoffensive einige tausend
Mann der *Contra* im Norden des Landes über die Grenze

nach Honduras zurücktrieb, dauerte es zwei Tage, bis die örtliche US-Botschaft dem Präsidenten Azcona eindringlich genug klargemacht hatte, daß er eine Invasion seines Landes durch nicaraguanische Truppen befürchten und ein Hilfsersuchen an die USA richten sollte.

In Washington wurde bereits die Entsendung von US-Truppen nach Honduras angekündigt, bevor Azcona dieses Hilfeersuchen schließlich doch unterschrieb, in dem mit keinem Wort von militärischer Hilfe die Rede war.

Als am 16. März 1988 an die 3 500 Marineinfanteristen in Palmerola landeten und alle Welt befürchten mußte, dies sei der Auftakt zu einer US-Invasion in Nicaragua, war dort die Offensive gegen die *Contra* längst abgeschlossen. Gleichwohl probierte die hondurianische Luftwaffe ihre neuen F-5-Jagdbomber erstmals in der Praxis aus, als sie nicaraguanisches Territorium bombardierten.

Azcona dürfte gewußt haben, warum er mit seinem Hilfeersuchen so lange zögerte. In Honduras wächst in den letzten Jahren der Volkszorn gegen die Anwesenheit der Landsknechte aus dem Norden und ihrer Söldner von der *Contra*. Diese Stimmung wurde unüberhörbar, als im August 1987 im Restaurant »China Palace« zu Comayagua eine Bombe explodierte, durch die sechs US-Soldaten verletzt wurden.

Die örtliche US-Militärverwaltung reagierte darauf, indem sie Comayagua zum Sperrgebiet für ihre Truppenangehörigen erklärte. Das Heer der Prostituierten, Zuhälter und Drogenhändler zog daraufhin nach San Pedro Sula an der Atlantikküste um, wohin die in Palmerola stationierten GIs nun zu ihren Wochenendvergnügungen zu reisen pflegen.

Die Geschäftemacher des alten Wallfahrtsortes, die in den letzten Jahren in Erwartung harter Dollar in Amüsierbetriebe investiert hatten, wissen seither nicht mehr, wie sie ihre Kredite abdecken sollen. Comayagua fällt nach dem Boom der *Yankee-Invasion* zurück in den Zustand einer Geisterstadt. Doch während die dortigen Bar-Besitzer und Zimmervermieter noch immer hoffen, die über ihre Stadt verhängte Quarantäne würde wieder aufgehoben, hat sich die *Anti-Yankee-Stimmung* über das ganze Land ausgebreitet.

Kurz nachdem im März 1988 die aus den USA eingeflogenen Marineinfanteristen in Palmerola gelandet waren,
wurde in Tegucigalpa die US-Botschaft von Tausenden
Demonstranten belagert und brannten in den Straßen der
Hauptstadt Sternenbanner. Präsident Azcona rief den Aus-
nahmezustand für die beiden größten Städte von Honduras
aus, nachdem bei den Manifestationen fünf Menschen
durch Schüsse von Botschaftsbewachern getötet worden
waren.

Unmittelbarer Anlaß für die Eruption des Volkszorns war
die entgegen allen Landesgesetzen erfolgte Entführung
eines mutmaßlichen Drogenhändlers durch honduranische Militärs und dessen Abschiebung in die USA gewesen.

In Honduras weiß man, daß es vor allem die höheren
Militärs sind, die mit beiden Händen im Drogenhandel
stecken. Und die Auslieferung des angeblichen Drogenhändlers Juan Ramon Matta, der es als Analphabet zu
einem beträchtlichen Vermögen gebracht, dabei aber wohl
die Kreise der Militärs gestört hatte, machte deutlich, in
welchem Ausmaß Honduras inzwischen von einer Allianz
von Offizieren und US-Besatzern regiert wird: Matta wurde
nach seiner Entführung zuerst auf die Basis von Palmerola
verbracht und dann von dort aus via Santo Domingo mit
einem Flugzeug in Richtung USA befördert.

Mag sein, daß die meisten der nach Honduras geschick-
ten US-Militärs tatsächlich nicht wissen, was in diesem
Land vorgeht und warum man sie dorthin geschickt hat. Bei
unserem Besuch in der US-Botschaft zu Tegucigalpa hat
Captain Schneyder, der Presseoffizier, erkennbare Mühe,
Palmerola auf der Landkarte zu finden. Er sei immer mit
dem Helikopter dorthin gelangt, wirbt der rundliche, kleine
Mann aus Texas verlegen lächelnd um Verständnis. Außer-
dem sei das ja auch keine Basis der USA, schärft er seinen
Besuchern nochmals nachdrücklich ein: »Wir sind nur auf
Manöver hier und unterhalten keine Militärbasen in Hon-
duras.«

Nicaragua

Heroische Schöpfungen

Eine Revolution, die nach der Kultur eines Volkes sucht, um dessen Identität zu finden

Matagalpa

Der Krieg geht erst am Montag weiter. Zumindest für uns, die wir eine Einheit des *Sandinistischen Volkesheeres* in die Berge des nördlichen Nicaragua begleiten sollen. Doch der zuständige Presseoffizier in der Provinzhauptstadt Matagalpa, der die dafür nötige Bewilligung ausstellen wird, kehrt erst am Montagmorgen an seinen Schreibtisch zurück. Also haben wir ein ganzes Wochenende vor uns, um das kulturelle Angebot von Matagalpa und Umgebung zu konsumieren.

Alan Bolt, hatte man uns verschiedentlich gesagt, sei ein wichtiger Mann – in Sachen Theater die Avantgarde dieses Landes schlechthin. Einige Zeit wirkte er im Kulturministerium in Managua. Doch dann kam es zu Streitigkeiten, Konflikten – wie das eben so ist unter Künstlern; zumal, wenn sie ein Ministerium verwalten sollen – er schied dort aus. »Jetzt macht er da oben mit den Bauern rum«, lautete die Auskunft eines bundesdeutschen Kulturentwicklungshelfers in der Hauptstadt.

Wir suchen das Anwesen, auf dem Bolt mit einer Gruppe einheimischer Jugendlicher gemeinsame landwirtschaftliche und Theaterarbeit betreibt. Die Fahrt geht über holprige Straßen aus Matagalpa hinaus, später über einen steilen Paß. Keiner der Passanten, den wir nach dem Weg fragen, weiß etwas mit dem Namen Alan Bolt anzufangen. Manche tun trotzdem so, als wüßten sie etwas. Man schickt uns in Seitentäler hinein und aus diesen wieder heraus.

Endlich kann eine Militärstreife weiterhelfen. Wir sind viel zu weit gefahren. Nur wenige Kilometer außerhalb von Matagalpa steht das unscheinbare Haus direkt an der Straße. In seinem Garten wird gerade geprobt. Eine lehrreiche Szene zum Thema *Machismo* steht zur einübenden Improvisation an. Ein junger Mann, der sich Frauenkleider übergezogen hat, grimassiert heftig, übertreibt noch mehr und bemüht sich um eine nach Hysterie klingende Stimmlage.

Bolt verfolgt das Geschehen mit einem Gestus, der zwischen Guru und Genie noch nicht ganz festgelegt ist, wirft mitunter ein, daß das alles nichts tauge und – ja, nichts weiter. Fragen zu den theoretischen Vorstellungen der Gruppe dürfen dann einige Gruppenmitglieder in Abwesenheit des Meisters beantworten, der sich wichtigen Problemen der gemeinsamen Haushaltsführung zuwenden mußte.

Am Nachmittag, bei einer Darbietung der Bolt-Truppe auf einem öffentlichen Platz von Matagalpa, zeigt sich das Publikum amüsiert.

Wir sind auf der Suche nach Relikten der Webkunst, die revitalisiert werden soll. El Chile gilt als einer der wenigen Orte, wo diese Fertigkeit noch beherrscht wird, deren Produkte zu Decken und Taschen zusammengenäht werden.

Mit einem Geländewagen schaffen wir es tatsächlich, den steilen, ausgewaschenen und zerfurchten Weg zu diesem Dorf zurückzulegen, das sich als winzig und verschlafen erweist. O ja, hier werde noch gewebt, sagt man uns. Die wenigen alten Frauen, die das noch praktizieren, seien angehalten, ihre Techniken den Jungen zu vermitteln. Doch die *Compañera,* die das organisiere, befinde sich gerade auf dem Weg in die Hauptstadt, um dort eine Ausstellung vorzubereiten.

Etwas außerhalb des Dorfes finden wir in einer Bauernhütte, die von Schweinen, Hühnern und einer vielköpfigen Familie bewohnt wird, eine alte Frau, die gerne bereit ist, uns mit dieser traditionellen Besonderheit des Kunsthandwerks Nicaraguas vertraut zu machen. Einen Webstuhl kennt man hier nicht. Sie macht die Fäden auf der einen Seite um einen Baumstamm und auf der anderen Seite um ihren Körper fest, bevor ihre abgearbeiteten Hände das Garn mit einem hölzernen Schiffchen vor der Brust durch das Gewirr der Fäden manövriert.

Wir versuchen uns zu erinnern, was wir uns von dieser Exkursion versprochen hatten.

Die Vision einer neuen Kultur

»Volkskultur wird entdeckt, nicht selten glorifiziert. Die
Alphabetisatoren kehren zurück mit nie gehörten Nachrich-
ten von Liedern, Gedichten, Lebensweisen, Tänzen und
Keramiken. Die Werkstätten der Poesie, angeregt von Ernesto Cardenal, bersten geradezu unter der Sturzflut literari-
schen Schaffens; die Volkspoesie verdrängt die arrivierten
Dichter aus den Spalten der Kulturbeilagen der Zeitungen;
die Bauernmalerei, die ihre Anfänge in Solentiname hat,
taucht Nicaragua in ein Meer von Bildern und Farben. Die
Revolution ist ein Kreißsaal neuer Musik, neuer Gruppen
und Lieder«, schreibt Hermann Schulz in seinem 1983 erstmals veröffentlichten Buch »Nicaragua – Eine amerikanische Vision«.

Nun sind es bald zehn Jahre, daß in diesem Land alles
seinen sandinistischen Gang geht. Die Revolution beginnt
dem Grundschulalter zu entwachsen. Was ist im revolutionären Alltag übriggeblieben von der Vision einer neuen
Kultur, die Fortschritt auf den Fundamenten bislang ver-
schütteter Traditionen errichten will?

Der neue Mensch: Gibt es ihn schon? Wie weit ist er
gediehen angesichts von Krieg, Embargo und anderen
Feindseligkeiten, mit denen die Supermacht im Norden das
Rad der Geschichte zurückdrehen will? Und auch angesichts gelegentlicher Notwehrüberschreitung durch Organe
des revolutionären Staates?

Die Kulturlosigkeit der Oberschicht

Die Suche nach anmietbarem Wohnraum in Nicaraguas
Hauptstadt Managua, deren 1972 bei einem Erdbeben nahezu vollständig vernichteter historischer Kern es geraten sein
läßt, architektonische Aspekte vorerst außer acht zu lassen,
führt den für örtliche Verhältnisse zahlungskräftigen Ausländer in Dutzende Häuser von Angehörigen der Oberschicht. Menschen also – wir folgen Marxens Theorie gesell-

schaftlicher Entwicklungsprozesse –, deren kultureller Standard der Höchstentwickelte sein soll: Repräsentanten jenes Besitzbürgertums, das in Europa Bilder und Bücher wenn schon nicht als kulturelle Gebrauchsgegenstände, so wenigstens als Vorzeigeobjekte kultureller Beflissenheit zu sammeln pflegt.

Hier, in den teuersten Häusern, ist weit und breit kein Buch zu sehen, und was an den Wänden hängt, ist das blutende Herz Jesu neben dem platt verschnörkelten Spiegelrahmen, wozu man von Plastiktellern ißt und jede Art von Dosennahrung für den Gipfel zivilisatorischen Fortschritts hält – Zeugnisse eines rabiaten Katholizismus spanischer Herkunft und jenes *»American way of live«,* der mit der normativen Kraft militärischer Macht in viele lateinamerikanische Köpfe bugsiert wurde.

Das mit rekonstruierten indianisch-präkolumbianischen Motiven sorgfältig bemalte Tongeschirr aus den Werkstätten von San Juan del Oriente, die in Monimbo, dem am ursprünglichsten indianischen Teil Masayas, hergestellten Wandteppiche aus Kakteenfiber, die naiven Malereien der Bauern und Fischer des Archipels von Solentiname – alle diese Ergebnisse sandinistischer Kulturpolitik finden wir fast ausnahmslos in den Häuser der schmalen Schicht sandinistischer Intellektueller und der europäischen Weggefährten der Revolution.

Die Massen der städtischen Unterschichten – im Regelfall in mehreren Etappen von der bäuerlichen Subsistenz zum parasitären Lumpenproletarierdasein transformierte Zuwanderer – orientieren ihre kulturellen Bedürfnisse, so sie diese verwirklichen können, an der aus europäischer Sicht faktischen Kulturlosigkeit der sozialen Oberschicht.

Die Revolution hat es im Zustand der Bedrängnis von außen schwer genug, sich wenigstens im Hinblick auf andere politische Indikatoren – reichlich oberflächlich – in den Hütten der Armen festzusetzen. In den Villen der Reichen bleibt sie außen vor. Dort wird Nicaragua weiterhin ein typisches Stück Zentralamerika sein.

Geschichtslose Völker

Der Isthmus zwischen der Südgrenze Mexicos und der
Nordgrenze Kolumbiens präsentiert sich dem Bildungsrei-
senden als kulturelle Wüstenei historischen Ausmaßes.
Gut, wir finden in Guatemala und – noch seltener – in Honduras manche Relikte hochentwickelter Indio-Kulturen
sowie in den anderen Ländern Zentralamerikas mitunter
präkolumbianische Grabstätten und Skulpturen. Doch all
das ist nicht zu vergleichen mit den Tempelruinen und
Totenstädten Mexicos, Kolumbiens, Perus, Ecuadors, Boli-
viens...

Selbst was nach Kolumbus kam, kann sich höchstens ver-
einzelt mit den Gegebenheiten in der weiteren Nachbarschaft messen: Kaum pittoreske Kolonialstädtchen wie in
der Karibik nebenan, selten eine Folklore, die wenigstens
diesen Allerweltsnamen verdiente – nur Rudimente eines
Lebensgefühls, das der üppig wuchernden tropischen Landschaft entspräche.

Zentralamerika: Eine Landbrücke gesichtsloser Bananenrepubliken, bewohnt von Menschen, auf die in ihrer Gesamtheit Marxens Verdikt von den »geschichtslosen Völkern« zu passen scheint, mit dem er – zumindest im Unter-
bewußtsein ein deutschnationaler Herrenmensch, der diesbezüglich bemerkenswert unmarxistisch, weil ahistorisch
argumentierte – in seinen Schriften zur nationalen Frage
des ausgehenden 19. Jahrhunderts vor allem jene slawi-
schen Völker Südosteuropas belegte, deren nationale
(nationalstaatliche) Identität hinter jener der herrschenden
Nationen Europas dieser Zeit zurückgeblieben war.

Die Staaaten Zentralamerikas sind zwar durchwegs
zumindest an die hundert Jahre nationalstaatlich verfaßt –
doch von nationaler Souveränität konnte bis zum Sieg der
sandinistischen Revolution in Nicaragua in nicht einem Fall
die Rede sein. Mangelnde kulturelle Identität geht damit
dialektisch einher.

Nationalsport Baseball

Nicaraguas Nationalsport schlechthin ist Baseball. Neben Müllkippen am Rande von Wohnsiedlungen, auf öffentlichen Plätzen und in engen Gassen wird der Reisende zu jeder Tageszeit Kinder antreffen, die mit alten Tennisbällen und selbstgefertigten hölzernen Schlägern diesen Sport ausüben. In den Arbeitspausen auf Baustellen und zu Ruhezeiten in den Militärcamps wird von Jugendlichen und Erwachsenen Baseball gespielt. Jede halbwegs größere Stadt verfügt über ein Stadion. Über Zuschauermangel muß nie geklagt werden. Selbst in entlegenen Bauerndörfern wird am Wochenende ein Dress im US-Look hervorgeholt, wenn das örtliche Team zu einem *Match* antritt. Die besten Spieler des Landes verdingen sich in den US-Profiligen. Die Gagen, die ihnen dort geboten werden, übersteigen das Vorstellungsvermögen eines durchschnittlichen Nicaraguaners.

»Nach drei US-Interventionen der Marineinfanterie in Nicaragua war das ein Erbe der Nordamerikaner – das einzige gute«, erzählte Daniel Ortega einer »Playboy«-Interviewerin, während er von der Präsidentenloge des Stadions in Managua aus das Endspiel des Jahres 1987 zwischen *Boer* und *Dantos* verfolgte.

Später führte er die Besucherin durch das benachbarte Viertel, in dem er aufwuchs. *Colonia Somoza* hieß dieser Stadtteil damals, und auch ansonsten war dort nahezu alles nach dem Diktator benannt – mit Ausnahme »der Augusto-C.-Sandino-Freimaurerloge in unserer Nachbarschaft ... Dieser Ort spielte eine wichtige Rolle in meiner politischen Entwicklung.«

Ortega: »Die Kinder aus der Nachbarschaft und ich gingen jeden Nachmittag nach der Schule dorthin. In der Loge gab es einige ältere Männer – Dichter, Ökonomen, Soldaten –, die mit Sandino gekämpft hatten, und sie erzählten Geschichten von ihm, die uns bewegten und erregten.«

»Zu jener Zeit gab es hier eine allgemeine Anti-USA-Stimmung, und sie beeinflußte mich stark«, berichtet der Präsident. »Was uns provozierte, war die US-Politik, ganz allgemein, mit all ihren Fehlern, all ihren Interventionen: die Ermordung von Sandino, die Unterstützung, die sie der Somoza-Diktatur bot ... Wir waren Anti-Coca-Cola, Anti-Comics, gegen alles, ob gut oder schlecht, was die Vereinigten Staaten repräsentierte. Außer Baseball.«

Die Rede, die der Staatspräsident am achten Jahrestag des Sieges der Revolution in Matagalpa hielt, war im Hinblick auf die Auseinandersetzungen über eine weitere Contra-Finanzierung durch die USA nicht zuletzt an die Öffentlichkeit der Vereinigten Staaten gerichtet. Entgegen seiner sonstigen Gewohnheit behielt Ortega am Rednerpult seine Uniformkappe auf – olivgrün zwar, doch im Schnitt einer Baseballmütze, wie man sie bei ihm zuvor noch nie gesehen hatte.

In seinem »Playboy«-Interview erklärte der *Comandante:* »Jetzt ist unsere Haltung Nordamerikanern gegenüber viel differenzierter. Viele kamen hierher, um beim Aufbau unserer Revolution mitzuhelfen, boten uns technische Unterstützung an. Wir mögen die populäre Kultur Nordamerikas, wir mögen viele nordamerikanische Sachen.«

Mariategui: Den indoamerikanischen Sozialismus zum Leben erwecken

Die Geschichte der Dritten Welt ist zuerst einmal auch eine Geschichte Europas – im Handeln wie im Denken, von der Unterwerfung bis zur Befreiung: Von Algerien über Kuba, Vietnam und Palästina bis Nicaragua waren und sind jene Theoretiker und Führer der Revolution die authentischen, deren strategischer Ansatz die Symbiose eigener kultureller Wurzeln mit aus Europa kommenden historischen Erkenntnissen ist. Der peruanische Publizist und Politiker José Carlos Mariategui (1894–1930), der bereits zu seinen Lebzeiten von seinen Anhängern der »erste bedeutende Marxist Lateinamerikas« genannt wurde, bezeichnete die Jahre, bevor er sich zwischen 1919 und 1923 in Europa aufhielt (in

erster Linie in Italien und Frankreich), als seine »Steinzeit«.
Dort erst habe er die »beste Ausbildung genossen«.

»Der Nationalismus der europäischen Nationen«, schrieb
Mariategui 1927, »wo Nationalismus und Konservatismus
zusammenfallen und sich ergänzen, hat imperialistische
Ziele. Er ist reaktionär und anti-sozialistisch. Aber der
Nationalismus der kolonialen Völker – ja, in wirtschaftlicher
Hinsicht kolonial, auch wenn sie sich auf ihre politische
Unabhängigkeit viel einbilden – unterscheidet sich in seiner
Herkunft und seiner Antriebskraft vollständig davon. In
diesen Völkern hat die Nationalidee ihren Lauf noch nicht
vollendet und ihre Mission noch nicht erfüllt.«

Kein anderer Denker hat die linksgerichteten Intellektuellen Lateinamerikas stärker beeinflußt als Mariategui, bei
dem wir lesen: »Ohne Zweifel ist der Sozialismus keine
indoamerikanische Doktrin. Aber keine Doktrin, kein
System unserer Zeit kann das sein. Gleichzeitig ist der
Sozialismus, auch wenn er ebenso wie der Kapitalismus in
Europa entstanden ist, in keiner Hinsicht besonders oder
typisch europäisch. Er ist eine weltweite Bewegung, der sich
keines der Länder entziehen kann, die sich innerhalb des
Einflußbereiches der westlichen Zivilisation bewegen.
Diese Zivilisation tendiert mit einer Kraft und mit Mitteln,
wie sie bisher noch keiner Zivilisation zu Gebote standen,
zur Vereinheitlichung. Indoamerika kann und muß innerhalb dieser weltweiten Ordnung Individualität und eigenen
Stil behaupten, aber es hat weder eine abgetrennte Kultur
noch ein besonderes Schicksal ... Und schließlich ist der
Sozialismus in der amerikanischen Tradition angelegt. Die
am weitesten fortgeschrittene urkommunistische Organisation, die die Geschichte kennt, war die der Inka.«

»Natürlich wollen wir nicht, daß der Sozialismus in Amerika Abguß oder Kopie sei. Er muß eine heroische Schöpfung sein. Mit unserer eigenen Realität, in unserer Sprache
müssen wir den indoamerikanischen Sozialismus zum
Leben erwecken.«

Literatur

Natürlich sei es günstig, wenn ein angehender Offizier des *Sandinistischen Volksheeres* zumindest über einen Grundschulabschluß verfüge, hatte man uns im Verteidigungsministerium in Managua erklärt. Doch obligatorisch sei das nicht. Ein intelligenter jüngerer Mensch könne schließlich noch alles nachholen.

Der Kommandant des Zuges eines *»Batallon de lucha irregular«*, mit dem wir im Kriegsgebiet nördlich von Jinotega unterwegs sind, ist kleinbäuerlicher Herkunft. Wenn er liest, bewegen sich seine Lippen im langsamen Takt, in dem er sich durch den Text voranarbeitet.

Wenn wir am Abend unser Marschziel erreicht haben, holt der Zugkommandant ein von der Armeeführung herausgegebenes Handbuch aus seinem Rucksack, in dem alles an Bildungsgut allgemeiner Art versammelt ist, über das ein sandinistischer Truppenführer verfügen sollte.

Die Anwesenheit der fremden Begleiter benutzt der *Compañero* für eine Nachhilfelektion. Mit klobigen Fingern schlägt er eine Seite auf und fragt dann: »Was ist Kon-stan-ti-no-pel?«

Zu Zeiten Somozas wurde das Gepäck ankommender Reisender auf dem Flughafen von Managua penibel nach »subversiver« Literatur untersucht. Was man fand, wurde jeden Donnerstag unter notarieller Aufsicht verbrannt.

Im Sommer 1987 fand in Managua erstmals ein internationales Buchfestival statt. Zehntausende Besucher drängten sich an den Ständen. Studenten stellten sich Stunden vor der täglichen Öffnung des Ausstellungsgeländes am Tor an, um einige jener Lehrbücher für Medizin zu ergattern, die am Stand der UNO verkauft wurden.

Am Stand der USA verschenkte die US-Propagandainstitution USIS *Contra*-Pamphlete. Niemand schritt dagegen ein.

Die Führer der Revolution wissen, daß sie diese Kultur nicht fürchten müssen, obwohl sie durchaus noch in der Gesellschaft Nicaraguas existiert: in den Köpfen jenes Bür-

gertums, das als politisches Faktum lebt – aber historisch
überwunden ist, weil es mangels eigener kultureller Identität dem revolutionären Prozeß keine authentische Wider-
standskraft entgegenzusetzen hatte.

Kultur im Zentrum des Befreiungskampfes

»Die Intelligenz«, pflegen die nun in Miami, San José oder
Tegucigalpa lebenden Angehörigen der besitzenden und
ausgebildeten Schichten Nicaraguas im Gespräch mit Aus-
ländern stets zu betonen, habe »das Land längst verlassen«.

»Diese Konservativen, es waren Krämer, Geschäftsleute
und Grundbesitzer, es herrschte ein intellektuell und kulturell erbärmlich niedriges Niveau«, schreibt der greise Poet
José Coronel Urtecho über das geistige Klima in seiner Hei-
matstadt Granada zu jener Zeit, als diese Emigranten noch
in Nicaragua lebten.

Er gehört zu jener kleinen Gruppe bürgerlicher Intellektueller, die das Land unter der Herrschaft der Somoza her-
vorbrachte – und die nun nahezu ausnahmslos an der Seite
der Sandinisten stehen: »Mit dieser Revolution gewinnen
wir auch die eigene Geschichte zurück, die uns genommen
wurde; die historische Würde unserer Rasse, unserer
Nation«, feierte Urtecho den Sieg der Sandinisten.

Sie folgten seit dem Beginn ihres Kampfes den Thesen
des europäisch erzogenen Kariben Frantz Fanon, bei dem
wir lesen: »Die nationale Kultur ist die Gesamtheit der
Anstrengungen, die ein Volk im geistigen Bereich macht,
um die Aktionen zu beschreiben, zu rechtfertigen und zu
besingen, in denen es sich begründet und behauptet hat. In
unterentwickelten Ländern muß sich die nationale Kultur
also bis ins Zentrum des Befreiungskampfes stellen.«

Was der Sieg der Sandinisten bedeutet

Nicaragua befindet sich im Kriegszustand. Der Einmarsch
der Sandinisten in Managua war nicht gleichzusetzen mit
der endgültig vollzogenen nationalen Befreiung des Landes
– er bedeutete nur eine Verbesserung der Kampfposition,
verbunden mit einem Alarmzeichen für die Gegner, das
diese zu einer Verstärkung ihrer Anstrengungen veranlaßte.

Die Ignoranz, mit der in den USA vielfach geglaubt wird,
das Heil dieser Welt wäre gerettet, würde nur überall auf
dem Planeten so gedacht und gehandelt wie in »Middle
America«, findet ihre spiegelverkehrte Entsprechung bei
jener europäischen Linken, die allezeit bereit ist, eigenes
Scheitern zu kompensieren mit exakten Vorstellungen darüber, wie sich die Befreiungsprozesse in der Dritten Welt zu
vollziehen hätten.

Auch in Nicaragua hält sich die Revolution nicht an die
vielfältigen und widersprüchlichen Erwartungen und Hoffnungen der mit gefestigten Vorurteilen anrückenden ideologischen Überbauräte, die alljährlich zu Tausenden als Revo-
lutionstouristen ins Land kommen, um hier endlich verwirklicht zu sehen, was sie zu Hause schon immer erreichen
wollten: Alles – und das sofort.

Viele reisen mit uneingestandener Enttäuschung wieder
ab. Die Revolution produziert ihre eigenen Widersprüche
und bedarf dazu keiner Ratgeber. Vor allem nicht solcher,
deren eigene nationale Identität sich vorrangig über ihre
Regierung definiert, die sie klammheimlich zu stürzen wünschen.

Die nationale Befreiung

»Mir jedenfalls ist die historische Etappe, die Nicaragua in
diesem Jahrhundert zurücklegen muß, ziemlich klar. Und
ich glaube, daß dies auf ganz Lateinamerika zutrifft«,
erklärt der ehemalige *Guerrilla*-Stratege und nunmehrige
Verteidigungsminister Humberto Ortega – ein Mann in der

gedanklichen Tradition des Weges, der von Clausewitz zu Giap führt. »Diese Etappe, die uns zukommt zu durchlaufen, ist im wesentlichen die der nationalen Befreiung. Wir können nicht die nationale und die soziale Befreiung gleichzeitig berücksichtigen, das wäre sehr schwierig. Erst müssen wir eine Etappe der Unabhängigkeit durchlaufen, der nationalen Befreiung mit weitgehenden und am Volk ausgerichteten Inhalten, die es erlaubt, die Grundsteine zu legen für die Lösung der großen Probleme ökonomischer, sozialer und politischer Ordnung, deren Last uns auferlegt wurde.«

Die Revolution in Nicaragua folgt somit definitiv nicht einem marxistisch-leninistischen Schema (was nicht zuletzt in der Widersprüchlichkeit sandinistischer Kulturpolitik zum Ausdruck kommt, die sich positiv mit dem Begriff Pluralismus beschreiben läßt). Es ist nicht nur eine Frage der Etikette, daß die Säulenheiligen des Marxismus im öffentlichen Bereich dieser Revolution nirgendwo plakatiert sind.

Augusto C. Sandino

Niquinohomo ist ein unscheinbares Dorf an der Straße von Masaya nach Masatepe. Früher standen hier die strohgedeckten Hütten der Landarbeiter, die sich auf den *Fincas* der Kaffeebarone verdingten. Das Stroh auf den Dächern ist inzwischen festeren Materialien gewichen. In den Häusern wohnen zumeist Kleinbauern. Doch ansonsten scheint sich wenig verändert zu haben, seit am 18. Mai 1895 in einer dieser Hütten Augusto C. Sandino geboren wurde. Sein Geburtshaus ist nicht zu verfehlen – nahezu ständig parken Reisebusse davor, mit denen ausländische Besucher zum Sandino-Museum gebracht werden, das dieses Haus nun beherbergt.

Sowenig sich Nicaraguas Revolution auf Marx oder Lenin beruft, sowenig beruft sie sich auf Simon Bolivar, den großen *Liberator* Lateinamerikas: Der kämpfte gegen Spaniens König – und wurde von den Indios bekämpft, deren nächstliegende Feinde die spanischstämmigen Grundbesitzer waren, die unter Bolivars Führung die Kolonialmacht abschütteln wollten, um selbst an die Herrschaft über Iberoamerika zu gelangen.

Sandino war der unehelich geborene Sohn eines Grundbesitzers und einer Indianerin aus dessen Gesinde. Sandino war Mestize. Mestizen sind widersprüchlich von Natur aus: historisch gesehen die Kinder von Vergewaltigern und Vergewaltigten.

Sandino kämpfte auf der Seite der Liberalen (faktisch überall in Lateinamerika die politischen Vertreter des neuen, relativ antiklerikalen, teilweise zum Freimaurertum neigenden neuen Kapitals) gegen die in Nicaragua zu dieser Zeit von den USA favorisierten Konservativen – das alte, mit dem Klerus verbundene Agrar-Kapital.

Als sich Konservative und Liberale auf einen Kuhhandel verständigten, der die Teilhabe auch der liberalen Exponenten des Bürgertums an Macht und Pfründen bewirken sollte, baute Sandino in den späten zwanziger Jahren die erste authentische *Guerrilla* Lateinamerikas auf, um den Kampf gegen die anhaltende Besetzung des Landes durch US-Truppen mit den *Campesinos* fortzusetzen, die bis dahin nie Subjekt der Politik waren.

»Sandino ist Nicaragua. Er hat demonstriert, daß Nicaragua auch angesichts der Intervention existieren konnte. Ein Nicaragua für die Unterdrückten, die Armen. Ein Nicaragua, das durch die Wahrheit existieren und von einem breiten internationalistischen Umfeld auf der Welt respektiert würde. Genau dies waren die Gedanken Sandinos. Sandino ist ein Produkt aus dem Kampf um die Erringung der Nationalität, der nicaraguanischen Identität«, erklärt Jaime Wheelock, Agrarreform-Minister, eines der neun Mitglieder des Nationalen Direktoriums der *Frente Sandinista* sowie einer der eifrigsten theoretischen Begleiter des revolutionären Prozesses, in dessen vorrangig nationalistischer Ausrichtung er die Hauptursache für die zumindest in Teilbereichen der Gesellschaft erzeugte Dynamik sieht: »Das erklärt die besondere Vitalität unserer Jugend und auch die

der nicaraguanischen Kultur, wie es jeder heute in unserem
Land beobachten kann.«

Eine Geschichte der Unstetigkeiten

Der zentrale Begriff der sandinistischen Kulturpolitik lautet
rescatar: retten, bergen, wiederbeleben.

Was geborgen und wiederbelebt werden soll, muß zuerst
geortet und gefunden werden – dies in einem Land, in dem
Disziplinen wie Archäologie oder Geschichtsforschung bis
1979 auf wenige unkoordinierte Bemühungen beschränkt
blieben. Hinzu kommt, daß der zentralamerikanische
Raum seiner geographischen Lage und Beschaffenheit
wegen nur eine begrenzte Bedeutung hatte: Transitraum zu
sein, durch den die Landwege zwischen dem nördlichen
und dem südlichen Teil Amerikas sowie die Verbindungs-
wege zwischen den beiden Ozeanen führten. Kein idealer
Ort für das Entstehen kulturbildender Zentren.

Die vorliegenden Daten über die Frühgeschichte Nicaraguas sind ungenau, basieren vielfach auf Mutmaßungen:
Schätzungsweise ein halbes Jahrhundert vor den Spaniern,
die sich 1522 oder 1523 hier festsetzten, verirrten sich azteki-
sche Händler so weit in den Süden, die hier auf eine
Nahuatl sprechende Einwohnerschaft trafen. Diese war
allem Anschein nach ab dem ersten Jahrtausend vor unserer Zeitrechnung in drei Einwanderungswellen aus dem
Gebiet des heutigen Mexico gekommen.

Der Sage nach geht dieser Exodus auf den Untergang von
Tule zurück: Die Indios befragten ihre Götter, die ihnen auf-
trugen, in den Süden zu ziehen, bis sie einen See erreichen
würden, darin eine Insel mit Zwillingsvulkanen liege.

Auf der Insel Ometepe im *Gran Lago,* dem Nicaraguasee,
mit ihren weithin sichtbaren Vulkanen wurden im 19. Jahrhundert bislang undatierte Terracottaurnen gefunden.

Als historisch relativ gesichert kann gelten, daß zur Zeit
der vermutlich ersten Besiedelung Nicaraguas die Olmeken
auf der Halbinsel Yucatan andere indianische Völker domi-

nierten und diese nach Süden bis auf den Isthmus abdräng-
ten.

Die Stämme der Chorotegas, der Subtiavas, der Nahuas
(oder Nicaraguas) stießen dort auf halbnomadische Stämme
der linguistischen Gruppe der Macro-Chibcha, die aus dem
Süden kamen und nun zurück sowie nach Osten abgedrängt
wurden. Die Einwanderer aus dem Norden siedelten sich in
der fruchtbaren, leicht zugänglichen Pazifikebene an, wurden in der Folge ihrerseits von Nachkommenden verdrängt
sowie von neuen Migrationswellen aus dem Süden über-
rollt.

Schon die präkolumbianische Geschichte Nicaraguas ist
eine Kette von Völkerwanderungen, Unstetigkeiten – was
hier entstand war vorläufig. Hochkulturen sind allemal das
Ergebnis relativer Dauerhaftigkeit.

Der Völkermord der Conquista

Fray Bartolome de las Casas, der spanische Mönch, dessen
Aufzeichnungen wir die Kenntnis über den Völkermord der
Conquista verdanken, reiste in den Jahren 1532 und 1535
durch Nicaragua. In seinem »Kurzgefaßten Bericht von der
Verwüstung der Westindischen Länder« ist festgehalten:
»Im Jahre 1522 oder 1523 machte dieser Wütrich (Francisco
Hernandez de Cordoba, der erste spanische Gouverneur
Nicaraguas; d. Aut.) sich auf, die herrliche Provinz Nicaragua unter seine Botmäßigkeit zu bringen, und er kam auch
wirklich zur unglücklichen Stunde dort an. Wer ist wohl
imstande, die Fruchtbarkeit, das gesunde Klima, die Anmut, den Wohlstand und die außerordentliche Bevölkerung
derselben genugsam zu rühmen? Man mußte in Wahrheit
erstaunen, wenn man die Menge von Ortschaften be-
merkte, womit sie besetzt war. Sie schien sich auf drei bis
vier Meilen zu erstrecken und stand insgesamt voll herr-
licher Früchte; woher es denn auch kam, daß man ihre
Bewohner fast nicht zählen konnte. Dies Land war eben
und flach, mithin konnten die Bewohner sich nicht in die

Gebirge flüchten; es war auch so reizend, daß es ihnen viel
Kampf und Überwindung kostet, sich daraus zu entfernen.
Daher kam es, daß sie die größten Verfolgungen ertrugen
und noch ertragen. Wenn es nur irgend möglich war, so hielten sie die Tyrannei und Knechtschaft der Christen geduldig
aus; denn sie sind von Natur ein sanftes, friedliches Volk.
Erwähnter Wütrich verübte demnach unter diesen Leuten,
nebst anderen Barbaren, die er bei sich hatte, und welches
lauter solche waren, die ihm bereits ein ganzes Reich verwü-
sten halfen, solche Verheerungen, Mordtaten, Grausamkei-
ten, Plackereien und Ungerechtigkeiten, daß keines Menschen Zunge sie zu erzählen vermag. Er sandte ihrer funfzig
zu Pferde und ließ die sämtlichen Bewohner einer Provinz,
die größer als die Grafschaft Roussilon war, mit Lanzen dar-
nieder stoßen. Um der geringsten Ursache willen, ward
weder Mann noch Weib, weder Greis noch Kind am Leben
gelassen.«

Nachdem der Großteil der Ureinwohner Panamas von
den *Conquistadores* ausgerottet worden war, wurden die
Indios Nicaraguas dorthin verschleppt, um als Lastenkulis
auf dem *Camino Real* zwischen Atlantik und Pazifik bis zu
ihrem frühen Tode zu schuften. (Siehe Seite 204 ff.)

Die *Conquista* entvölkerte Nicaragua nahezu vollständig
– die Zahl ihrer Opfer geht in die Millionen.

Nicaragua ist mit seinen etwa drei Millionen Einwohnern noch immer ein relativ unterbevölkertes Land.

Mit der Conquista kam die Inquisition

Papst Nikolaus V. hatte 1454 dem König von Portugal die
Neue Welt zur Eroberung freigegeben – unter dem Vorwand
der Christianisierung. Ein zweites Mal schenkte 1493 Papst
Alexander VI. diesen Teil der Welt, der ihm nicht gehörte
und den er nicht kannte, an die Könige Ferdinand von Ara-
gonien und Isabella von Kastilien: »Wir befehlen Euch,
kraft heiligen Gehorsams, so Ihr es auch versprecht und
ohne Zweifel es aus Eurer großen Ergebenheit und Eurem

königlichen Großmut erfüllen werdet, daß Ihr nach jenen
Festländern und Inseln rechtschaffene und gottesfürchtige
Männer ausschicket, die klug, kundig und erfahren sind,
um die genannten Eingeborenen und Bewohner im katholischen Glauben zu unterweisen und sie gute Sitten zu leh-
ren, wobei Ihr in allem die gebotene Sorgfalt beachtet.«

Unter den Millionen von Opfern der *Conquista* befindet
sich ein großer Teil von Indios, die sich weigerten, in aller
Form zum Katholizismus überzutreten. Die Scheiterhau-
fen, auf denen man sie bei lebendigem Leibe verbrannte,
waren mit Sorgfalt errichtet worden – in Nicaragua ebenso
wie überall in der Neuen Welt.

Teufelszeug

An Managuas *Carretera sur* findet der Interessierte einen
reichlich vergammelten Nachtclub, von dem es heißt, seine
Angestellten stünden im Solde des Innenministeriums,
Abteilung Staatssicherheit. Nach Mitternacht wird dort
Striptease geboten. Wenn nach einer Reihe bemerkenswer-
ter Harmlosigkeiten doch noch alle Hüllen fallen, ist es derart dunkel im Etablissement, daß man kaum noch die
eigene Hand vor den Augen sehen kann.

An den öffentlichen Badestränden sieht man die Frauen
des Landes häufig mit voller Bekleidung ins Wasser gehen.
Von jenen, die einen Badeanzug tragen, ziehen sich die meisten darüber noch Shorts an.

Unter jüngeren Frauen aus begüterten Kreisen ist es
modern, mitunter ein Gymnastikstudio aufzusuchen – das
gilt vor allem für jene, die noch keinen Ehemann ihr eigen
nennen können. Anschließend pflegt man sich in die Sauna-
kammer zu setzen. Einige verweilen dort eine halbe Stunde
und länger ohne Unterbrechung – in der Wundergläubigkeit, an Ort und Stelle alle überflüssigen Pfunde zu verlieren. Ein gemischter Saunabetrieb ist undenkbar. Trotzdem
sitzen die Frauen unter sich, mit Badeanzügen bekleidet,
im eigenen Schweiß.

Eine durchschnittliche nicaraguanische Familie ist viel-
köpfig und umfaßt wenigstens drei Generationen. Doch
Ehemänner sind dabei eine Seltenheit. Sie sind zumeist
»abwesend«. Man erfährt vieles über das Leben solcher
Familien – von einer Scheidung erfährt man faktisch nie.

Daß eine Nicaraguanerin schon als 15jährige ihr erstes
Kind gebiert – dem dann noch bis zu einem halben Dutzend
weitere folgen – ist keine Seltenheit. Wenn die Zahl der
Väter nur geringfügig hinter jener der Kinder nachhinkt,
nimmt daran niemand Anstoß. Es deutet vieles darauf hin,
daß die Indios Zentralamerikas ein sehr freizügiges Sexual-
leben führten – eine Erklärung für die perversen Grausam-
keiten, mit denen die katholischen Unterdrücker gegen sie
vorgingen?

Den Spaniern genügte es nicht, die Indios zu enteignen,
zu versklaven und verschleppen, zu foltern und abzu-
schlachten. Ihre Kultur sollte ausradiert, ihre Seele und
Identität vernichtet werden: »Die indianischen Kulte, vor
allem das Menschenopfer, erschienen ihnen (den *Conquistadoren* und deren priesterlichen Begleitern; d. Aut.) wie
Teufelszeug. Indem sie diese Kulte, wo immer es möglich
war, zurückdrängten und ausmerzten, erklärten sie deren
Anhänger zu Menschen zweiter Klasse und beraubten sie
ihrer Identität«, schreibt der evangelische Theologe Hartwig
Weber in seinem Buch »Die Opfer des Kolumbus«. »Da sie
in ihrer Kultur nicht mehr wie selbstverständlich leben
konnten, mußten sie sich schließlich selbst verachten.
Indem sie das eigene geistige Leben nicht mehr ernst nehmen konnten, nahmen sie sich selbst nicht mehr ernst.«

Die Theologie des Todes

Vermutlich gibt es keinen Staat auf dieser Welt, in dem so
viele Priester in der Regierung und sonstigen einflußreichen politischen Positionen sitzen wie in Nicaragua. Zahlreiche Pfarrer sind Exponenten der Theologie der Befreiung.

Vermutlich existiert des weiteren in keiner Landeskirche eine solche Spaltung zwischen dem Teil des Klerus, der an der Seite der Revolution für sozialen Fortschritt kämpft, und der Kirchenhierarchie, mit der ein Mann wie der polnische Papst seine Freude haben kann, wie in jener Nicaraguas.

Nachdem Karol Wojtila den eitlen und selbstgefälligen Bischof Miguel Obando y Bravo zum gegenwärtig einzigen Kardinal Zentralamerikas befördert hatte, fuhr der von Rom aus zuerst einmal nach Miami, um dort vor der versammelten *Contra*-Prominenz ein Hochamt zu zelebrieren.

Obandos Hausideologe ist Pablo Antonio Vega, Bischof der von vielen reichen Viehzüchtern bewohnten Provinz Chontales. Laut dem Urteil der US-amerikanischen Sozialwissenschaftler der *Latin American Study Association* ist er ein Exponent der »Theologie des Todes«.

»Ein Mensch ohne Seele ist nichts wert, und ein Mensch ohne Körper lebt«, lautet eine von Vegas Überzeugungen. »Es gibt militärische Aggression, aber auch ideologische Aggression, und es ist offenbar schlimmer, die Seele als den Körper zu töten«, wie dies die Sandinisten täten.

Bartolome de las Casas empörte sich über den Brauch der *Conquistadoren,* zum Tode verurteilte Indios noch kurz vor ihrer Hinrichtung taufen zu lassen: »Ein lebender heidnischer Indio ist mehr wert als ein zum Christentum bekehrter und dann getöteter.«

Juan Gines de Sepulveda rechtfertigte im 16. Jahrhundert den Völkermord an schätzungsweise 40 Millionen Indios mit dem genau umgekehrten Argument: Es sei legitim, die Indios zu bekriegen und – falls nötig – sogar zu foltern, um sie zu unterwerfen und ihre Seelen zu retten.

Religiöse Feste

Am Kraterrand vieler Vulkane Nicaraguas ist ein Kreuz aufgepflanzt: Die Missionare der *Conquista* hatten die feuerspeienden Berge regelrecht getauft, weil sie meinten, solcherart endgültig die angestammten religiösen Bräuche der Indios ausrotten zu können, für die in den Vulkanen die Götter wohnten. Heute ist der Großteil der Nicaraguaner katholisch bis in die Knochen, und wenn am 7. Dezember *Purisima,* das Fest der Allerreinsten, mit mehr Pomp und Spektakel gefeiert wird als in jedem anderen Land Zentralamerikas, nehmen der sandinistische Präsident des Staates und der Vizepräsident aktiv an den Zeremonien teil, die von den Stadtteil-»Komitees zur Verteidigung des Sandinismus« (den nach kubanischem Vorbild installierten CDS) organisiert werden.

Das religiöse Leben vollzieht sich extrovertiert und scheint sich an äußeren Formen zu definieren. Die Priester besitzen ein hohes Maß an Autorität – solange sie sich im religiösen Rahmen bewegen. Wenn sie politisch im Sinne der USA zu agitieren beginnen, beschränkt sich ihr Rückhalt auf jene konservativen Schichten, die man zu keiner Zeit gegen die Sandinisten überzeugen mußte. Die Symbiose von Katholizismus und den Fragmenten indianischer Urreligionen wird besonders deutlich, wenn in Masaya das Fest des Heiligen Hyronimus, des Schutzpatrons der Stadt, von Akteuren in farbenprächtigen Kostümen mit Tänzen gefeiert wird, die unverkennbar in indianischen Kulthandlungen wurzeln. Solch religiöse Volksfeste finden am Namenstag des jeweiligen Schutzpatrons in allen Gemeinden des Landes statt. Sie sind ein Anlaß, um Gelübde zu erfüllen und – beispielsweise – auf den Knien den steilen Pfad zur Kirche hinaufzurutschen – aber auch, um in schmucklos zusammengezimmerten Arenen vor den Hörnern von Stieren Mut zu demonstrieren und sich bis zur Besinnungslosigkeit zu betrinken.

Diese Patronatsfeste sind weniger eine Verehrung des jeweiligen Heiligen als solchen. Die Anbetung gilt direkt der Statue, die den Patron darstellt. In Managua war dies lange Zeit jene des Heiligen Santiago – bis plötzlich einer solchen des Santo Domingo in einer Kirche am Stadtrand noch mehr Neigung zur Wundertätigkeit zugesprochen wurde.

Das brachte nicht nur einzelne Gläubige in Gewissens-
nöte, die nicht mehr wußten, vor welcher Statue sie ihre
bereits abgelegten Gelübde einlösen sollten. Auch der religiöse Fahrplan der Kirchenhierarchie geriet durcheinander.
Sie wollte kurzerhand die Verehrung des Santo Domingo
verbieten. Inzwischen hatte die Wundergläubigkeit jedoch
ein solches Ausmaß angenommen, daß ein gläubiger Bürger der Stadt die Statue vorübergehend aus der Kirche ent-
führte, die dann ohne den Segen des Klerus in einer Prozes-
sion nach Managua geschafft wurde.

Als derselbe Mann kurz darauf im Lotto eine größere
Summe Geldes gewann, blieb der Kirchenhierarchie keine
andere Möglichkeit, als sich zähneknirschend an die Spitze
der Santo-Domingo-Bewegung zu stellen.

Die sandinistische Stadtverwaltung läßt es sich seit dem
Sieg der Revolution angelegen sein, dieses Fest alljährlich
im August mit großem Aufwand zu organisieren.

La Prensa

Es stand in der »Prensa«: In einer Dorfkirche schwitze und
weine eine Marienstatue täglich. Das von der Witwe nach
dem unter Somoza ermordeten Verlegers Pedro Joaquin
Chamorro an den rechten Rand geführte Blatt des Bürgertums vergaß in seiner Berichterstattung über das neue
Marienwunder nicht, anzudeuten, daß man sich die Tränen
der Heiligen Jungfrau nur mit der Verzweiflung über die
Politik der Sandinisten erklären könne. Nüchternere Interessierte fanden eine andere Erklärung: Der im Geiste der
politischen Vergangenheit befangene Dorfpfarrer hatte die
Marienstatue allnächtlich in seiner Kühltruhe eingeschlos-
sen – worauf sie anderntags tatsächlich schöne Tränen und
Schweißtropfen von sich gab.

»La Prensa« ist längst zu einer unfreiwilligen Parodie auf
die »Bildzeitung« in spanischer Sprache verkommen. Man
tat der Zeitung mit der Verhängung eines zeitweiligen
Erscheinungsverbotes zuviel der Ehre an. Seit »La Prensa«

wieder täglich auf die Straße kommt, gibt es kaum eine Ausgabe, in der nicht in Fidel Castros abgelegter Unterwäsche gewühlt wird. Aus Chile wird mit unverkennbarer Zustimmung berichtet, daß die dortigen »Autoritäten« Telefone installieren würden, über die man anonyme Anzeigen »zur Vorbeugung terroristischer Handlungen« deponieren könne. Wenn es um das eigene Land geht, beklagt »La Prensa« lautstark »die Knebelung der Menschenrechte«.

Im Dezember 1987 erschien das FSLN-Organ »Barricada« mit der Parodie einer »Prensa«-Aufmachung auf der letzten Seite. Als »Letzte Meldung« wurde da beispielsweise im üblichen »Prensa«-Stil berichtet, daß der Präsident der USA, der »große und weise Führer des gesamten freien Westens«, überraschend an diesem Tag seinen Geburtstag begehe, woran sich eine schwülstige Huldigung schloß.

Anderntags opferte die »Prensa« eine ganze Seite, um diese »Fälschung« der »Barricada« mit ignoranter Weinerlichkeit anzuklagen.

Die absurdesten Gerüchte

Als 1985 in Nicaragua eine breite Debatte über die Inhalte der neuen Verfassung des Landes begann, meldeten sich Frauengruppen mit der Forderung nach Legalisierung der Schwangerschaftsunterbrechung zu Wort. »La Prensa« polemisierte als erste dagegen. Innerhalb der Sandinisten war man unentschlossen bis gespalten über diese Frage. Die Diskussion versandete. Doch die sandinistische Polizeichefin von Managua hatte zuvor erklärt, solange sie im Amt sei, werde keine Frau wegen einer Schwangerschaftsunterbrechung verhaftet.

Kurz darauf ging in manchen *Barrios* der Hauptstadt das Gerücht um, dunkle Mächte, die mit der Regierung im Bunde stünden, würden Kinder entführen, um ihnen das Blut aus dem Leibe zu saugen. Als schließlich eine ausländische Mitarbeiterin des Gesundheitsministeriums in einem der Slums von Managua, in denen sich das Lumpenproleta-

riat des ganzen Landes massiert, Kindern Blutproben entnehmen wollte, begann ein hysterischer Mob den Gesundheitsposten zu zertrümmern.

Die resolute Polizeichefin mußte persönlich ausrücken,
um die Menge mit donnernden Worten zur Räson zu bringen.

Es ist eine Lieblingsbeschäftigung der bürgerlichen
Opposition Nicaraguas, zu versuchen, mit Gerüchten Politik zu machen. »La Prensa« ist das Zentralorgan dieser
ansonsten vorrangig mit internen Konflikten beschäftigten
Opposition – ein Mitteilungsblatt für Gerüchte.

In einer Gesellschaft, für die vor noch nicht einmal zehn
Jahre die Phase der Aufklärung begann, entlarven sich nicht
einmal die absurdesten Gerüchte von selbst.

Somoza war so geschmacklos
wie die von ihm Beherrschten

In Managuas Nationalpalast, nun der Sitz der Finanz- und
anderer Behörden, sind mexikanische Künstler zugange,
um die bis dahin schmucklosen Wände von Fluren und
Treppenhäusern mit bunten Frescos zu versehen. Das
wuchtige Gebäude ist trotz seiner Unansehnlichkeit noch
das repräsentativste Bauwerk der Hauptstadt aus vorrevolu-
tionärer Zeit. Andere lateinamerikanische Diktatoren ließen für sich – mitunter obskure – palastartige Residenzen
und Regierungssitze errichten. In Nicaragua hausten und
herrschten die Somozas in nordamerikanischen Bungalows
und unterirdischen Bunkern. Der einzige Kulturbau aus der
Somoza-Ära, das Ruben-Dario-Theater in Managua, gleicht
einem Getreidespeicher. Davor steht ein Ruben-Dario-
Denkmal, das ein Dorfzuckerbäcker entworfen haben
könnte.

Die Mehrheit der Nicaraguaner zeigte und zeigt nicht
mehr Stil. Der Diktator war indes nicht geschmacksbildend
– er war nur so geschmacklos wie der Großteil der von ihm
Beherrschten.

Nicaraguas historische Bedeutung war die eines Transit-
landes. Die Nicaraguaner selbst sind kein besonders seßhaf-
tes Volk – viele von ihnen unter dem Zwang der Verhältnisse: Die unter den Somozas bis zum Exzeß entwickelte
Verdrängungsökonomie ließ aus der traditionellen Wander-
arbeiterschaft kein konsequent seine Interessen verteidi-
gendes Industrieproletariat in nennenswertem Ausmaß entstehen, und die Besitzer der großen Kaffee-, Baumwoll- und
Zuckerrohrplantagen weiteten mit jedem neuen Boom ihre
Anbauflächen aus, indem sie die bei ihnen verschuldeten
Kleinbauern von deren Land vertrieben. Für die *Campesinos* bedeutete dies im Regelfall die Notwendigkeit, neues
Land – zumeist in unwegsamen und unergiebigen Urwald-
gebieten – urbar zu machen und von der Subsistenzbewirt-
schaftung zu leben, bis sie sich ein neues Stück Land noch
tiefer im Urwald suchen mußten. Dazu kamen Interventionen von außen und immer wieder Bürgerkrieg.

Eine sich kontinuierlich entwickelnde Volkskultur konnte
unter solchen Bedingungen nicht entstehen: Das landesübli-
che Essen ist eintönig und einfallslos zubereitet, eine eigene
Landestracht existiert nicht. Von der Gestaltung der Gebrauchsgegenstände – nie, zum Beispiel, würde es einem
nicaraguanischen Straßenhändler einfallen, seinen Karren
kunstvoll zu bemalen, wie das in Costa Rica üblich ist – bis
zur Architektur wirkt alles vorläufig, provisorisch, zumindest
unfertig. Die architektonische Besonderheit Nicaraguas
besteht im absoluten Nichtvorhandensein einer solchen. In
der unteren Mittelschicht wird nicht in die Ausgestaltung des
eigenen Hauses investiert, sondern in Unterhaltungselektronik und Bekleidung, die wiederum die Übernahme fremder
Geschmacksmuster signalisiert. Und wo in der Oberschicht
Anläufe zur künstlerischen Bereicherung der Wohnumwelt
unternommen wurden, äußerten sich diese häufig in pfauen-
artig gestutzten Sträuchern, an die Zementmauern von Villen geklebte Säulenelemente aus Gips oder einer armlosen,
in Gips gegossenen Venus von Milo neben dem Portal.

Natürlich war eigenständiges ästhetisches Empfinden
schon zu Zeiten der Somozas gleichfalls zu finden – doch

faktisch nur in den Kreisen der verschwindenden Minderheit solcher vermögender Familien, die sich – fast immer
aufgrund ihrer Abstammung – an der kulturellen Tradition
Europas orientierten, zugleich aber eine starke Sensibilität
für das kulturelle Erbe Lateinamerikas entwickelten. Sie
sind es, die heute einen wichtigen Teil der sandinistischen
Intellektuellen stellen; etwa den Außenminister und Priester Miguel d'Escoto Brockmann, der die vermutlich größte
und wichtigste Sammlung zeitgenössischer nicaraguani-
scher Malerei besitzt, oder die Priester- und Ministerbrüder
Ernesto und Fernando Cardenal, deren Vorfahren zu den
ganz wenigen *Conquistadoren* von altem spanischem Adel
zählten, die sich in Nicaragua niederließen – ohne die Ver-
bindungen zu Spanien je ganz abreißen zu lassen.

Die »Mestizaje« wirkte nur zerstörerisch

Mit dem Sieg der Sandinisten wurde erstmals in der Geschichte Nicaraguas ein Kulturminister installiert: der
Mystiker, Poet und Priester Ernesto Cardenal.

Seine Politik orientierte sich an zwei Schwerpunkten: die
in der Masse der kleinen Leute, der Bauern, Arbeiter und
nunmehrigen Staatsangestellten schlummernde Kreativität
aufzustöbern und zu wecken sowie an die indianischen
Wurzeln des Landes anzuknüpfen. Manches an der nicaraguanischen Lebensart scheint tatsächlich neben den geographischen und historischen Besonderheiten im indianischen
Erbe seine Ursache zu haben.

Wir wissen, daß es sich bei sämtlichen architektonischen
Zeugnissen der hochentwickelten Indiokulturen – der
Inkas, der Mayas, der Azteken – um sakrale Bauwerke oder
Totenstädte handelt. Die Lebenden bauten die Wohnstät-
ten für sich selbst ohne große Umstände aus Holz. Nur die
Behausungen für die Ewigkeit mußten haltbarer und luxu-
riöser sein.

Von einer Hochkultur konnte in Nicaragua zu keiner Zeit
die Rede sein. Die auf der Insel Zapatera im *Gran Lago*

gefundenen Monolithe aus der Zeit der Besiedlung des Landes durch die Chorotegas sind von sehr simpler Ausführung, verglichen etwa mit den Maya-Stelen von Copan im benachbarten Honduras.

Von den geringen kulturellen Ambitionen jener *Conquistadoren* wiederum, die in Nicaragua seßhaft wurden, zeugt die Tatsache, daß die barocke Kathedrale von Leon, Nicaraguas architektonisch sehenswertestes Bauwerk aus der Kolonialepoche, weitaus schlichter und nüchterner ausgefallen ist als alle vergleichbaren Sakralbauten auf dem iberoamerikanischen Subkontinent.

Die *Mestizaje,* die Vermischung der weißen Eroberer mit den eroberten Indios, konnte hier noch weniger als anderswo in Lateinamerika eine kulturbildende Kraft hervorbringen und war nur wirkungsvoll in der weitgehenden Zerstörung des indianischen Erbes – in der Auslöschung der Identität der angestammten Bevölkerung.

Vaterlandsverkäufer

»Die Kinder der Unterworfenen mußten sich einerseits mit ihren Eltern und andererseits mit den weißen Unterdrückern identifizieren. Letzteres erforderte die Übernahme der Denkmuster und Wertorientierungen der Weißen. So führte die bikulturelle Identifikation zu einer in sich selbst tief gespaltenen Haltung. Haß gegenüber dem Aggressor und gleichzeitig Furcht vor seiner Überlegenheit zwangen die Eingeborenen in die kollektive Regression. Mit der eigenen Selbstentwertung ging die Aufwertung des Angreifers Hand in Hand«, schreibt Hartwig Weber in seinem Buch »Die Opfer des Kolumbus«.

»Als Folge bahnte sich die Übernahme seiner Vorstellungswelt, seiner Sprache, seines Denkens an. Die kollektive Anpassung der unterworfenen Indiogesellschaften an die Kultur der Weißen, die nicht etwa in naturgegebener Anpassungsbereitschaft der Einheimischen, sondern in der Realität der Gewalt und Unterdrückung begründet lag, muß auf die Dauer bei den Überlebenden zu kultureller und persönlichkeitsspezifischer Verarmung führen.«

Dieser Prozeß prägte in Nicaragua nicht nur die indianischen Objekte der spanischen Kolonialherrschaft, sondern auch die mestizische und kreolische nationale Oligarchie, die in der Folge an die Macht kam: Die konservativen Grundbesitzer auf der einen und die sich »liberal« nennende aufsteigende Händler- und Handwerkerklasse auf der anderen Seite führten eine Serie blutiger Bürgerkriege gegeneinander (die wiederum von der Unterschicht ausgefochten werden mußten), politisch und kulturell wirkten sie gleichwohl allesamt als Kompradorenbourgeoisie der neuen Großmacht USA. Was zur Folge hatte, daß Nicaraguas nationale Oligarchie keine nationale Identität und eigenständige Kultur hervorzubringen vermochte. Die Nicaraguaner standen zu dieser Zeit in Lateinamerika im Ruf, *»Vende patrias«* – Vaterlandsverkäufer – zu sein.

Der erste Versuch, nationale Souveränität und Würde zu erkämpfen, startete Augusto C. Sandino – ein Mann ohne klassenmäßige Bindungen, der als Wanderarbeiter bis Mexico gekommen war und schon daher einen weiteren Horizont besaß als der Großteil der Bourgeoisie – mit den *Campesinos* in den Bergen des Nordens: Kleinbauern, die in der Abgeschiedenheit ihrer Existenz noch am wenigsten der kulturellen Penetration von außen ausgesetzt waren.

Sandino wurde 1934 in Managua im Auftrag des ersten Anastasio Somoza ermordet, der sich zuvor beim örtlichen US-Botschafter rückversichert hatte.

Bevor die von Sandinos *Guerrilleros* faktisch geschlagenen US-Truppen aus Nicaragua abgezogen wurden, bauten sie die Nationalgarde als Instrument künftiger Einflußnahme auf und setzten Somoza als deren Kommandanten ein: Dieser brutale Aufsteiger, der zuvor in den USA als gemeiner Krimineller aufgefallen war, gefiel dem US-Botschafter, weil er die Flüche der Taxifahrer Chicagos beherrschte. Seine Exzellenz pflegte den Räuber und Mörder Somoza einen »Burschen von amerikanischem Stil« zu bezeichnen. Präsident Roosevelt fand später zur Formel: »Er ist ein Hurensohn – aber er ist unser Hurensohn.«

Wenn heute eine Vertreterin der US-amerikanischen extremen Rechten wie Ronald Reagans ehemalige UNO-Botschafterin Jane Kirkpatrick auf dem Areal der US-Botschaft in Managua den oppositionellen Teil des Bürgertums zu einer Party einlädt, werden vor diesem kleine Sternenbanner geschwungen. Ihre eigene Nationalflagge nehmen diese Nicaraguaner nicht einmal in die zweite Hand. Frau Kirkpatrick ließ sich von einem der Anwesenden die Schuhe küssen.

Die politische Kultur der Sandinisten – gewachsen in entbehrungsreichen Jahren in den Bergen und im Untergrund, getauft mit dem Blut Zehntausender Opfer des Befreiungskampfes – verbietet es ihnen, sich auch nur vorzustellen, daß die Party-Gäste der US-Botschaft jemals in diesem Lande an die Macht kommen könnten.

Vanguardia

Sandino war ein intelligenter Mann von analytischem Verstand und geistesgegenwärtiger Entschlußkraft, doch er war sicher kein Intellektueller im traditionellen Sinne. Nicaraguas Intellektuelle zur Zeit Sandinos und unmittelbar danach standen zumindest nicht aktiv an dessen Seite oder im Widerstand gegen Somoza. Erst als auch in Nicaragua jener Prozeß zu gären begann, der in den Sechzigern als internationale Studentenrevolte zum Ausdruck kam, sowie Fidel Castro und Che Guevara in Kuba Tatsachen gesetzt hatten, die ganz Lateinamerika fiebern ließen, entdeckte eine neue Generation von Intellektuellen Sandino wieder und für sich. Im Bewußtsein vieler einfacher Menschen in den Dörfern war er immer präsent geblieben.

Unter den wenigen Intellektuellen Nicaraguas der dreißiger Jahre keimte der chauvinistische Nationalismus des europäischen Faschismus. Sie formierten sich unter dem Namen *Movimiento de Vanguardia*. Diese »Avantgardisten«

brauten sich eine krause monarcho-faschistische Ideologie
aus Blut-und-Boden-Parolen zusammen und suchten einen
»Führer«, den sie nach ihren Gedanken formen könnten,
wie einer der damaligen Exponenten der *Vanguardia* unum-
wunden eingesteht – der heute über achtzigjährige, von den
Sandinisten mit vielen Ehrungen und Publikationen
bedachte Schriftsteller José Coronel Urtecho: »Wir waren
eine Gruppe von Burschen, die schrieben, sich aber auch in
der politischen Arena versuchten. In Wirklichkeit waren wir
Theoretiker, Literaten, die die Literatur sehr viel mehr als
die Politik interessierte. Die Politik interessierte uns nicht
an sich, aber hier ist es faktisch unmöglich, an ihr vorbeizu-
gehen … Die drängenden Fragen, was hier los sei, wohin
wir gehen, woher wir kommen, wer wir sind, für wen, mußten beantwortet werden, und wir haben versucht, sie aus
unserer Sicht zu beantworten.«

»Ich habe Sandino immer verstanden. Tatsächlich war ich
Sandinist, bis er ermordet wurde. Aber durch diese aristote-
lische Logik und den brutalen Maurrasianismus, der sogar
dazu fähig ist, die Sklaverei zu rechtfertigen, dem mensch-
lichen Denken eine solche Infamie plausibel zu machen,
dachte ich: ›Was bleibt, nachdem Sandino tot ist? Es bleibt
die Nationalgarde, und es bleibt Somoza. Das sind die Tatsachen, und mit diesen Tatsachen muß man das Land vor-
anbringen.‹«

»Wir entwickelten einen ganzen ideologischen Apparat,
um Somoza zu stützen: Wir haben einen Chef. Er ist vital.
Er möge immer an der Macht bleiben. Er möge gut sein und
zum Wohle des Volkes arbeiten. Das war unsere Logik. Tief-
gründig. Unsere Logik war bösartig, aber logisch. Es han-
delte sich um einen idealen Somozismus, der in Wirklichkeit nie existierte.«

Dem Diktator Somoza – grausam, pervers, aber von der
Schläue des geeichten Kriminellen – gefiel *Vanguardia*
selbstredend. Der junge José Coronel Urtecho avancierte
zum Deputierten, dann zum Vize-Erziehungsminister. Er
und seine Gefährten meinten, nun die Politik von Somoza
und dessen Klüngel beeinflussen zu können, auf daß der

Diktator zum Wohle des Landes wirke. Im Vorhof der Macht angelangt, mußten die Dichter und Denker allerdings erkennen, daß sie sich hinsichtlich der Besserungsfähigkeit und -absicht ihres »Führers« zu viel Illusionen gemacht hatten – sie sahen, worum es in den inneren Zirkeln der Macht tatsächlich ging:

»Stehlen, das Geld des Volkes stehlen, damit jeder von ihnen sich bereichern konnte. Der erste Chef bereicherte sich, der zweite Chef, der dritte Chef und dann alle kleinen Chefs, die kleinen Chefs der Familie Somoza und der Bourgeoisie, alle wollten sie sich bereichern, mehr und mehr und mehr. Bis wohin? Sie wußten nicht, bis wohin. Es ging ihnen nur darum, sich zu bereichern, auf wessen Kosten auch immer, indem man was auch immer verkaufte, seine Mutter verkaufte, seinen Vater verkaufte, seine Familie, sein Land, alles, alles, was man verkaufen kann, alles, was irgend jemand kaufen will, muß man verkaufen.«

Tienda diplomatica

Bis die USA Anfang der Achtziger gegen das sandinistische Nicaragua ein Handelsembargo verhängten, wurden an die drei Viertel des Außenhandels dieses Landes mit den Vereinigten Staaten getätigt. Nicaragua exportierte dorthin nicht nur Produkte wie Baumwolle und Kaffee sowie je nach der Quote, die von Washington zugestanden wurde, Zucker: Ganze Rinderherden gingen in Kühlschiffen in den Norden – einiges davon kam in Form von Corned Beef in Dosen wieder teuer zurück.

Obwohl in Nicaragua in Überfülle die herrlichsten Früchte wachsen, die sich einfach zu natürlichen Säften verarbeiten lassen, gilt ein Fruchtsaft höchstens dann etwas, wenn er aus einer importierten Dose fließt. Aufwendige Kompensationsgeschäfte mit Stacheldraht und Erdnüssen mußten arrangiert werden, um via Costa Rica und Panama an das Konzentrat zur Coca-Cola-Erzeugung heranzukommen. Die Cola-Abfüllanlage in Managua wurde früher vom

nachmaligen *Contra*-Häuptling Adolfo Calero geleitet. Inzwischen ist sie ein Staatsbetrieb – nach der Brauerei »Victo-
ria« der zweitrentabelste des Landes.

Die Damen aus Managuas besseren Kreisen pflegten sich
früher in den Supermärkten der Stadt zu treffen: Das
Warenangebot war zu Somozas Zeiten gut, und es herrschte
dort kein Gedränge. Nur wenige konnten es sich leisten,
vom Angebot Gebrauch zu machen.

In den Hauptstädten von Costa Rica oder Honduras kann
man solche Szenen noch immer beobachten: Höhere Hausfrauen, begleitet von einem Dienstmädchen, das den Ein-
kaufswagen schiebt und bisweilen auf Anweisung ihrer
Chefin etwas aus den wohlsortierten Regalen holt, treffen
in solchen Großläden ihre Freundinnen zum Klatsch,
wobei sie kaum durch anwesendes Volk gestört werden.

Die meisten der Supermärkte Nicaraguas sind nun ver-
staatlicht und nahezu immer überfüllt – dafür sind viele
Regale leer, und das Angebot kann keineswegs vielfältig
genannt werden. Die Sandinisten versuchen, von der bürgerlichen Kultur des Konsums zu profitieren, und haben
Devisenläden eingerichtet, in denen nicht lebensnotwen-
dige Importwaren gegen Dollar verkauft werden, die sich
die Reichen auf dem Schwarzmarkt und mit Auslandsge-
schäften beschaffen. Der Staat schöpft solcherart einen Gut-
teil der mehr oder minder illegal ins Land gekommenen
Devisen ab.

Der größte dieser Läden, Managuas *Tienda diplomatica*
– ein Supermarkt mittlerer Größe, wie es ihn in jeder deutschen Provinzstadt wenigstens dreimal gibt –, ist ein Ort des
gesellschaftlichen Lebens: Die Damen erscheinen mit
Schmuck behängt und in Schminke eingehüllt – was beides
nicht verbergen kann, daß die Oberschichtfrauen – wie
nahezu überall in Lateinamerika – faktisch durch die Bank
unbefriedigt und verhärmt sind. Es steht ihnen ins Gesicht
geschrieben, wie es um ihr Eheleben bestellt ist – und daß
jede von jeder weiß, mit welcher Geliebten sie gerade von
ihrem Ehemann betrogen wird. Die Körper drücken den
schleichenden Verfallsprozeß von Menschen aus, die sich

seit dem Tag gehen lassen, an dem sie es geschafft haben, geheiratet zu werden: Doppelkinn, nach vorne herabhängende Schultern, ein schlurfender Gang, der jeder Anmut entbehrt...

Die Männer hingegen: Selbst die Fettleibigsten treten auf wie ein *Torero,* dessen Glaube an seine Unwiderstehlichkeit ihm zur zweiten Natur geworden ist. Dazu spucken sie allerorten gurgelnd und glucksend aus, als signalisiere das die Unbezähmbarkeit eines Vulkans.

Man kann sich bei diesen Frauen nicht vorstellen, wie sie zu ihren Kindern gekommen sind – und bei diesen Männern nicht, wie sie zu einer Geliebten kommen.

Die wahre Ästhetik dieser Gesellschaft ist die Warenästhetik. Und die ist geschmacksbildend auch für die Mittelschicht. Ein einheimischer Taxifahrer, der in unserer Begleitung erstmals die *Tienda diplomatica* betrat, rief angesichts der zuhauf gestapelten Dosen und Tüten voller Cornflakes, Ketchup, Gemüse und Bier entzückt aus: »*Que belleza!*« – Welche Schönheit!

In Helmut Schebens instruktivem Aufsatz »Mais-Kultur und Weizenblockade« (veröffentlicht im Sammelband »Vulkan der Träume«; Frankfurt 1986) lesen wir: »Zwar mag für die herrschende Klasse der Somozaepoche ... zutreffen, daß sie ›keine eigenen Konzepte von Kultur hatte‹. Das Hauptproblem besteht jedoch darin, daß die von den USA importierten Produkte, die die eigene Kulturlosigkeit ersetzten, sich der Köpfe und Verhaltensweisen der großen Masse der Bevölkerung auf geradezu totalitäre Weise bemächtigt haben. Und wie soll man heute den mit Abfallprodukten der US-Unterhaltungsindustrie gefütterten Köpfen etwas Alternatives anbieten, wenn man nicht die finanziellen und technischen Mittel hat, eigenes zu produzieren?«

Telenovelas

»Kein einziger sozialer Sektor kann heute mehr der Mühle der Propagandamaschine entgehen, die aus den Transistorradios gleichermaßen die Vorzüge der freien Wahlen, die

christliche Unterwerfung und die Zauberkraft der schmerz-
stillenden Medikamente predigt«, schrieb 1973 – also sechs
Jahre vor dem Sturz Somozas – der nicaraguanische Schriftsteller Sergio Ramirez im Berliner Exil.

Inzwischen ist er der Vizepräsident des Staates und jeden
Tag selbst mit den Folgen dessen konfrontiert, was er
beschrieben hat. Nicaragua ist umstellt von leistungsfähi-
gen Sendeanlagen, über die US-Organisationen und deren
zentralamerikanische Hiwis ihre einfachen Propagandafor-
meln bis in die abgelegenste *Campesino*-Hütte trommeln.
Zwar arbeitet keine Sparte von Journalisten in Nicaragua so
professionell und kreativ wie die Radioreporter und gibt es
etliche regelmäßige Sendungen, bei denen Volkesstimme
live zu Wort kommt, doch es ist auch nicht zu überhören, an
welcher Konkurrenz man sich zu orientieren hat.

Wir sind mit einem *Batallon de lucha irregular* in den Bergen auf *Contra*-Jagd unterwegs. Bei Einbruch der Dunkelheit, nach einem beschwerlichen Marschtag, holen die
Wehrpflichtigen ihr Transistorradio aus dem Rucksack.
Jeden Tag zu dieser Stunde gibt es eine Wunschsendung für
die Soldaten der *Sandinistischen Volksarmee*. Zwischen den
Grüßen und Wünschen, die Frauen und Freundinnen verle-
sen lassen, wird Disco-Musik aus den USA und Europa
gespielt: »Life is live – da-daa-da-da-daa ... «

In den Städten des Landes ist das Fernsehgerät der Haus-
altar, in Bretterbuden ebenso wie in den Villen der Reichen.
Auch der Staatspräsident, heißt es, sei ein begeisterter Fern-
sehkonsument – wenngleich er dafür wenig Zeit hat. Ansonsten wird man kaum ein Haus betreten können, in dem
nicht zu jeder beliebigen täglichen oder nächtlichen Sende-
zeit auf Empfang geschaltet ist.

Dies gilt in erster Linie für jene Stunden, wo die täglichen
zwei *Telenovelas* laufen – Seifenopern à la »Dynasty«, nur
zumeist in Brasilien und noch schlechter gemacht.

Als die Sandinisten kurz nach dem Sieg der Revolution
versuchten, das Fernsehprogramm auf Kosten dieser Mach-
werke pädagogischer und informativer zu gestalten, ernte-
ten sie einen Sturm der Empörung, wie ihn die Aussetzung

einer angekündigten Präsidentenwahl nie entfachen könnte. Also kehrte man zum alten Schema zurück: »Das Publikum will eben seine täglichen zwei *Telenovelas*. Wir können den Leuten ja nicht mit Gewalt einen besseren Geschmack aufzwingen. So ein Prozeß braucht wahrscheinlich viel Zeit«, lautete dazu der resignierte Kommentar des Programmdirektors.

So orientieren sich weiterhin nicht nur viele Reiche, sondern auch Arme Nicaraguas am Lebensstil, der in den *Telenovelas* vorgeführt wird, wo gepflegte Menschen in teuren Kleidern und Villen aus dem täglichen Nahkampf in Karrieresachen und Liebesangelegenheiten als strahlende Sieger hervorgehen. Doch während sich die einen in Kosten stürzen, um zumindest ein wenig so zu scheinen, wie es dem Fernseh-Sein entspricht, kehren die anderen nach der letzten Einstellung zurück ins tatsächliche Leben, das für sie in erster Linie aus Problemen der Nahrungsmittelbeschaffung, plärrenden Kindern zwischen in der Wohnhütte frei herumlaufenden Hunden, Hühnern und – im günstigen Falle – einem Schwein sowie dem häufig betrunkenen und gewalttätigen – wenn überhaupt noch vorhandenem – Ehemann besteht.

Entweder hat er selbst etwas falsch gemacht, oder er hat schon wieder die falsche Regierung, muß sich der Mestize in seiner Holzhütte wohl denken, wenn er sein Leben mit dem der Menschen in den *Telenovelas* vergleicht. Und die sind – das wird ihm nicht entgehen – fast durchweg blondhaarig und hellhäutig.

Die Haltung gegenüber Gringos

Letztendlich hängt alles mit allem zusammen – nichts ist mit nichts vergleichbar: »Jede Form von Rassenhaß ist transformierter Klassenhaß«, formulierte der austromarxistische Politiker und Theoretiker Otto Bauer angesichts der zentraleuropäischen Nationalitätenproblematik zur Zeit der Jahrhundertwende.

Im Zentralamerika von heute ist eine höchst ambivalente Haltung der Einheimischen gegenüber den *Cheles* und *Gringos* – den hellhäutigen Fremden also – zu beobachten. Allein die Tatsache, daß ein solcher Mensch das viele Geld aufbringen konnte, um mit dem Flugzeug von weither gereist zu kommen, macht ihn zu einem Reichen – einem Überlegenen. Doch man fühlt sich ihm gegenüber auch benachteiligt – haßt ihn also dafür und versucht, mit welchen Methoden auch immer, so rasch und soviel wie möglich von seinem Reichtum abzuzweigen. Das gilt vor allem dann, wenn dieser Fremde des Spanischen nicht oder nur schlecht mächtig ist.

Die Vorstellung, daß andere Menschen von Natur aus eine andere Sprache sprechen, ist durchschnittlichen Zentralamerikanern nicht zugänglich: Sie werden nicht langsamer und deutlicher sprechen, einfacher formulieren, wenn sie ein Ausländer nicht versteht – sie überschütten ihn noch beim fünften Verständigungsversuch mit demselben von Dialektwendungen durchsetzten Wortschwall und halten ihr hilfloses Gegenüber schlicht für einen Idioten, der ihrer Logik nach auch nicht rechnen kann, wenn er ihre Sprache nicht versteht.

Wo beispielsweise ein arabischer Straßenhändler (das Produkt einer Kultur, die bei aller Fremdherrschaft nie in ihrer Substanz erschüttert wurde) gleich von mehreren Weltsprachen ein paar Brocken versteht und dazu in mehreren Währungen zugleich ohne jedes Hilfsmittel rechnen kann, setzt der saturierte zentralamerikanische Kaufmann voraus, daß jeder Kunde nicht nur seine Sprache, sondern auch seinen speziellen Dialekt versteht, und greift selbst dann zum Taschenrechner, wenn es nur zwei gerade Summen zusammenzuzählen gilt – wobei er lange brauchen wird, bis die richtigen Tasten gefunden sind.

Die einfache Marktfrau in Managua schafft es hingegen, gleich mehrere Positionen nur mit Hilfe ihrer zehn Finger zusammenzuzählen – und sich dabei allenfalls zu ihren Gunsten zu verrechnen. Drückt man ihr allerdings bei einer Rechnungssumme beispielsweise von 820 Cordoba zwei

Fünfhunderter und zwei Zehner in der Hoffnung in die Hand, einen glatten Zweihunderter zurückzubekommen, wird sie genauso wie der Großteil ihrer Landsleute verblüfft vor diesem Manöver stehen, dessen Sinn sie nicht erkennt.

»Abstraktes Denken ist den Menschen hier total fremd, und das wurde nie und wird noch immer nicht an den Schulen gelehrt«, faßt ein in Nicaragua tätiger Bauingenieur aus Hamburg seine Erfahrungen zu diesem Thema zusammen, die ihn erkennen ließen: »Unterentwicklung ist nicht nur die Abwesenheit materieller Güter.«

Dies alles sind Erfahrungsfragmente, die den europäischen oder nordamerikanischen Lateinamerikareisenden, der sich nicht um historische Zusammenhänge kümmert und ignoriert, wer die Kulturen der Ureinwohner dieses Subkontinentes zerstört und sie selbst versklavt hat, zur Überzeugung bringen, er habe es hier auf Schritt und Tritt mit Dieben, Lügnern und Faulenzern zu tun.

»Der Indio ... verteidigt sich gegen den Weißen durch Lüge, rächt sich durch Faulheit, läßt sich bezahlen durch Diebstahl«, lesen wir in Henri Favres Schrift »Changement et continuitè chez les mayas de Mexique« – eine logische Bilanz der Folgen von Kolonialismus und Imperialismus.

Nun sind in anderen Ländern Latein- und vor allem Zentralamerikas, in denen der Weiße Mann nur als Tourist, Geschäftsmann oder Militär auftritt, zumindest klare Fronten gegeben – im revolutionären Nicaragua erscheint er auch als Brigadist, *Cooperante, Internacionalista,* als einer, der es tatsächlich gut mit den Einheimischen meint, doch in eine Kultur kommt, die er nicht versteht, und eine Kultur repräsentiert, die nicht verstanden wird. Die Weißen in den *Telenovelas* sind anders als die langhaarigen jungen Leute in Latzhosen und Christus-Sandalen, die ein Nicaraguaner nicht einmal zum Karneval tragen würde. Man macht sich Gedanken über eine Revolution, die solche Leute anzieht – mögen diese noch so willig zur Kaffee-Ernte antreten.

Machismo

Der Mestize ist ein Kind der Gewalt. Was Alan Riding, lang-
jähriger Zentralamerika-Korrespondent der »Financial
Times«, in seinem Buch »Distant Neighbors« über die Mexicaner schreibt, gilt Wort für Wort auch für die Nicaraguaner:
»Das *Mestizaje* von Mexico begann mit der Paarung von Spaniern und Indianerinnen, wodurch die Geschlechterbezie-
hung sofort mit Vorstellungen des Betrugs durch die
Frauen und der Eroberung, Beherrschung, Gewalt und
sogar Vergewaltigung durch die Männer erfüllt wurde.
Ebenso wie der Eroberer dem Besiegten nie ganz trauen
konnte, muß sich der heutige *Macho* gegen Betrug wapp-
nen. So entsteht die Besessenheit des Spaniers von der
Ehre und aus der Erniedrigung des Indianers darüber, daß
ihm seine Frau mit Gewalt genommen wurde, die seltsam
verdrehte Form des mexicanischen *Machismo:* Während
der Spanier seine Ehre verteidigt, verteidigt der Mexicaner
seine wenig gefestigte Männlichkeit.«

»In der Praxis führt dies zur Anbetung des weiblichen Ide-
als, das sich im Bild der langmütigen, entsagungsvollen und
›reinen‹ Jungfrau von Guadalupe beispielhaft darstellt (und
was sich in Nicaragua am Beispiel des *Purisima*-Kults
beschreiben läßt; d. Aut.). Es wird von der eigenen Mutter
jedes Mexicaners verkörpert, denn sie ist die Lebensspen-
derin und deshalb unfähig zum Betrug. Andererseits muß
die Ehefrau, die als Sexualobjekt an der weiblichen Voll-
kommenheit nicht teilhat, erniedrigt werden, denn Treue
oder übermäßige Zuneigung des Gatten würden auf seine
Verletzlichkeit und Schwäche hindeuten. Mätressen geben
dem Mann die Möglichkeit, zu erobern und zu betrügen,
bevor er selbst betrogen werden kann. Der Groll der Ehefrau ihrem Gatten gegenüber verwandelt sich dann in
erdrückende Liebe zu ihrem Sohn, der sie seinerseits zum
weiblichen Ideal erhebt, aber als Ehemann dem Beispiel seines Vaters folgt.«

Der *Machismo* ist ein wesentliches Element jener Kultur
der Gewalt, die sich als Konstante durch die Geschichte

Nicaraguas zieht – und die von den Sandinisten bereichert wurde durch die Variante der befreienden Gewalt: Die olivgrüne Uniform der *Militares* und *Militantes* ist ein Ehrenkleid, das im neuen Nicaragua auch von vielen Frauen stolz – und wann immer das möglich ist – getragen wird.

Es gehört zu den Widersprüchen dieser Revolution, daß sie eine bevorzugte Projektionsfläche für verschiedenste europäische und nordamerikanische Gruppierungen ist, für die ansonsten jede Art von Militär ein Greuel darstellt: Anhänger unterschiedlichster linker Gruppen und alternativer Friedenskämpfer, missionarische Homosexuelle und kompromißlose Feministinnen. Sie alle wollen sich in dieser Revolution wiedererkennen und identifizieren sich dann in erster Linie mit jenem der neuen Revolutions-*Comandantes,* der mit seinem unleugbaren Charisma am ehesten dem Bild eines traditionellen lateinamerikanischen *Caudillo* entspricht: Innenminister Tomas Borge, dessen Gedichte in Polizeistationen ausgehängt sind und dessen – in der ihm eigenen Art von Poesie verfaßte – Aussage, wonach die Sicherheitskräfte»die Wächter über die Fröhlichkeit des Volkes« seien, über dem Portal seines Amtssitzes an die Wand gemalt wurde.

Tomas Borge war einer der Gründer der *Frente Sandinista de Liberacion Nacional.* Er verbrachte viele Jahre in den Kerkern Somozas, wurde bestialisch gefoltert – und eines Tages auf eine Müllkippe geführt, um dort die zerstückelte Leiche seiner ersten Frau zu identifizieren.»Unsere Rache wird es sein, zu verzeihen«, erklärte er nach dem Sieg über die Somozisten, als in Nicaragua die Todesstrafe abgeschafft wurde.

Es ist in Nicaragua ein offenes Geheimnis, daß dieser Mann landauf und landab keine Gelegenheit ausläßt, einen tätigen Beweis für die Tatsache abzulegen, daß seine Hoden alle Torturen schadlos überstanden haben. Wenn die sandinistische Frauenorgansation AMNLAE einen politischen Verbündeten sucht, wird zuerst Tomas Borge angesprochen, in dessen Umgebung im Innenministerium die attraktivsten uniformierten Frauen des Landes anzutreffen sind – die dort tatsächlich verantwortungsvolle Aufgaben übertra-

gen erhalten. Von denen manche überfordert zu sein scheinen, wie die aparte ehemalige Chefin der Zensurabteilung,
bei der man sich keinen Reim darauf machen konnte, nach
welchen Kriterien sie in den vom Oppositionsblatt »La
Prensa« vorgelegten Druckfahnen herumstrich.

Helmut Scheben schreibt in seinem bereits zitierten Aufsatz »Mais-Kultur und Weizenblockade«: »Der *Machismo* ist
das deprimierende Erbe von kultureller Entfremdung und
Sterilisierung. Die neue nicaraguanische Kultur wird sich
mit Sicherheit nur in dem Maße realisieren, in dem die
Avantgarde ... in der Lage sein wird, diese Form der Entfremdung abzuschütteln. Bilderstürmende Feministinnen
aus Europa mögen von den moderaten Positionen der
AMNLAE-Frauen bisweilen enttäuscht sein. Jedoch ist
allein die Tatsache, daß im vergangenen Jahr (1985; d. Aut.)
in den nicaraguanischen Zeitungen eine heftige Debatte
über die Abtreibung geführt werden konnte und daß in der
Zeitschrift der Sandinistischen Jugend (Somos) Verhü-
tungsmethoden beschrieben werden können, eine Revolution der politischen Kultur in Nicaragua und wäre es ebenso
in den meisten lateinamerikanischen Ländern.«

Hombre nuevo

Die Funktion des Intellektuellen ist gewöhnlich die des
Oppositionellen. Im heutigen Nicaragua gibt es höchstens
zwei nennenswerte Intellektuelle, die nicht deklariert an
der Seite der regierenden Sandinisten stehen – dies nicht
aus Opportunismus, sondern weil sie ein natürlicher
Bestandteil des revolutionären Prozesses sind, der von den
Sandinisten in Gang gesetzt wurde. Zum Teil gehörten
Intellektuelle wie der FSLN-Mitgründer Carlos Fonseca zu
den ersten sandinistischen Kadern, die aktiv den Guerrillakrieg gegen die Diktatur aufnahmen. Zum anderen Teil entwickelten sie ihr politisches Bewußtsein parallel zum quantitativen und qualitativen Wachstumsprozeß der *Frente Sandinista,* um schließlich ein Teil dieses Prozesses zu werden.

Für diesen Weg steht die Gruppe »Ventana« (Fenster), die sich in den Sechzigern um den Schriftsteller Sergio Ramirez sammelte und eine Zeitschrift gleichen Namens herausgab, die heute als wöchentliche Kulturbeilage der FSLN-Tageszeitung »Barricada« erscheint.

Wie im Europa der Fünfziger herrschte zu dieser Zeit in Nicaragua unter den Kunstschaffenden die Ansicht vor, künstlerische Betätigung müsse säuberlich von Politik getrennt werden, ein Künstler dürfe sich nicht mit derlei beschmutzen: »Zuerst sahen wir uns mit der These des ›Apolitischen der Kunst‹ konfrontiert«, berichtet Sergio Ramirez. »Wir meinten, daß die Realität der Unterdrückung, der Ungerechtigkeit, der sozialen Ungleichheit in der Kultur zum Ausdruck kommen muß. Wir haben natürlich akzeptiert, daß wir uns auch ausländischen Elementen öffnen müssen, aber wir sagten des weiteren, daß unsere Kultur, wenn sie bereit sein soll, diese ausländischen Elemente aufzunehmen, dynamische nationale Werte haben muß. Das heißt, die Tradition in Bewegung zu versetzen und von dieser Dynamik ausgehend eine Symbiose mit den fremden kulturellen Werten zu erzielen, wobei man der Gefahr der Selbstentäußerung entgeht.«

Sergio Ramirez, der den Großteil der Siebziger im Exil in Berlin und Costa Rica verbrachte, erzielte diese Symbiose für sein eigenes Werk vortrefflich: 1972 legte der damals 27jährige Autor mit seiner Sammlung von Parabeln »De tropeles y tropelias« (Von Massen und Macht) eine neue Dimension im Genre des Diktatorenromans vor, der zu dieser Zeit eine ganze Generation lateinamerikanischer Schriftsteller beschäftigte. Zugleich verfaßte er historisch-kritische Essays zur Geschichte Zentralamerikas und widmete sich der Herausgabe der Schriften Sandinos.

Die führenden Kader der *Frente Sandinista* entstammten fast durchweg jener schmalen städtischen Mittelschicht, die trotz der widrigen Bedingungen vom Geist der Aufklärung erfaßt war – was vielfach dem Einfluß des Freimaurertums zuzuschreiben war. Die jungen *Comandantes* erkannten somit die zentrale Bedeutung, die der Kultur bei der

Realisierung ihres Projektes des Aufbaus einer neuen
Gesellschaft – des »*Hombre nuevo*«, des neuen Menschen,
wie er Che Guevara vorgeschwebt war – zukommen mußte.

Sergio Ramirez, der bis zum *Triunfo* nicht als Exponent
der FSLN, sondern der bürgerlich-intellektuellen »Gruppe
der 12« galt, avancierte später zum Vizepräsidenten des Staates und zuvor bereits zum führenden kulturpolitischen
Theoretiker des neuen Nicaragua.

»Die Kultur der bis zum 19. Juli 1979 in Nicaragua dominierenden Klasse ist ein gescheitertes historisches Konzept;
diese Klasse ist am Aufbau eines authentisch nationalen
Systems in politischer, sozialer und kultureller Hinsicht
gescheitert ... Es hat authentische kulturelle Äußerungen
in Nicaragua gegeben, aber nicht infolge der kulturellen
Betätigung dieser Gruppen, sondern infolge der Dialektik
des Kampfes, zwischen einer im Volk verwurzelten Kultur,
die hervorbrechen will, und einer verkauften, kastrierten,
verkrüppelten elitären Kultur, die versucht, sie niederzuhal-
ten«, schrieb Ramirez 1980 in einem Aufsatz über »Die
Intellektuellen und die Zukunft der Revolution«. »Die neue
Kultur, die wir in Nicaragua aufbauen müssen, muß eine
Kultur mit tiefem volkstümlichem Inhalt sein, die eminent
volkstümlich ist. Wir müssen dem alten, verbrauchten Konzept der elitären Kultur, der wir bis heute auf die eine oder
andere Art unterworfen sind, das neue Konzept der Volkskultur gegenüberstellen.«

Ein solches Konzept führt leicht zu Mißverständnissen –
zu als volkstümlich gemeintem Revolutionskitsch, der durchaus passiert. Wogegen dann Sergio Ramirez als unnachsich-
tiger Kritiker aufzutreten pflegt: »In dem Moment, wo wir
zulassen, daß, weil es sich um eine Volkskultur, um eine
revolutionäre, eine offene Kultur handelt, alle Qualitäts-
maßstäbe aufgegeben werden, wenn wir vorgeben, daß die
Bedingung jeglicher Volkskultur der pamphlethafte, der
oberflächliche Ausdruck ist, negieren wir, was eine wahr-
hafte Volkskultur haben muß, die, gerade weil sie revolutionär ist, neue, authentische Anstöße geben muß.«

Die Jungen besitzen eine Perspektive

Aus dem Radio klingt ein Lied im Salsa-Rhythmus. Als
Refrain wiederholt die Gesangsgruppe immer wieder: *»Alfa-
betizacion es revolucion«* – Alphabetisierung ist Revolution.
Am Straßenrand wird auf einem riesigen Holzschild gewor-
ben: »Lesen ist entdecken«.

Die erste heroische Tat nach dem *Triunfo* war die Alphabetisierungskampagne: Wer immer lesen und schreiben
konnte, war aufgerufen, für einige Wochen in die abgelege-
nen Landesteile Nicaraguas zu gehen, das Leben der Menschen dort zu teilen und ihnen lesen und schreiben beizu-
bringen.

An die 50 000 Nicaraguaner folgten dem Ruf – zu einem
großen Teil waren sie selbst noch Schüler, und sie lernten
bei diesem Einsatz eine Wirklichkeit ihres Landes kennen,
von der sie zuvor nichts geahnt hatten.

Weit mehr als die Hälfte der Nicaraguaner waren bis 1979
Analphabeten. Folgen wir den im »Museum der Alphabeti-
sierung« zu Managua aushängenden Statistiken, ist diese
Geisel der Unwissenheit faktisch ausgerottet.

Tatsache ist: Fast alle Landesbewohner lernten im Zuge
dieser Kampagne Buchstaben zu entziffern – und viele von
ihnen haben es inzwischen wieder verlernt. Es wird von offizieller Seite nicht verschwiegen, daß der Analphabetismus
neuerlich zunimmt. Die Gründe dafür sind vielfältig, haben
aber alle letztendlich dieselbe Ursache: den von den USA
finanzierten und gemanagten Krieg der *Contra,* der seit 1982
alle Entwicklungsbestrebungen hemmt, auf vielen Gebieten zu Rückschlägen geführt hat.

Krieg und Embargo bedeuten Mangel an zivilen Gütern,
Einsatz der besten Kader nicht im zivilen Aufbau, sondern
in der militärischen Verteidigung.

Im heutigen Nicaragua mangelt es an allem. In den ersten
Jahren seit dem Sieg der Revolution wurden mehr Schulen
eingerichtet als in all den vorangegangenen Jahrzehnten
des Somozismus. Doch viele Bauern schicken ihre Kinder
nicht zur Schule – häufig, weil sie keine Schuhe haben.

Die wenigen Universitäten des Landes wurden für alle
Lernwilligen geöffnet. Doch das Niveau ist fatal niedrig. Es
gibt kaum Bücher, nahezu keine Kopierapparate – der
Hauptteil des Studienbetriebes geht dafür drauf, das Diktat
des Vortragenden mitzuschreiben.

Viele Staaten West- und Osteuropas stellen Stipendien
und Studienplätze für junge Nicaraguaner zur Verfügung.
Nur wenige von ihnen schaffen ein solches Studium –
wegen fehlenden Basiswissens, den Folgen der plötzlichen
Entwurzelung und des Kulturschocks...

Die besten Erfolge erzielen die Stipendiaten auf Kuba.
Dort hat man Erfahrung im Umgang mit Studenten aus der
Dritten Welt, führt sie in Aufbaukursen an die Universitäts-
reife heran – und weiß aus eigener Erfahrung den Widerspruch zwischen traditioneller lateinamerikanischer Lebensart und notwendiger Disziplin zu überwinden.

Die vor dem *Triunfo* in den USA oder von US-Dozenten
ausgebildeten nicaraguanischen Akademiker – vor allem die
Techniker – lernten nicht, ein Problem zu verstehen und
einen Lösungsansatz zu finden. Sie lernten, Gebrauchsan-
weisungen zu lesen und festzustellen, wann ein Gerät
durch ein neues ersetzt werden müsse.

René ist der jüngere Bruder einer der neun Revolutions-
kommandanten. Er ist einer der wenigen Nicaraguaner, die
bereits ein Studium in der Sowjetunion durchgestanden
haben – sieben Jahre lang hat er Nicaragua nicht gesehen. In
den wenigen Monaten seit seiner Rückkehr hat er eine steile
Karriere absolviert und agiert nun als eine Art Feuerwehr
für alles im Kabinett des Staatspräsidenten. Sein Arbeitstag
dauert vom Morgengrauen bis in die Nacht. Wenn es einem
gelingt, ihn zu erreichen, kann man sein Problem als faktisch gelöst betrachten. René findet immer einen Weg und
zeigt keine Scheu, Entscheidungen zu treffen – er ist damit
der exakte Gegensatz zum typischen Vertreter des Mittel-
baus der nicaraguanischen Bürokratie.

Man müsse Geduld haben und hart arbeiten, betont
René immer wieder – eine Generation sei gar nichts bei dem
Versuch, eine neue Gesellschaft aufzubauen.

Nicaraguas Gesellschaft ist jung – die Sandinisten sind eine Bewegung der Jungen. Die Tatsache, daß die Mehrheit der Bewohner des Landes junge Menschen sind, ist mit ein Grund dafür, daß die FSLN vorderhand jede Wahl gewinnen kann, solange die Stimmenauszählung nicht in den Händen der USA liegt.

Nicaraguas Revolution ist nicht zuletzt ein Generationenkonflikt: Eine Auseinandersetzung zwischen den Jungen, die es geschafft haben, den Diktator davonzujagen, und den Älteren, die ihn zwar auch loswerden wollten, sich aber doch immer wieder mit ihm arrangierten. Und dann glaubten die Honoratiorenpolitiker von gestern, die *Muchachos* würden nach ihrem Sieg einfach die Waffen beiseite legen und sich auf die billigen Ränge verweisen lassen. Dieses Mißverständnis mündete in neuen Allianzen zwischen den versprengten Resten der Somoza-Herrschaft und der ehemals antisomozistischen bürgerlichen Opposition, die zu keiner Zeit eine glaubwürdige Alternative darstellte.

Das Bewußtsein der meisten Jungen, das sie trotz Mangel und Rückschlägen an der Seite der Revolution ausharren läßt, sind kollektive Erfahrungen, die diese Revolution zur ihren machte – auch wenn sie nicht schon damals vor dem Sieg in den Bergen und im Untergrund dabei waren. Die Alphabetisierungskampagne wirkte als revolutionärer Kitt für alle, die an ihr teilnahmen. Den nächsten Schub an revolutionärem Zusammenhalt verdanken die Sandinisten den USA, die jenen Krieg entfachten, der zur Einführung der allgemeinen Wehrpflicht führte – ein Novum in Lateinamerika, dem Subkontinent der Berufsheere, die einen Staat im Staate darstellen, wie früher Somozas Nationalgarde in Nicaragua.

Nicaraguas heutige Armee ist der vermutlich wichtigste Erziehungsfaktor im Sinne der Sandinisten: Auf politische und allgemeine Bildungsarbeit wird nicht weniger Wert gelegt als auf militärische Ausbildung. Wer nach der zweijährigen Wehrdienstzeit in die Reserve entlassen wird, ist im Regelfall ein bewußter Parteigänger der Sandinisten –

und ein Mensch von höherer Arbeitsdisziplin, als sie gewöhnlich in Lateinamerika üblich ist.

Als die *Muchachos,* die 1979 siegreich in Managua einzogen, die Macht im Staate übernahmen, hatten die meisten von ihnen nicht viel mehr vom Leben kennengelernt als Guerrillakrieg. Einen Staat zu regieren, mußten sie erst lernen. Jene, die schon im Krieg die Anführer waren, haben dies inzwischen recht gut gelernt. Bei anderen braucht es länger; sie verschanzen sich hinter Bürokratismus und Untätigkeit. Die Zeit wird kommen, wo man auf sie verzichten kann.

Es gibt viele, die etwas lernen, die ihre Qualifikationen verbessern wollen. Die Abendlehrgänge für Berufstätige an den Universitäten sind überfüllt. Sogar exotische Fächer wie Chinesisch ziehen anfangs viele Hörer an – wenngleich nur wenige länger als ein Semester durchhalten: Wer nach seinem Dienst noch zur Universität kommt, muß mit wenig Schlaf auskommen – Managua ist eine über große Distanzen verstreute Ansammlung dörflicher Siedlungen. Die öffentlichen Verkehrsmittel sind überfüllt und überlastet. Der Heimweg nach dem Studium kann Stunden dauern. Wer morgens halbwegs pünktlich zur Arbeit kommen will, muß sehr früh unterwegs sein.

Worüber die meisten Älteren klagen und schimpfen, scheinen diese jungen Leute mit stoischer Gelassenheit auf sich zu nehmen. Nach den materiellen Verbesserungen der ersten drei Jahre nach 1979 wird auch für sie das Leben von Tag zu Tag schwieriger – doch sie sind erstmals die Herren in ihrem eigenen Land, und sie besitzen eine Perspektive, die ihnen die Revolution eröffnet hat: zum Beispiel die Möglichkeit, etwas zu lernen, zu studieren, mit einem Stipendium ins Ausland zu reisen.

Ein Land der Poeten

Ein Einbruch ist aufzunehmen. Der erste Polizist – später werden ihm weitere folgen – kommt mit dem Motorrad angefahren und hat eine großvolumige Schreibmaschine bei sich. Mit sechs Durchschlägen beginnt er ein Protokoll aufzusetzen. Die erste Seite füllt allein die Beschreibung von Zeit und Ort seiner Amtshandlung, dann werden alle Beteiligten und Betroffenen (da kein ausgesprochener Jugendlicher unter ihnen ist, schreibt der blutjunge Polizist: »Lauter ältere Personen«) mit einem gebührenden Auszug aus dem Stammbaum festgehalten. Bis er bei den Details der vorliegenden Tat angelangt ist, sind sechs Schreibmaschinenseiten gefüllt.

Das Ergebnis seiner Arbeit zu lesen kann durchaus ein literarisches Erlebnis genannt werden: Die wilde Jagd der Wörter prescht da über ein halbes Dutzend Seiten ohne Punkt und Komma dahin – in einem Atemzug, sozusagen. Der Text erinnert an einen Abschnitt aus Garcia Marquez »Hundert Jahre Einsamkeit« vor der Einführung einer verbindlichen Grammatik und Orthographie: das Schriftliche als phonetische Umformung des Gesprochenen.

Unser guter Ordnungshüter wird sich auf höhere Weisung noch zweimal an die Verbesserung seines Werkes machen – bis sich der Vorgesetzte selbst an die Schreibmaschine setzt und eine allen Regeln des geschriebenen Spanisch entsprechende Endfassung herstellt.

Wiewohl ein weithin analphabetisches, war Nicaragua schon immer ein Land der Dichter – der Poeten, um exakt zu sein. Poesie scheint hier einfach jeder zu verfassen, was sich viele normalerweise zwar nicht anmerken lassen – doch der Moment der Wahrheit kommt garantiert, wenn nächtens (am Wochenende kann es schon tagsüber sein) dem Rum und dem Bier zugesprochen wird. Wie fast alle Völker großteils indianischer Abstammung beherbergen die Nicaraguaner unter sich zwar viele ambitionierte Säufer, doch kaum begnadete Trinker: Man kann ihnen förmlich dabei zusehen, wie sie der Alkohol schon nach wenigen Gläsern aus den Angeln hebt.

Betrunkene sind hier besonders schwer abzuschütteln. Doch sie traktieren einen nicht immer nur mit dreckigen Witzen und Weibergeschichten, sondern mit Poesie – eigenen Werken.

Bis zum Sieg der Sandinisten blieb das weitgehend folgenlos. Ein Verlagswesen existierte faktisch nicht. Einzig
die »Banco de America«, die eine mit Somoza verfeindete
Kapitalfraktion repräsentierte, ließ einige historische und
kulturgeschichtliche Werke drucken, deren Aufmachung an
Qualität den Inhalt zumeist übertraf.

Nur wenige international bekannte Autoren wie Ernesto
Cardenal oder Sergio Ramirez wurden im Ausland verlegt.
Die anderen dichteten vor sich hin, ohne an Veröffentlichun-
gen auch nur denken zu können. Daniel Ortega verfaßte im
Gefängnis Verse darüber, daß er Managua nie gesehen hat,
als die Mädchen dort Minis trugen. Aus der Zeile heraus
lernte er über deren Lyrik seine nunmehrige Frau Rosario
Murillo kennen – eine Tochter aus gutem Hause, ausgebildet
in feinen europäischen Internaten, nun Generalsekretärin
des sandinistischen Künstlerverbandes ASTC. Eine nicht
untypische Verbindung in Managuas revolutionären Kreisen.

Seit 1979 wurden drei Buchverlage gegründet, die munter
publizieren, soweit Papier und Druckkapazitäten vorhanden sind. Bücher liegen für wenig Geld in den Supermärkten auf – und werden tatsächlich gekauft: von einem jungen
Leserpublikum, das kaum an ausländische Literatur heran-
kommt, für deren Import die Devisen fehlen.

Autorinnen wie Gioconda Belli und Daisy Zamora, beide
Entdeckungen der neuen Verlagsszene, rückten in die erste
Garnitur lateinamerikanischer Lyrik auf. Die Dichter pflegen öffentlich heftig über Literatur zu polemisieren, und
ruft einer von ihnen die »Krise der nicaraguanischen Lyrik«
aus, so wird der Beginn dieses Artikels auf der Seite 1 des
»Nuevo Diario« plaziert, einer pro-sandinistischen, gleichwohl unabhängigen Tageszeitung.

Hat einer der führenden Politiker des Landes keine eigenen Gedichte vorzulegen, so tritt er wenigstens mit theoretischen Schriften hervor. Man zeigt in der sandinistischen
Regierung wenig Neigung, sich die häufig von unverrück-
baren Vorurteilen ausgehenden Belehrungen durchreisen-
der europäischer oder nordamerikanischer Politiker anzuhö-
ren, die nicht einmal ihre Reden selbst verfassen.

Der erfolgreichste Erzähler: Omar Cabezas

In Nicaragua werden zwei Nationalhelden verehrt: Sandino, der *Guerrillero,* der gegen die *Yankees* kämpfte – und Ruben Dario, der Dichterfürst Lateinamerikas schlechthin (1867 bis 1916). Dabei lebte Dario zumeist außerhalb des Landes seiner Geburt. Das provinzielle Nicaragua bot ihm keine Möglichkeiten, sich zu entfalten – die fand er erst in Buenos Aires und Santiago, Städten mit einer liberalen Bourgeoisie und starken europäischen Einflüssen. Das typisch Lateinamerikanische sucht man in Darios Werk vergeblich: Er schrieb der spanischen Sonett-Tradition verpflichtet und beeinflußt von den französischen Symbolisten. Dazu führte er ein politisch höchst widerspruchsvolles Leben.

Der»revolutionäre Dichter«, als der er von manchem sandinistischen Kulturpolitiker im Übereifer hingestellt wird, war Ruben Dario sicher nicht. Doch sein Werk muß im heutigen Nicaragua nicht künstlich am Leben gehalten werden – es wird von den erstaunlichsten Leuten zu den erstaunlichsten Gelegenheiten zitiert.

Da paßt es gut ins Bild, wenn Nicaraguas gegenwärtig erfolgreichster Autor kein Dichter ist, sondern ein Geschichtenerzähler, obwohl – was noch hinzukommt – die Prosa im Regelfall sowohl bei den Schreibern wie bei den Lesern weitaus weniger populär ist als die Lyrik: Dem Heer der Poeten stehen nur wenige Erzähler von Rang gegenüber – Sergio Ramirez, Fernando Silva, José Coronel Urtecho, die alle kleine Formen der epischen Breite vorziehen, sowie schließlich der 1950 geborene Guerrillakommandant Omar Cabezas, dessen Kriegserinnerungen »La montaña es algo mas que una inmensa estepe verde« (auf Deutsch unter dem Titel »Die Erde dreht sich zärtlich, Compañera« erschienen) allein in Nicaragua mit seinen nicht ganz drei Millionen Einwohnern über 70 000mal verkauft und in alle Weltsprachen übersetzt wurden.

Dabei weiß jeder Interessierte, daß Omar Cabezas gar nicht selbst schreibt – er erzählt nur. Doch das so vorzüglich, daß nur jemand mitschreiben muß.

Für ein Land wie Nicaragua scheint dies eine geradezu charakteristische Art von Literatur und Literaturproduktion zu sein. Als Omar Cabezas – ein Kerl voller Saft und Kraft, der bisweilen bei der Beseitigung der Relikte des Somozismus derart individualistisch vorging, daß er einige Boliden aus dem Wagenpark des Diktators unfreiwillig in diversen Straßengräben parkte, was ihm einen politischen Karriereknick eintrug – bei einem PEN-Kongreß in New York auftrat, löste allein seine Erscheinung bei nickelbebrillten Unterschriftstellern mit dem Erfahrungshorizont von Pauschaltouristen nervöse Zuckungen aus: Nicaragua ist anders als der aktuelle Stand der Weltliteratur – die Literatur von Omar Cabezas ist ein typisches Stück Nicaragua.

Solentiname

Man kann sagen, das neue Nicaragua begann auf Solentiname. Der Weg dorthin ist noch immer weit und beschwerlich. Er führt entweder auf einem alten Kahn mehr als zwölf Stunden lang über den *Gran Lago* oder über schlechte Straßen durch tropische Regenwälder und Morast, wo mitunter Wegelagerer der *Contra* dem Reisenden auflauern, um den Nicaragua-See herum. Dort unten dann, ganz im Süden des Landes, wo der Rio San Juan in den See fließt, stößt der Besucher auf gut zwei Dutzend kleinere und größere Inseln: den Archipel von Solentiname.

Viele der Inselbewohner – Bauern und Fischer zumeist – sind davon überzeugt, daß sich hier das Paradies befunden habe. Rein äußerlich spricht nichts gegen diese Annahme. Diese in satten Grüntönen leuchtende, weithin noch unberührte, nur sparsam mit Äckern und Weiden durchsetzte Landschaft wirkt tatsächlich wie ein Garten Eden. Die Hütten, in denen die Menschen leben, sind einfach, klein, doch lichtdurchflutet und sauber.

Mitunter wird der Fremde bei seinem Rundgang auf Anzeichen eines neuen Wohlstands stoßen: gemauerte Häuser, davor am Steg ein Boot mit Außenbordmotor. Er sollte sich nicht wundern, wenn er von einem der Bewohner eines solchen Hauses angesprochen und gefragt wird, ob er Malereien zu kaufen gedenke – es ist die naive Kunst der Einheimischen, die Besucher anlockt und Geld auf die Insel gebracht hat.

Das begann damit, daß Ernesto Cardenal 1966 zusammen mit einem Freund aus dem Priesterseminar auf dem Archipel seine *Comunidad contemplativa* aufzubauen begann. Eine christliche Lebensgemeinschaft zusammen mit den Fischern und Bauern sollte entstehen. Die Intellektuellen aus der Stadt mußten bald erkennen, daß sie körperlich der bäuerlichen Arbeit nicht gewachsen waren, die sie sich vorgenommen hatten. So kam es umgekehrt: Viele Bauern wurden im Zweitberuf Künstler.

Ernesto Cardenal erinnert sich: »Ich war gerade erst nach Solentiname gekommen, als ich einige *Guacales* (Kürbisschalen, die als Trinkgefäße benützt werden; d. Aut.) sah, die von einem Bauern bearbeitet und bemalt worden waren – ich erinnere mich an eine gitarrespielende Sirene auf einem von ihnen – und ich dachte, der könnte ein guter Maler sein. Wir gaben ihm Papier und Buntstifte, und bald brachte er uns hübsche naive Zeichnungen. Später kam ein junger Maler aus Managua nach Solentiname, Roger Perez de la Rocha, und gab ihm Ölfarben, und der *Campesino* malte ein hübsches primitives Bild, das sich sofort in Managua verkaufte. Das war Eduardo, unser erster Maler. Andere Bauern, die ihn malen sahen, baten auch um Ölfarben, und auch sie malten schöne Bilder. Schließlich versuchten es immer mehr, und so kam es, daß wir zu einer regelrechten ›Schule‹ primitiver Malerei wurden. Die Bilder wurden in der *Escuela de bellas artes* in Managua ausgestellt, und alle wurden verkauft. Später wurden sie in New York, in Paris, Deutschland, Schweiz und verschiedenen lateinamerikanischen Ländern ausgestellt und verkauft.«

Der Archipel wurde unter der Anleitung von Ernesto Cardenal nicht nur zu einem ersten Zentrum der neuen Volkskunst Nicaraguas, sondern auch zu einem Vorposten der Revolution: Hier entstand im kleinen Rahmen eine neue

Gesellschaft – etliche junge Männer zogen aus, um sich am
Kampf gegen den Diktator zu beteiligen. Einige von ihnen
bekleiden heute wichtige politische und militärische Funk-
tionen im sandinistischen Nicaragua.

Das Markenzeichen Solentinames ist jedoch die naive
Kunst: Die bunten primitiven Bilder mit Motiven aus dem
Leben und der Arbeit der Bauern und Fischer – sie notieren
am internationalen Kunstmarkt längst mit steigender Tendenz. Bessere Arbeiten werden nur noch gegen Dollar verkauft, viele Maler sind faktisch längst zu Profis geworden
und haben in Managua einen Zweitwohnsitz aufgeschla-
gen, um dem Markt für ihre Ware näher zu sein.

Das Beispiel machte Schule: Überall im Lande traten
naive Maler hervor, und mancher professionelle Maler sat-
telte auf naiv um, während sich andere bildende Künstler,
die seit langem darum bemüht sind, eine eigenständige
Form der zeitgenössischen Malerei zu entwickeln (die
Anleihen bei europäischen und nordamerikanischen Vorbil-
dern in Verbindung mit Signalen, die in der industrialisier-
ten Welt als typisch lateinamerikanisch oder tropisch gelten,
sind unübersehbar), an den Rand gedrängt und mißachtet
fühlen, angesichts der Dominanz der Naiven.

Der latente Konkurrenzkampf zwischen Ernesto Cardenals im Frühjahr 1988 mit dem Erziehungsministerium
fusionierten Kulturministerium und Rosario Murillos
ASTC (Asociacion sandinista de trabajadores culturales),
der bis weit in den Bereich gegenseitiger persönlicher Vorbehalte gedieh, hatte seinen Ursprung nicht zuletzt in den
unterschiedlichen kulturpolitischen Vorlieben der beiden
Protagonisten.

Rosario Murillo, die rührige Generalsekretärin

Rosario Murillo ist eine mondäne Erscheinung und zum
Ärger etlicher aus prinzipiellen Gründen stets in Sack und
Asche einherziehender europäischer Revolutionstouristin-
nen eine Frau, die sich – für die Augen biederer Gemüter –

eigenwillig bis auffällig zu kleiden pflegt. Und sie ist in hohem Maße aktiv – das können auch ihre Gegner nicht leugnen: Neben der Erziehung von wenigstens acht Kindern und der Wahrnehmung der Repräsentationspflichten einer Präsidentengattin fungiert sie – nicht nur auf dem Papier – als Herausgeberin der »Barricada«-Kulturbeilage »Ventana« sowie – und das vor allem – als umtriebige Kulturmanagerin im internationalen Maßstab.

Rosario Murillo besorgt im Ausland Materialien, die den nicaraguanischen Künstlern erst deren Arbeit ermöglichen, sorgt für deren Präsentation außerhalb der Landesgrenzen und holt nach Nicaragua, was die Welt an unterschiedlichsten Kulturangeboten zu bieten hat. Da kommt eine Truppe des Bolschoi-Balletts zu einem mehrtägigen Gastspiel in Managuas Ruben-Dario-Theater (wo die Person am Kartenvorverkaufsschalter absolut nichts mit der Frage anzufangen weiß, welches Programm an welchem Abend geboten werde) aus der Sowjetunion angereist, und zum Jahrestag des *Triunfo* trägt vor der Rede des Staatspräsidenten der Country-Sänger Chris Christophersen aus den USA einen nicht eben geglückten Hymnus auf die Sandinisten vor.

Das einheimische Publikum staunt dann, was es so alles gibt, und die rührige Generalsekretärin ist davon überzeugt, mit solchen Aktivitäten dem Provinzialismus in ihrem Lande entgegenzuwirken, sowie Freunde der sandinistischen Revolution im Ausland zu gewinnen, auf deren Stimme man dort hört: »Der Imperialismus ist eine Sache, das Vorbild der Musik von Diana Ross eine andere. Das Überstülpen fremder Kultur ist eine Sache, aber Louis Armstrong, Janice Joplin, Chick Corea eine andere. Daß die lateinamerikanische, daß unsere Musik gefördert wird, ist eine Sache, die Klassiker, die Beatles, die Rolling Stones zu hören eine andere. Die Einflüsse von außen nicht gleich grundsätzlich abzuweisen aus einem starren Nationalismus, darf nicht als ›imperialistisch‹ abgetan werden. Wir brauchen sie, auch zur Entspannung, für unsere Feste.«

Ernesto Cardenals Kulturpolitik

Ernesto Cardenals Vision von Nicaragua ist wohl die eines Solentiname, das sich über das gesamte Land erstreckt. Das Ziel seiner Kulturpolitik für dieses Nicaragua ist die Hervorbringung einer Volkskultur, wie sie auf Solentiname wuchs, wo man scheinbar geschichts- und kulturlose Bauern und Fischer nur ein wenig anregen und anleiten mußte, bis sie zu ihrer eigenen Form des Ausdrucks in Malerei, Poesie und Schnitzerei, bis sie zu jenen Inhalten fanden, die für ihr Leben wichtig sind. Wo allem Anschein nach nichts war, nie etwas gewesen ist, begann künstlerische Kreativität zu wuchern, die letztendlich die Lebensbedingungen der Menschen keineswegs nur in materieller Hinsicht verbesserte.

Ausdruck dieser Kulturpolitik sind die Volkskulturzentren, die der langjährige Kulturminister und nunmehrige Vorsitzende des Nationalen Kulturrates mit viel Phantasie – weil wenig vorhandenem Geld – im ganzen Land aus dem Boden stampfen ließ: Dort versuchen sich Laien als Schauspieler in Szenen und Stücken, die sie selbst erarbeiten. Andernorts oder zu einer anderen Zeit steht Töpferei auf dem Programm. Mitunter entwickeln sich aus solchen Initiativen ständige Einrichtungen mit steigendem Qualitätsbewußtsein. Andere Versuche verharren im Zustand des Dilettantismus und schlafen wieder ein, sobald ein, zwei wichtige Anreger nicht mehr zur Verfügung stehen.

Im Sinne von Ernesto Cardenal soll Kultur nicht nur für jeden da sein, sondern auch von jedem gemacht werden. Vor allem hat der Dichter im Kulturministerium das Diktum vom »Volk der Dichter« durchaus wörtlich genommen und im ganzen Land sogenannte Dichterwerkstätten eingerichtet, um die einfachen, häufig gerade erst alphabetisierten Bauern und Arbeiter, Soldaten und Polizisten an die Dichtkunst heranzuführen. Als Richtlinien gab er ihnen vor: Benutze keinen Reim, sei so konkret wie möglich (ein Baum, zum Beispiel, ist eine Palme), benutze viele Eigennamen (Städte, Flüsse), schreibe, wie du sprichst, meide Gemeinplätze und Klischees, sei sparsam mit Wörtern.

Zumindest die Absage an den Reim provozierte Widerspruch im Vaterland Ruben Darios – von seiten der Intellektuellen. Ernesto Cardenal beeilte sich, festzuhalten, er habe den Menschen nur klarmachen wollen, daß sich etwas nicht reimen müsse, um ein Gedicht zu sein – und nicht alles ein Gedicht sei, das sich reimt.

Was in den Dichterwerkstätten produziert wird, ist – naturgemäß – von abgrundtief unterschiedlicher Qualität. Doch es kommt vor, daß Leute, die nie mit dem Anspruch auftraten, ein Dichter zu sein, originelle Gedanken auf originelle – also durchaus literarische – Weise formulieren: daß sich Menschen von scheinbar kultureller Bedürfnislosigkeit als Folge solcher Anregungen ihr Erleben und Empfinden bewußt und formulierbar machen – sich vielleicht sogar konkrete Ziele einer neuen Qualität des Lebens vorgeben.

Carlos Mejia Godoy, der populärste Musiker

Carlos Mejia Godoy, der die FSLN in dem 1984 gewählten Parlament Nicaraguas vertritt, ist das musikalische Aushängeschild seines Landes. Er konzertiert alljährlich einige Wochen im überseeischen Ausland und tritt ansonsten nahezu jedes Wochenende bei einer anderen Veranstaltung in den Städten und Dörfern Nicaraguas auf. Wenn die *Frente Sandinista* ihren Gründungstag zelebriert, hebt der Komponist der FSLN-Hymne eine Ballade für Solisten, Chor und Orchester auf den FSLN-Gründer Carlos Fonseca aus der Taufe; wenn die Exilanten aus El Salvador die in Managua lebenden Devisen-Verdiener zu einer Benefizveranstaltung bitten, ist der Volksmusiker als *Mariachi*-Interpret zur Stelle – jener für Zentralamerika typischen Form von Liedern, deren Texte wie jene der alpenländischen Gstanzl zum Teil aus spontanen Anspielungen auf aktuelle Vorkommnisse bestehen und zu einer sich weitgehend ständig wiederholenden, von Akkordeon- und Gitarrenklängen dominierten Melodienfolge gesungen werden.

Carlos Mejia Godoy hat viele Lieder geschrieben, die
man in Europa wohl der Tradition des Chansons zurechnen
würde, wie man es vom Chilenen Victor Jara kennt: in ihrer
Grundstruktur durchaus konventionelle Kompositionen,
deren spezifisch lateinamerikanischer Charakter vom mehr-
fachen Rhythmuswechsel bestimmt wird – vor allem aber
von der melancholischen und zugleich kämpferischen Stimmung, die sie vermitteln.

Diese Musik kommt den zeitgenössischen Hörgewohn-
heiten entgegen, wie sie von einer weltweit operierenden
Medienindustrie bestimmt werden – und sie ist trotzdem
unverwechselbar eigenständig; ein Stück kultureller Identität in jenem musikalischen Einheitsbrei, den die multi-
nationalen Konzerne der Unterhaltungsbranche auch über
die gesamte Dritte Welt ergießen. Aber konventionell
genug, um überall auf der Welt verstanden zu werden.

Luis Enrique Godoy, Carlos' Bruder, macht es seinen
Zuhörern schwerer: Er vermischt verschiedene avantgardi-
stische Ansätze mit traditioneller lateinamerikanischer
Musik und experimentiert, indem er das Folkloristische
artifiziell verfremdet.

Es gibt keine andere Form künstlerischen Ausdrucks, die
den Geist und den Charakter der sandinistischen Revolution stimmiger ausdrückt als die Musik der Brüder Mejia
Godoy – was immer das im Hinblick auf die Qualität dieser
Revolution bedeuten mag.

Herz und Liebe

Anibal ist 14 Jahre alt und hätte das Talent, ein erstklassiger
Geiger zu werden. Davon ist zumindest seine deutsche Leh-
rerin an der Musikschule in Managua überzeugt. Seiner
musikalischen Entwicklung steht der Umstand im Wege,
daß er zumeist übermüdet zum Unterricht kommt: Anibal
zieht Nacht für Nacht als Mitglied einer *Mariachi*-Gruppe
von Restaurant zu Restaurant. Für seine Eltern geht das
vor: Das nächtliche Gitarrespielen des Halbwüchsigen in

den Wirtshäusern ist eine wichtige Einnahmequelle für die Familie.

Wer sich am Abend in einem der öffentlichen Lokale Managuas niederläßt, wird zumeist keine zehn Minuten warten müssen, bis eine *Mariachi*-Gruppe mit dem Angebot an seinen Tisch tritt, gegen Bezahlung einige Lieder darzubieten. Endet eine nächtliche Exkursion im Garten des »Munich«, wo sich nach der Sperrstunde der meisten anderen Restaurants und Bars jeden Tag gegen Mitternacht eine höchst gemischte Gesellschaft zusammenfindet, so kann der Fremde das Phänomen erleben, daß die Zahl der anwesenden Zecher von jener der Musiker überschritten wird, die auf Neuankömmlinge lauern, um ihnen etwas vorzusingen.

Die meistverwendeten Worte in diesen Liedern lauten *corazon* und *amor:* Herz und Liebe. Will ein von revolutionärem Elan erfüllter Ausländer die Ballade vom Aufstand in Monimbo oder eines der vielen anderen Lieder hören, die zur Zeit des Kampfes gegen Somozas Nationalgarde entstanden, so darf er nicht damit rechnen, daß die *Mariachi*-Sänger den gesamten Text beherrschen. Gegen Bargeld werden sie dem *Gringo* seinen ausgefallenen Wunsch durchaus zu erfüllen versuchen – doch mit dem Engagement, zu dem eine bayerische Blaskapelle fähig ist, wenn sie durch besondere Umstände dazu gezwungen wird, die Internationale zu intonieren.

Die Lieder aus der Kampfzeit überleben konserviert auf den Schallplatten und Kassetten, für die abreisende Ausländer auf dem Flughafen Managuas ihre übriggebliebenen *Cordoba*-Bestände ausgeben.

Zwar gehört ständige Musikberieselung zum Inventar einer nicaraguanischen Gaststätte ebenso wie zu einer durchschnittlichen Privatbehausung. Doch was aus Radios und Kassettenrecordern klingt, ist verwechselbare Disco-Musik, wie man sie überall hören kann, wohin die langen Arme der Unterhaltungsindustrie auf der Welt reichen: Hier allenfalls mit einem spanischsprachigen Text unterlegt und von einer lateinamerikanischen Gruppe interpretiert, deren

Herkunft daran erkennbar ist, daß sie die Taktfolge ständig
wechselt.

Verirrt sich der Fremde am Sonntag in das vom Erzbischof zelebrierte Hochamt, wird er dort die im Grunde gleiche Musik hören – nur, daß der nordamerikanische Einfluß
hier zum Lob des Herrn und seines bischöflichen Hirten
hörbar wird. Dazu faßt sich die Gemeinde der Gläubigen an
den Händen und vollführt schunkelartige Bewegungen.
Der Europäer erinnert sich, solches bei den Shows der
US-Fernsehprediger gesehen zu haben.

Um klassische sakrale Musik zu hören, muß der Liebhaber von Bruckner und Bach, Haydn und Mozart die Fre-
quenz eines vom sandinistischen Kulturministerium betrie-
benen Radiosenders suchen: Die Aufnahmen sind zumeist
alt, die Schallplatten zerkratzt, und das Angebot an Klassi-
kern wird von der Verfügbarkeit der Werke diktiert. Einem
glaubhaften Gerücht zufolge betreut dieses Musikpro-
gramm ein kultivierter älterer Herr von seiner Wohnung
aus, die ihm als Sendestudio dient. Mitunter vergehen
einige Minuten, bevor eine Platte gewechselt wird. Dann
sind schon manchmal Hintergrundgeräusche zu hören, die
nach Hausarbeit klingen.

Die Miskitos

Tausende dunkelhäutige Körper wiegen sich zum Klang
karibischer Musik auf den Straßen und Plätzen von Bluefields: *Palo de mayo* ist an Nicaraguas Atlantikküste angesagt – wörtlich übersetzt: Maibaum. Man kennt dieses heid-
nische Fruchtbarkeitssymbol auch in alpenländischen
Regionen Europas. Doch hier, an der karibischen Küste
Zentralamerikas, wohin es zahlreiche geflüchtete und ver-
schacherte Sklaven afrikanischen Ursprungs verschlug,
deren Vorfahren auf die karibischen Inseln verschleppt worden waren, ist dieses alljährlich im Mai stattfindende Fest
eine Mischung aus Karneval und getanzten Fruchtbarkeits-
ritualen, die an sexueller Deutlichkeit wenig zu wünschen

übriglassen. Tritt eine solche Folkloregruppe von Schwarzen aus Bluefields in einer der Städte auf der pazifischen Seite Nicaraguas auf, wird eine harmlosere Variante dieser Tänze dargeboten. In der westlichen, vom katholischen Spanien kolonialisierten und vorwiegend von Mestizen bewohnten Hälfte Nicaraguas ist die sexuelle Freizügigkeit undenkbar, die unter den Schwarzen, Mulatten und Garifonos des Ostens einer natürlichen Lebenshaltung entspricht.

Sie sind ohnedies nur wenige: Zwar macht die Atlantikküstenregion mit ihrem Hinterland tropischer Regenwälder, in denen die einzigen Verkehrswege die Flüsse sind, an die Hälfte des Territoriums des Staates aus – in der jedoch nicht einmal zehn Prozent der Staatsbevölkerung leben. Und die sind nur zu einem Teil negroid. Es gibt dort auch aus dem Westen zugewanderte Mestizen sowie Indios: die Miskitos, die Sumu und die Rama.

Von den beiden zuletzt genannten Stämmen existieren nur noch wenige tausend Menschen – sie wurden nahezu zur Gänze ausgerottet, als die Miskitos hier als Handlanger der britischen Machthaber über die anderen Ethnizitäten herrschten.

Heute sind diese Miskitos bevorzugte Projektionsobjekte europäischer und nordamerikanischer Verklärungskünstler auf der Suche nach den edlen Wilden, die vor der sandinistischen Revolution geschützt werden müssen. Die Wahrheit ist komplizierter und zugleich einfacher: Nicaraguas Atlantikküstenregion wurde nie von den Spaniern erobert und nie wirklich von der Regierung in Managua in den Gesamtstaat integriert. Nach den Briten, die zur Absicherung ihrer karibischen Inselkolonien auf dem zentralamerikanischen Festland Brückenköpfe bildeten – und sich dabei der Miskitos bedienten –, kamen protestantische Missionare der mährischen (deutschen) und dann der moravischen (nordamerikanischen) Kirche, die nachhaltig in das kulturelle Gefüge der Küstenregion eingriffen. Die ohnedies bereits domestizierten, zugleich aber brutal die anderen Stämme und Volksgruppen unterdrückenden Miskitos nahmen mehrheitlich die puritanische und obrigkeitsfixierte

(also ausländische Einflüsse fördernde) Religion der Weißen aus dem Norden an und lebten schließlich in der Haupt-
sache als Subsistenzbauern und Fischer, als sich die Koloni-
almächte zurückzogen und die wechselnden Regierungen
in Managua diesen Teil des Staates weitgehend sich selbst
und US-Konzernen überließen, die Bäume in den Wäldern
schlugen, die Minen ausbeuteten und Bananenplantagen
anlegten.

Als die Sandinisten 1979 an die Macht kamen, hatten sich
die meisten dieser Konzerne längst aus der Region zurückgezogen, weil es mit der Rentabilität ihrer Unternehmungen nicht mehr zum Besten stand. Die Revolutionäre aus
dem Westen wußten wenig über die Besonderheiten der
Menschen des Ostens – ihre Sprachen, Religionen, Sitten
und Gebräuche. Statt die Atlantikküstenregion in das neue
Nicaragua zu integrieren, schufen sie dort zuerst einmal
einen Krisenherd, in dem das Feuer – nicht zuletzt über
protestantische Sekten – von den nordamerikanischen Feinden der Revolution geschürt wurde. Etliche selbsternannte
Führer der Miskitos erhoben sich zu Freiheitskämpfern
und beanspruchten die Herrschaft über die gesamte Region.

Die Sandinisten benötigten einige Jahre, bis sie lernten,
mit dem Nationalitätenproblem an der Karibikküste umzugehen. Inzwischen haben sie dort eine Autonomie installiert, die den einzelnen Siedlungseinheiten weitgehende
Selbstverwaltung einräumt, ohne die Einheit des Gesamt-
staates zu gefährden oder die anderen Ethnizitäten erneut
unter den Stiefel ehrgeiziger Miskitoführer zu stellen.

Erstmals in der Geschichte dieser Stämme werden Bücher
in der Sprache der Miskitos, Sumu und Rama gedruckt,
wird diese Sprache wissenschaftlich erforscht, gibt es spezi-
elle Radioprogramme und Zeitungen für diese Volksgruppen und wurden Forschungsinstitute eingerichtet, deren
Mitarbeiter sich der Geschichte und Kultur dieses Mehrvöl-
kerlandstriches widmen.

Die Atlantikküste ist befriedet – doch weiterhin eine Region der Widersprüche. Während die dunkelhäutigen *Palo-
de-mayo*-Tänzer die Straßen von Bluefields füllen, eilen Mis-

kitos in das Gebäude der moravischen Kirche. Auf ihren
T-Shirts wird in englischer Sprache vor dem Mißbrauch der
Sexualität gewarnt. Und das ist nur eine kleine Facette der
Gegensätze.

Ballett und Tanz

Die Mittagshitze liegt brütend über der Ruine des »Gran
Hotel« von Managua. Im Schatten des benachbarten *Parque
central* dösen Staatsangestellte, die im gegenüberliegenden
Nationalpalast und der nahegelegenen Hauptpost ihren
Arbeitsplatz haben.

Aus den Mauerresten der ehemals ersten Herberge von
Nicaraguas Hauptstadt ist Musik zu hören, die jeweils nach
wenigen Takten unterbrochen wird, bis erneut das gleiche
Fragment erklingt. Der neugierige Fremde, der diesen
Tönen nachgeht, durchquert einen geräumigen *Patio,* in
dem sich Managuas bessergestellte Bürger am frühen
Abend zum Aperitiv zu treffen pflegten, bis das verhee-
rende Erdbeben vom 23. Dezember 1972 auch das »Gran
Hotel« nahezu gänzlich zerstörte.

Die Ruine wurde später vom sandinistischen Kulturministerium okkupiert. Unter den Arkaden, die den Innenhof
umgeben, hängen auf Stellwänden Werke der zeitgenössischen Malerei des Landes – Versuche zumeist, Anschluß an
den gerade international gängigen Kunstgeschmack zu
finden.

Die Musik, die den Besucher angelockt hat, kommt aus
der Halle hinter dem *Patio,* wo sich wohl früher die Rezep-
tion und Lobby des Hotels befanden. Auf dem staubigen
Betonboden steht zwischen nackten Betonsäulen ein altes
Tonbandgerät. In diesem Ambiente einer aufgegebenen
Baustelle bemüht sich ein Dutzend junger Frauen und Männer in Strumpfhosen, nach den Anweisungen einer Choreo-
graphin zu tanzen. Die Hitze wird schwitzend mißachtet
– Ballett ist eine Kunstform, die von den Akteuren körperliche Opfer verlangt.

Ballett ist populär unter den ambitionierten jungen Leuten des neuen Nicaragua. Die zahlreichen Tanzgruppen, die sich gebildet haben und zwischen klassischen, folkloristischen und experimentellen Tanzformen eigene Choreographien zu entwickeln versuchen, lassen keine Gelegenheit zu einem öffentlichen Auftritt verstreichen. Doch es sind nicht ihre ärmlichen Kostüme, die häufig löchrigen Strumpfhosen und abgetragenen Turnschuhe, die solche Darbietungen für die wenigen in Kuba ausgebildeten Tänzer und Choreographen zu einem Quell unübersehbarer Pein werden lassen: Es ist der bemerkenswerte Gegensatz von Ambition und Ausführung, zumeist das kennzeichnende Merkmal nicaraguanischen Balletts, der halbwegs fachkundige Zuschauer verwirrt zurückläßt.

Das örtliche Publikum wird von solchen Zweifeln selten geplagt. Es applaudiert den Tänzern so heftig, wie es sich selbst dem Tanze hingibt, sobald irgendwo eine *Fiesta* stattfindet. Unterhalten kann man sich auf solchen privaten Festen praktisch mit niemandem – da ist die dröhnende Lautstärke der Musik vor: Disco-Musik zumeist in ihrer regionalen, von willkürlichem Rhythmuswechsel geprägten Ausformung. Doch es stört niemanden, wenn die Musiker nicht in der Lage waren, eine simple Taktfolge durchzuhalten. Was als Tanzvergnügen verstanden wird, ist ohnedies freihändig vollführte körperliche Dreh- und Schüttelarbeit, bei der kein direkter Zusammenhang zur gerade gespielten Musik zu erkennen ist.

Während sich die Schwarzen an der Karibikküste rhythmisch in den Gelenken wiegen, mit sparsamen Bewegungen exakt auf den Wellen der Musik dahinzugleiten scheinen, ist im indianisch und spanisch geprägten Teil Zentralamerikas jede Tanzform zur Unterhaltungsmusik eine Art verkrampfte Lockerungsübung partial Gehörloser.

Das Theater der kleinen Form

Die erste Begegnung mit dem *Güegüense* fand indirekt und in den Bergen nördlich von Jinotega statt. Wir begleiteten eine *Unidad de lucha irregular* auf *Contra*-Jagd und waren der Obhut des *Politico* dieser Einheit anvertraut. Armando, so hieß dieser 20jährige, hatte eigentlich Basketballtrainer werden wollen. Doch dann landete er – bevor Armando nun seinen zweijährigen Militärdienst abzuleisten begann – im Verband des Kulturministeriums, versehen mit der Aufgabe, alle verfügbaren Informationen über alte Volkstänze zu sammeln und aufzuzeichnen.

Armando war inzwischen zu einem Fachmann auf diesem Gebiet geworden – und fasziniert von seinem Zivilberuf. Also nutzte er während unserer militärischen Exkursion jede Rastpause, um über die Vielfalt der nicaraguanischen Volkstänze zu erzählen – und damit auch über die Theatertradition dieses Landes, die eine des getanzten Theaters ist.

So kam Armando auf den *Güegüense* zu sprechen, dem aus dem 17. Jahrhundert stammenden Klassiker des getanzten Volkstheaters, der schon beinahe in Vergessenheit geraten war – der aufwendigen Kostüme und Masken wegen, für deren Herstellung sich ab der Jahrhundertwende nur noch selten jemand fand.

Im *Güegüense* treten die Indios als *Machos* (welches Wort diesfalls für Maultiere steht) verkleidet auf, während die spanischen Autoritäten Masken mit aufgemalten blonden Bärten tragen. Solche Masken banden sich die *Muchachos* von Masaya und Diriamba während der Straßenkämpfe gegen Somozas Nationalgardisten vor das Gesicht, um nicht erkannt zu werden. In diesen beiden Städten wird der *Güegüense* nun wieder alljährlich während der Patronatsfeste nach mehrmonatigen Proben aufgeführt, die bei gewählten Gastgebern stattfinden, zu welchen erkoren zu werden eine Auszeichnung darstellt.

Wenn es eine gültige Allegorie auf die Geschichte Nicaraguas gibt, so ist es dieses Stück, in dem Spanisch und

Nahuatl gesprochen wird: Eine Satire auf die Obrigkeit, die
den Triumph des Mestizen über die weißen Kolonialherren
durch die List vorgeblicher Sprachschwierigkeiten zum
Inhalt hat. Schließlich heiratet der Sohn des *Güegüense* die
Tochter des Gouverneurs – womit das Stück in ein allgemei-
nes Fest mündet, das den Unterschied zwischen Akteuren
und Zuschauern aufhebt.

»Ich sah den *Güegüense,* und seine Masken beflügelten
meine Phantasie, ließen meine Phantasie im Rhythmus des
Sones (typische Musik mit Flöten, Trommeln und Schellen-
begleitung) fliegen. Ich sah, wie die Gemeinde ihre Masken, ihre mit Mützen verzierten Kostüme herstellte, ihre
Westen und Bänder, ihre Pfauenfederhüte, und wie sie
dann auf die Straßen strömten, also einen Raum benutzten,
den auch wir benutzt hatten, aber auf andere Art. Sie legten,
umgeben von der Menge, einen Weg zurück, ihre unver-
wechselbaren Farben tragend und mit einem merkwürdi-
gen und magischen Sinn für das Design. Ich verstand nicht
alles, was ich sah«, zitiert Helmut Scheben Nicaraguas Thea-
ter-Guru Alan Bolt.

Die offizielle Theaterkultur zur Zeit der Somozas spielte
sich in der Hauptstadt ab, wenn durchreisende Ensembles
minderer Güte in dem nach Ruben Dario benannten Beton-
kasten von einem Theatergebäude Stücke verstorbener
europäischer Autoren in Inszenierungen aufführten, die
keinen Besucher dazu bringen konnten, die Situation seines eigenen Landes zu überdenken. Das vorwiegend
US-fixierte Bürgertum Managuas konnte mit europäi-
schem Bildungsgut ohnedies nichts anfangen. Es kam, um
seine beste Garderobe auszuführen. Für die Damen bot
sich dazu die Gelegenheit, in diesem mit einer leistungsstarken Klimaanlage ausgestatteten Haus so raffinierte Dinge
wie Strumpfhosen anzuziehen: Klimaanlagen und Strumpfhosen gehören in jenen Schichten Zentralamerikas, die sich
über ihre Konsumgewohnheiten definieren, zu allererst
Prestigeobjekten.

Das Theater der zu dieser Zeit noch im Untergrund tätigen Revolutionäre fand auf Straßen und Plätzen der Dörfer

und Städte abseits Managuas statt – ohne große Vorberei-
tung und Ankündigung vor dem Publikum, das zufällig vor-
beikam: kurze Szenenfolgen, in denen die Herrschenden
durch Spott bloßgestellt, unterdrückte Kritik öffentlich
gemacht werden sollte. Die künstlerische Ambition lag
darin, vor Publikum etwas zu sagen und darzustellen, das
eigentlich nicht gesagt und dargestellt werden durfte.

Seit dem Sieg der Revolution und der sechs Jahre später
mit dem Einsatz kostbarer Devisen erfolgten Instandset-
zung der Klimaanlage des Ruben-Dario-Theaters treten in
diesem Gebäude zwar manchmal Tanztheatergruppen auf.
Doch im eigentlichen Sinne gibt es in der Hauptstadt kein
Theater. Die Gruppen aus den Provinzen, die in den Kämpfen der Revolution und nach dem *Triunfo* entstanden, sind
weiterhin in den ländlichen Gebieten tätig. Theater ist für
sie noch immer Kritik durch Spott – und das nicht nur gegenüber äußeren Feinden. Auch korrupte Verwalter von landwirtschaftlichen Staatsbetrieben können sich bei solchen
Aufführungen wiedererkennen. Es gibt Wehrpflichtige, die
in ihrer Freizeit Theater spielen, und freie Truppen, die zur
Erntezeit den Landarbeitern nachreisen.

Das Theater der Revolution ist das Theater der kleinen
Form, dessen Platz in der Provinz ist – die Revolution kam
aus den Provinzen und nahm die Hauptstadt zuletzt ein, als
diese von ihrem Hinterland abgeschnitten war. Der authentische Ausdruck dieser Revolution sind nicht die Staatsbü-
rokratien und die privaten Schwarzhändler Managuas, sondern die Errungenschaften, denen auch Krieg und Handelsembargo nichts anhaben konnten, zum Beispiel, daß dem
Campesino nun das Stück Land gehört, das er bebaut. Die
Bastionen der Revolution sind die Provinzen.

Politische Pornographie

Dort, wo vor dem großen Erdbeben von 1972 das historische Zentrum Managuas lag, ragt an einer Straßenkreuzung
eine aus Metall gegossene, an die zehn Meter hohe Statue

eines Mannes auf, dessen rechte Hand einen Pickel
umklammert und dessen in die Höhe gereckte Linke ein
Schnellfeuergewehr hält – eine AK 47. Das struppige Haar
dieses unbekannten Nicaraguaners wirkt auf den ersten
Blick wie eine Dornenkrone. An seinem Sockel wurde ein
Ausspruch Sandinos befestigt: »Nur die Arbeiter und die
Bauern werden bis zum Ende durchhalten.«

Durchreisende ausländische Fernsehteams verabsäumen
es selten, diese Statue – womöglich vor dem rötlichen Licht
der untergehenden Sonne – abzufilmen und dann im dazu
gesprochenen Kommentar etwas von wegen »sozialisti-
schem Realismus« zu lispeln. Spräche man einfach von
einem Zeugnis verunglückter Bildhauerkunst, käme man
der Realität näher – doch dann bliebe die Nutzbarkeit dieses
Monuments zur Ideologisierung von Vorurteilen auf der
Strecke.

Durchreisende Korrespondenten, die in zwei Tagen die
Wahrheit über Nicaragua erfahren wollen und daher einen
einheimischen Meldegänger der örtlichen US-Botschaft aufsuchen, der dann gewöhnlich als Menschenrechtsexperte
vorgestellt wird, werden von diesem garantiert ein aus der
DDR importiertes Rechenlehrbuch für Volksschüler vorge-
legt bekommen, in dem auf einer der hinteren Seiten unter
dem Titel »Multiplizieren mit den Zahlen von 1 bis 20« als
Anschauungsmaterial zwölf Handgranaten und sechs
Schnellfeuergewehre abgebildet sind. Gerne drucken immer
wieder nordamerikanische und westeuropäische Zeitungen
und Zeitschriften diese eine Seite als Beweismittel ab.

Als Beweis wofür? Daß es in Nicaragua seit 100 Jahren
permanent Krieg gibt? Genauer: Seit die Herrschaften im
Norden an diesem kleinen Land interessiert zu sein begannen, weil es der Standort eines möglichen Verbindungs-
weges zwischen den beiden Ozeanen sein könnte. Daß also
Waffen für schon mehrere Generationen von Nicaraguanern Dinge des Alltags sind, deren – zumeist heuchlerische
– Tabuisierung, wie sie in den reichen Ländern des Nordens
und Westens zu einem unhinterfragten Grundkonsens gehört, hier nie zur Debatte stehen konnte?

Nein, als Beweis dafür, daß sich die sandinistische Revolution auf dem Weg in Richtung Totalitarismus marxistisch-leninistischer Prägung befände.

Die Ignoranz und Verlogenheit der ideologischen Wasserträger jener Mächte, die Länder wie Nicaragua mit Kriegen überziehen, doch dann Empörung über den unbefangenen Umgang mit Waffen äußern lassen, wie er in vielen Staaten der Dritten Welt logisch ist, hat viel mehr mit politischer Pornographie zu tun als die Abbildung von Handgranaten in Schulbüchern. Die politische Kultur des Westens ist nicht von der Qualität, die eine Legitimation dafür böte, den Völkern der Dritten Welt Lektionen in Sachen Demokratie zu erteilen. Den Weg zu einer demokratischen Gesellschaft wird man auch in Nicaragua alleine finden müssen. Die selbsternannten Lehrmeister von außen können diesen Prozeß nur behindern – unterstützen können sie ihn mangels eigener Integrität nicht.

Ihre Kultur reicht nicht einmal aus, zu verstehen, was sie und ihre Vorgänger in der Dritten Welt bisher angerichtet haben.

Eine Zeit des Mangels und des Sterbens, der Opfer und der Rückschläge

Der Autobusterminal zur Rechten ist nach Casimiro Stotelo benannt, der Markt zur Linken nach Roberto Huembes. Beide starben als junge Männer im Kampf gegen die Somoza-Diktatur. Vor dem nüchternen Zweckbau in der Mitte liegt ein Teil der riesigen Somoza-Statue, die vor Managuas Somoza-Stadion stand, bis sie am 19. Juli 1979 von einer begeisterten Menschenmenge gestürzt wurde. Daneben sind gepanzerte Fahrzeuge geparkt, die an die primitiven Tanks des Ersten Weltkrieges erinnern: Mit diesen einfachen Gefährten griffen die *Guerrilleros* der *Frente Sandinista* die von den USA und dann von Israel hochgerüstete Nationalgarde des Diktators an.

Der gelbe, viereckige Bau dahinter beherbergt das Revo-
lutionsmuseum: Eine schmucklose Halle, in der die Geschichte Nicaraguas zwischen 1893 und 1979 dokumentiert
wird – eine Geschichte der Interventionen nordamerikanischer Truppen sowie der Gewaltherrschaft der von diesen
eingesetzten Statthalterdiktaturen auf der einen Seite und
des Widerstands der Mutigen und der Patrioten, der Aufgeklärten und der Opferbereiten des Volkes Nicaraguas auf
der anderen Seite. Ein Widerstand in Wort und Tat: In einer
Vitrine sehen wir Sandinos Springfield-Gewehr und seine
Lederjacke, in einer anderen seine Füllfeder und sein Wör-
terbuch.

Bei der Hälfte des Rundganges stoßen wir auf bekannte
Gesichter aus dem gegenwärtigen politischen Leben des
Landes: Auf einem Bild ist Daniel Ortega, der nunmehrige
Staatspräsident, zu sehen, wie er von einem *Guardia* abgeführt wird. Auf einem anderen Humberto Ortega, der Verteidigungsminister, mit zotteligen Locken wie ein *Rastafari*
nach seiner gewaltsamen Befreiung aus dem Gefängnis.
Ganz am Ende Bilder von den Kämpfen unmittelbar vor
dem Sieg über die Diktatur.

Es ist Nachmittag an einem Wochentag, und das Museum wird von Dutzenden Menschen besichtigt: nahezu
ausnahmslos Einheimischen, zumeist jüngeren Leuten, die
nicht organisiert in einer Gruppe durchgeschleust werden,
sondern aus eigenem Antrieb und Interesse hierhergekom-
men sind. Die Geschichte, mit der sie konfrontiert werden,
ist zum jüngsten Teil ihre eigene: Der Diktator ist verjagt,
sein Monument gestürzt – doch die Befreiung noch keineswegs endgültig vollzogen.

Die Bedrohung durch äußere Feinde – die Reste der Nationalgarde, die zu einer Söldnertruppe der USA wurden – ist
zwar spektakulärer, doch nicht gefährlicher als jene, die aus
dem Kopf jedes einzelnen kommt, selbst dann, wenn er sich
der Gefolgschaft der Revolution zurechnet.

»Wir haben die Flüsse Europas auswendig gelernt, die
Formeln des Archimedes, die Präsidenten und die Bundes-
staaten der USA, die Verbkonjugationen und Redewendun-

gen der lateinischen Sprache und die Gebete zur Rettung der Seele ... aber nichts, was uns nützte, das Leben zu verstehen und zu ändern. Wenn diese Revolution gemacht wurde, dann war es nicht mit Hilfe dieser schlechten Erziehung, sondern gegen sie, und mit dem Willen, mit Phantasie und Mut zu erkennen und zu verändern«, sagt der Theatermann Alan Bolt. Er besuchte Schulen, in die nur die allerwenigsten Nicaraguaner kamen.

»Das größte Hindernis im Kampf um ein neues Nicaragua ... ist die bürgerliche Ideologie, die unser Volk durchdrungen hat«, sagt der Revolutionskommandant Bayardo Arce. Er war, bevor er zur *Guerrilla* ging, ein bürgerlicher Journalist – Sproß des mittleren Bürgertums wie die meisten führenden Kader der *Frente Sandinista*.

»Wir müssen versuchen, uns unseren Weg zu öffnen, wie wir uns im Busch den Weg mit der Machete freimachten, um die Kameras, die Radiosendungen, das Kino, die Druckerzeugnisse und den Luxus wegzuräumen, der uns verbirgt, was wir entdecken wollen: den neuen Nicaraguaner nach dem Bild Sandinos, den Menschen, der erst an die anderen denkt und dann an sich selbst«, heißt es in der Einleitung zu der vom Kulturministerium 1982 veröffentlichten Grundsatzdeklaration »Hacia una politica cultura de la Revolucion Popular Sandinista«.

Das war zur Zeit, als noch vieles auf einen raschen, beispielhaften Fortschritt der sandinistischen Revolution hindeutete – zur Zeit vor dem Beginn der intensiven Phase des von den USA finanzierten und gelenkten Krieges gegen das neue Nicaragua.

Der Großteil der Jahre der Revolution sind Kriegsjahre: Eine Zeit des Mangels und des Sterbens, der Opfer und der Rückschläge. Eine Zeit, zu der in vielen Köpfen der Wunsch nach ein wenig bürgerlicher Normalität wächst, wie sie in den von den USA mit Milliardenzuwendungen ausgehaltenen Anrainerstaaten existiert: mit gefüllten Warenhäusern, ohne Strom- und Wasserabschaltungen, mit ausreichendem Angebot an Unterhaltungselektronik und keinen quantitativen Problemen bei der Benzinversorgung.

Der Wunsch danach wächst nicht nur in jenem Bürgertum, dessen Kulturverlangen nie über solche Angebote hinausging, sondern auch unter jenen, die sich solches nie leisten konnten und nicht leisten könnten, wenn sie in einem der Nachbarstaaten lebten.

Der *Hombre nuevo,* der an sich selbst zuletzt denkt, bleibt in der Minderheit, wo es von allem für alle zu wenig gibt. Eine neue Qualität von Kultur jenseits des Konsums kann zu keinem vorrangigen Massenbedürfnis werden, wo Versorgungsprobleme den Alltag diktieren.

Trotzdem lebt diese Kultur in den Nischen jener, die bis zum Ende durchhalten werden – auch wenn das nicht unbedingt die Arbeiter und Bauern sind; in den Köpfen der Minderheit, die schon einmal gesiegt hat, weil ihr Anspruch dem ihrer Feinde überlegen war.

Eine neue Kultur wächst aus dem Widerstand gegen die alte. Der Widerstand der Sandinisten gegen die alten Mächte ist ungebrochen. Mit Hunderten Dollarmillionen aus den USA konnte in Nicaragua die breite Entfaltung einer neuen Lebensqualität vorerst verhindert werden – zugleich aber wurde der Wille zum Widerstand gestärkt. Hunderttausende junge Menschen, die eigentlich die Früchte der Revolution genießen sollten, müssen dazu aufgeboten werden, die Revolution zu verteidigen. So sind sie dem Ziel des »Neuen Menschen« nähergekommen, als sie es im anderen Fall wären. Die neue Kultur wird eine militantere sein, als sie es ohne diesen Krieg gewesen wäre: eine heroische Schöpfung.

Costa Rica

Die Bananenrepublik

Schein und Wirklichkeit in der angeblichen Muster-Demokratie Zentralamerikas

Standard Fruit gehört hier alles

Wenn es Nacht wird im *Valle de Estrella,* beginnt für Villaney
Diaz Mendoza der Arbeitstag.

Das »Tal der Sterne« ist ein Hochplateau hinter der Atlantikküste Costa Ricas – ein unübersehbarer Wald von Bananenstauden; sieben *Fincas* von jeweils nicht ganz 300 Hektar Größe umfassen die *Bananera La Fortuna,* hatte Sergio
stolz berichtet. Der 23jährige Mulatte ist Lohnbuchhalter
der *Standard Fruit Company* (Dole-Bananen), der hier alles
Land gehört.

Eine ungewöhnliche Karriere ist das für einen Farbigen,
dessen Vorfahren gegen Ende des letzten Jahrhunderts aus
Jamaica geholt wurden, um im Dienste der transnationalen
Konzerne die ersten Bananenplantagen Costa Ricas anzule-
gen, das bis dahin hauptsächlich vom Kaffeeanbau gelebt
hatte. Bis 1948 durften Schwarze die Hauptstadt San José
nicht betreten.

Sergio ist ein adrett gekleideter junger Mann, der höflich
auf alle Fragen antwortet. 2 000 Leute wären zumeist in der
Fortuna beschäftigt – aber davon höchstens 40 Prozent ständig. Alle anderen seien für längstens drei Monate engagiert – danach würden kollektivvertragliche Rechte wirk-
sam, die der Firma viel Geld kosteten. Doch wer ordentlich
arbeite und sich angemessen verhalte, könne damit rechnen, jeweils weitere drei Monate auf einer anderen *Finca*
der *Standard Fruit* unter Vertrag genommen zu werden.

Es ist Sonntag und am Haupttor der Plantage, wo wir
den Lohnbuchhalter getroffen haben, wartet ein gutes Dutzend Bananenarbeiter auf den Bus hinunter zur Küste.
Sie verfolgen stumm, mit ausdruckslosen Blicken unser
Gespräch.

Erst gestern seien hier 25 000 Kartons Bananen in die
Container-Waggons verladen worden, erzählt Sergio. An
einem solchen Tag könne es ein *Bananero* auf einen Lohn
von bis zu 800 *Colones* bringen – das sind knapp über zehn
Dollar. Einen besser bezahlten Job müsse man in diesem
Land erst einmal finden.

Seit einigen Jahren gebe es keine Streiks mehr auf dieser Plantage, fügt Sergio hinzu. Früher habe es häufig welche gegeben, doch inzwischen seien alle Gewerkschafter entlassen worden. Wer jetzt aufgenommen werde, der trete der *Solidarismo*-Bewegung bei, die sei besser für die Leute: Da säßen Arbeitnehmer und Arbeitgeber in einem Boot. Jeder *Bananero* zahle fünf Prozent seines Einkommens in einen Fonds, und die Firma verdopple diesen Betrag. Wenn nach drei Monaten sein Vertrag ablaufe, bekomme der Arbeiter das ganze Geld auf die Hand.

Das mit der Anstellung für höchstens drei Monate hänge auch damit zusammen, daß sich die Gewerkschaften nicht rekonstruieren könnten, sagt Sergio mit der Unbefangenheit des Dienstnehmers, der sich mit seiner Firma identifiziert. Die Arbeiter, die daneben stehen, sagen noch immer nichts.

Villaney Diaz Mendoza, für den nachts der Arbeitstag beginnt, ist der bekannteste Gewerkschafter im *Valle de Estrella*. 1969, damals war der kräftige Mann 21 Jahre alt, kam er als Arbeiter in die *Bananera La Fortuna* und hat der Reihe nach in allen *Fincas* dieser Plantage geschafft – fast 17 Jahre lang. Dann wurde er gefeuert.

Hier habe die Entlassungswelle gegen Gewerkschafter um 1986 eingesetzt, berichtet Villaney. Früher seien in der *Fortuna* von 1600 Arbeitern an die 1300 organisiert gewesen, und man habe vieles erkämpft: sieben Kollektivverträge, die Einleitung von Elektrizität, die Errichtung von Straßen und Schulen, die Übernahme der Wohnhäuser in der Plantage durch die Gewerkschaft. Dazu habe die Firma Schlangenserum für die Arbeiter und Fliegengitter für deren Häuser bereitstellen müssen. Früher seien viele *Bananeros* an *Paludismo* gestorben – einer der Malaria ähnlichen Krankheit.

Es war nicht schwer, Villaney zu finden, obwohl sein Haus in der hintersten *Finca* des *Valle de Estrella* steht. Wir waren kilometerlang über Schotterstraßen gefahren, die zu beiden Seiten von übermannshohen Bananenstauden gesäumt werden. Manchmal führt der Weg über Eisenbahngleise, mitunter verläuft er parallel zu einem solchen.

Der Bananen-Boom begann in Costa Rica 1878 mit der Vergabe der Konzession zum Bau einer Eisenbahn an die Atlantikküste an den Nordamerikaner Minor Keith, einem weitblickenden Mann, der als Gründer des ersten transnationalen Bananenkonzerns gelten kann.

Für den Eisenbahnbau holte er Chinesen ins Land. Wie viele von ihnen an Unfällen oder Epidemien starben, kann niemand sagen. Die Schätzungen schwanken zwischen zehn- und hunderttausend. Jedenfalls werden die Eisenbahnschwellen in Costa Rica noch immer *Muertos* genannt – Tote.

Die Nachkommen der überlebenden Chinesen haben heute in den Plantagen den Handel mit Waren aller Art und die Gastromonie in der Hand. Jede *Finca* ist ein von Bananenstauden eingeschlossenes kleines Dorf, bestehend aus hölzernen Wohnhäusern mit Wellblechdach, einem Gemischtwarenladen, einer Bar – vielleicht auch einer Schule, einem Gesundheitsposten oder gar einem Kino.

Eine schwere, feuchte Hitze, die dem Fremden, wenn er bloß still dasitzt, den Schweiß aus den Poren treibt, liegt über dem Areal, das an eine Sträflingskolonie denken läßt.

Wer sich einmal hier niedergelassen hat, kommt kaum noch aus der Plantage hinaus, bestätigt Villaney. Wie gesagt: Es war nicht schwer, ihn zu finden, obwohl die Fahrt zu seinem Haus quer durch die *Bananera La Fortuna* führt – vorbei an Verarbeitungshallen, Speichern für Dünger und Insektizide sowie einer betonierten Landepiste, an deren Rand im offenen Hangar zwei einmotorige Sprühflugzeuge stehen. Doch Villaney kennt jeder – er ist hier geblieben, nachdem ihn die Firma entließ.

Gegenwärtig führt er namens der Bananenarbeitergewerkschaft, die es offiziell gar nicht mehr gibt, gegen die *Standard Fruit* einen Prozeß um die Wohnhäuser in der Plantage. Er will verhindern, daß der Konzern für das Wohnrecht Miete verlangen und die Leute nicht nur von ihrem Arbeitsplatz, sondern auch aus ihrer Wohnung feuern kann.

Es ist nicht gut für einen *Bananero,* zusammen mit Villaney gesehen zu werden. Das kann den Job kosten. Die

Gewerkschaft sei wieder in die Illegalität gedrängt worden, sagt Villaney.

Bis zum Einbruch der Dunkelheit hat er viel Zeit. Dann zieht der Gewerkschafter auf Pfaden los, die nicht jeder kennt. Verborgen von Bananenstauden nähert er sich einem Haus, in dem eine geheime Versammlung stattfinden wird.

Die Männer, die sich hier treffen, stammen wie Villaney fast alle aus der Provinz Guanacaste im Nordwesten Costa Ricas an der Grenze zu Nicaragua.

Die Unabhängigkeit mußte nicht erkämpft werden

Costa Rica, die »Reiche Küste«, 1502 von Kolumbus bei dessen letzter Fahrt in die Neue Welt für Spaniens Kolonialreich entdeckt, umfaßte lange Zeit nur den atlantischen Küstenstreifen und vor allem das von kühlenden Winden umwehte Zentralmassiv des Landes, in dem man kaum Bodenschätze und zu wenige Indianer fand, um die auf dem Prinzip der Sklavenarbeit funktionierenden *Haziendas* und *Encomiendas,* die klassischen Formen lateinamerikanischen Großgrundbesitzes, betreiben zu können. So entstand eine bäuerliche Mittelstandsgesellschaft von weißen Kolonialisten, die sich im Gegensatz zu den Einwanderern in den anderen zentralamerikanischen Staaten nicht mit der Ureinwohnerschaft vermischten.

Für die ferne Kolonialmacht, die Zentralamerika von Guatemala aus regieren ließ, war diese Enklave eine vernachläßigbare Gegend. Costa Rica mußte seine Unabhängigkeit nicht erkämpfen – vielleicht ein Grund dafür, daß in diesem Land die militaristische Tradition fehlt, die sonst überall in Iberoamerika von den führenden Schichten hochgehalten wird.

Als sich die ehemaligen spanischen Kolonien des Isthmus zur kurzlebigen Staatenförderation von Zentralamerika zusammenschlossen, blieb Costa Rica ein Außenseiter, der von innen her bald auf die Sprengung dieses Staatenbundes hinarbeitete.

Mit dem ersten Kaffeeboom Anfang des 19. Jahrhunderts zog Wohlstand in den bäuerlichen Kreolenstaat ein. Jene Familien, die damals von der Subsistenzwirtschaft zu einigem Reichtum aufstiegen, weil sie mit dem Kaffee den Außenhandel entdeckt hatten, stellen noch immer die führenden Männer in Politik und Wirtschaft Costa Ricas.

Die ländliche Mittelstandsexistenz hat ihr Bewußtsein bis in die Gegenwart geprägt: »Provinziell und selbstgefällig, borniert und obrigkeitsorientiert« sei diese Gesellschaft, hatte uns in der Hauptstadt José Picado Lagos gesagt, der als Generalsekretär der von der kommunistischen Gewerkschaftszentrale abgespaltenen *Central de trabajadores de Costa Rica* (CTCR) tätig ist: »Hier unterwirft man sich noch würdeloser der *Yankee*-Kultur, als dies die Feudalherren in den anderen Ländern Zentralamerikas tun.«

Josés Familie stammt teils aus El Salvador. Er hatte uns darauf hingewiesen, daß die meisten *Bananeros* aus Guanacaste kämen – dem ehemaligen Siedlungsgebiet der Choretega-Indianer, das sich Costa Rica 1825 gegen den Widerstand Nicaraguas einverleibte.

Guanacaste ist ein ebenes Viehzuchtgebiet. Dort gibt es auch in der Landwirtschaft wenig Arbeit. Und dort leben Mestizen. Die Leute aus Guanacaste werden in San José »Nicaraguaner« genannt.

Die kreolischen *Ticos* fühlen sich den mestizischen *Nicas* schon immer überlegen. Der Glaube, daß aus dem nördlichen Nachbarland nichts Gutes kommen könnte, ist in Costa Rica eine Art Staatsreligion. Vor dem Kommunismus fürchten sich diese Mittelständler wie kaum ein anderes Volk der Welt. Was in Nicaragua seit dem Sieg der Sandinisten passiere, sei blanker Kommunismus, warnt »La Nacion«, das Zentralorgan des *Tico*-Bürgertums, Tag für Tag unermüdlich.

»Von Kommunisten provozierte Polemik«

Miguel Muñoz ist der Personalchef der *Standard Fruit* im *Valle de Estrella* – und zugleich der örtliche Führer der *Solidarismo*-Bewegung. Auf die Frage, ob es denn wahr sei, daß Gewerkschafter gefeuert und nur noch Leute angestellt würden, die eine *Solidarismo*-Beitrittserklärung unterschreiben, reagiert er mit der unwirschen Erklärung, das sei »von Kommunisten provozierte Polemik«.

Nachdem er erfahren hat, daß die Fremden auch den Gewerkschafter Villaney Diaz Mendoza aufgesucht haben, läßt der Personalchef die Leute der Plantage vor den anwesenden »kommunistischen Agenten« warnen.

Alle Reporter, die ihn besuchten – auch solche aus den USA –, würden als kommunistische Agenten bezeichnet, erzählt Villaney. Die Arbeiter, mit denen er sich in dieser Nacht zu einer geheimen Aussprache getroffen hat, nicken dazu.

Dann sprechen sie nicht über die Weltrevolution, nicht einmal über einen Umsturz in Costa Rica – ihr Thema heißt *Nemagon:* ein Insektizid, das aus den Flugzeugen in Unmengen über die Bananenkulturen – und damit auch über die Wohnhäuser der *Bananeros* – gesprüht wurde, obwohl die Anwendung dieses Mittels in Costa Rica verboten ist. »Die Regierung sieht zuerst tatenlos zu und reagiert dann halbherzig, wenn es schon zu spät ist«, sagt ein Arbeiter.

So ist es nicht nur im *Valle de Estrella.* In *La Bomba,* einer im Besitz der Multis *BANDECO* (Del-Monte-Bananen) stehenden *Bananera* wenige Kilometer außerhalb der Hafenstadt Puerto Limon, hatte ein mit einem großkalibrigen Revolver bewaffneter Plantagenwächter unsere Angst vor Giftschlangen mit einem einleuchtenden Argument zerstreut: »Hier gibt es keine Tiere und Insekten mehr – denen ist es viel zu giftig.«

In der *Bananera La Fortuna,* sagen die *Bananeros,* seien wenigstens 500 Arbeiter durch den Einsatz von Insektiziden steril geworden – zeugungsunfähig. Und das in einer *Macho*-Gesellschaft wie dieser!

Obwohl es für jeden Betroffenen ein Kreuz sei, öffentlich
mit dieser Schande zu leben, hätten einige Dutzend von
ihnen einen Prozeß gegen den Konzern angestrengt, berichtet Villaney. Das Verfahren schleppe sich in San José ohne
Aussicht auf ein endgültiges Urteil dahin.

Standard Fruit setze im *Valle de Estrella* nun nicht mehr
Nemagon, sondern ein anderes Insektizid ein, von dem die
Arbeiter noch nicht einmal wissen, wie es heißt. Doch eines
ist ihnen schon aufgefallen: Bei ihren Häusern sterben die
Schweine und Vögel reihenweise.

Die *Bananeros* verlangen eine Analyse dieses Mittels
durch unabhängige Chemiker und Blutuntersuchungen bei
den Arbeitern. Die Firma reagiert nicht. Und die Regierung
steckt den Kopf in den Sand, sagt Villaney.

Die »Schweiz Lateinamerikas«

Costa Rica wird häufig die »Schweiz Lateinamerikas«
genannt. Dieser Vergleich hat etwas für sich – wenngleich
auf andere Weise, als dies viele Schweizer und viele *Ticos*
sehen. Die Regierung von San José rühmt sich in ihren
Fremdenverkehrsprospekten, hier herrsche »eine der stabilsten Demokratien der Welt«. In den USA, wo man viel auf
Demokratie hält, herrscht weithin Zufriedenheit über den
kleinen Vasallen in Zentralamerika.

Costa Rica braucht die USA. Mit fünf Milliarden Dollar
haben die 2,5 Millionen *Ticos* den höchsten Schuldenberg
aller zentralamerikanischen Staaten aufgehäuft. An die 80
Prozent der Exporterlöse gehen jährlich für den Schulden-
dienst und Kreditrückzahlungen drauf. Der Großteil der
Exporte (etwa ein Drittel) gehen in die USA, an die 75 Prozent der Auslandsinvestitionen kommen aus den USA.
Ohne die jährliche Wirtschaftshilfe der US-Regierung in
Höhe eines dreistelligen Dollar-Millionenbetrages würde
rasch der Zustand eintreten, über den die *Ticos* in Richtung
Nicaragua spotten: Das sei das Land des *»no hay«,* sagen sie
– das Land, in dem es nichts gibt.

In Costa Rica gibt es fast alles. Doch der Anteil der Landesbewohner, die sich immer weniger davon leisten können, steigt. Um 1980 begannen die Reallöhne um 40 Prozent zu sinken, stieg die Inflation erstmals über 65 Prozent und die faktische Arbeitslosigkeit auf fast ein Drittel der arbeitsfähigen Bevölkerung, während die Landeswährung um 300 Prozent abgewertet werden mußte. Über 70 Prozent der Familien leben unter der Armutsgrenze. In mehr als einem Viertel aller Haushalte des Landes herrscht inzwischen nach UNO-Kriterien »extreme Armut«.

Mit dem gleichzeitigen Verfall der Kaffeepreise auf den Weltmärkten sank die Wirtschaftskraft des nationalen Kapitals gegenüber dem transnationalen. 1981 zog der Bananenexport erstmals mit dem Kaffee-Export auf jeweils 26 Prozent des Außenhandels gleich. Seither ist bei Kaffee eine stark fallende Tendenz festzustellen, während sich die Bananenausfuhr bei einem jährlichen Exporterlös um 240 Millionen Dollar hält. An die 55 Millionen Kartons würden von *Standard Fruit, United Brands* und *BANDECO* jährlich verschifft, sagt der CTCR-Generalsekretär José Picado. Damit sei Costa Rica nach Ecuador der zweitgrößte Bananenlieferant der Welt. Trotzdem sanken die Steuereinnahmen des Staates aus dem Bananenexport zwischen 1982 und 1987 von 52 auf 11,2 Millionen Dollar pro Jahr: Die Multis verordneten der Regierung massive Steuersenkungen.

Doch während sich die US-Bananenkonzerne als direkte Produzenten aus fast allen anderen Staaten Lateinamerikas weitgehend zurückgezogen haben, um sich als reine Vermarkter der Produktion einheimischer *Bananeras* nicht mehr selbst die Finger in den Plantagen schmutzig zu machen, würden die Anbaugebiete der transnationalen Konzerne an Costa Ricas Atlantikküste »ausgeweitet wie nie zuvor«, hat der Gewerkschafter beobachtet.

José Picado führt diesen Umstand darauf zurück, »daß die Multis hier Bedingungen vorfinden wie nirgendwo sonst in Lateinamerika: eine schwache Linke, eine zerschlagene Arbeiterbewegung und eine willfährige Regierung, die

eine Politik gegen die eigene Bevölkerung und für die Konzerne macht.«

Solidarismo

Das Schlüsselwort dieser Politik heißt *Solidarismo* – Solidarität: eine ursprünglich in den späten vierziger Jahren im
Umfeld der politischen Interessenvertretung von Kirche
und Besitzbürgertum entstandene Ideologie, die Klassen-
gegensätze leugnet – weithin an den »christlichen Stände-
staat« erinnernd, den der Austrofaschist Engelbert Dollfuß
in Österreich zu installieren versuchte, bevor Hitlers Truppen dort einmarschierten.

Die *Solidarismo*-Bewegung blieb in Costa Rica über Jahrzehnte nahezu bedeutunglos. Ihren Aufschwung erlebte sie
erst in den achtziger Jahren unter dem Präsidenten Alberto
Monge, dessen *Partido de Liberacion Nacional* (PLN) Auf-
nahme in die Sozialistische Internationale fand. »Die *Solidarismo*-Bewegung ist einer der wichtigsten Faktoren in der
Verteidigung von Frieden, Freiheit und Demokratie in
unserem gefährdeten demokratischen System«, schrieb
Monge am 18. April 1986 an seinen Amtskollegen und Bruder im Geiste Ronald Reagan nach Washington – nämlich
der Beweis dafür, wie »auf revolutionäre Art, aber in einem
unbewaffneten Konflikt die individuelle und kollektive
Freiheit sowie die nationalen Interessen gestärkt werden«
könnten.

Die Botschaft, die sich hinter diesen Worten verbirgt,
wurde in den USA verstanden. Es sind nicht nur die in
Costa Rica tätigen Bananenkonzerne, sondern auch vielfältige andere US-Institutionen (von den dortigen Gewerk-
schaftszentralen bis zum Geheimdienst CIA, wie *Tico*-
Gewerkschafter vermuten), die stets ein geneigtes Ohr und
eine geöffnete Börse zur Hand haben, wenn *Solidarismo*-
Leute bei ihnen anklopfen. Diese weisen ihre nordamerikanischen Förderer darauf hin, daß das costaricanische
Modell der Ausschaltung von Gewerkschaften in ganz

Lateinamerika zum Nutzen und Frommen der westlichen Wertegemeinschaft angewendet werden könnte.

Ganz friedlich vollzog sich dieser Prozeß allerdings auch in Costa Rica nicht – und er wäre von den USA kaum so engagiert gefördert worden, existierte nicht ein einschneidendes Ereignis in der jüngeren Geschichte Zentralamerikas: der Sieg der sandinistischen Revolution am 19. Juli 1979 im benachbarten Nicaragua.

Dieser *Triunfo* habe zu einer schwerwiegenden Spaltung innerhalb der linken Gewerkschaftsbewegung Costa Ricas geführt, berichtet José Picado: Ein Teil habe geglaubt, nun stünde auch für die *Ticos* die Revolution vor der Tür, und sei leichtsinnig in die Offensive gegangen. Der andere Teil, aus dem die CTCR entstand, rechnete hingegen mit einem Aufkommen konterrevolutionärer Tendenzen in Costa Rica als Reaktion auf den Sieg der Sandinisten und plädierte für eine vorsichtige Überlebensstrategie.

Als 1981 Ronald Reagan in Washington an die Macht kam, sollte sich die negative Vorhersage erfüllen: Die US-Regierung erkor Costa Rica neben Honduras nicht nur zum Hinterland für ihre *Contra*-Söldner, sondern traf auch Vorbereitungen für eine direkte militärische Intervention in Nicaragua. Costa Rica bot sich als Aufmarschgebiet zwischen dem Aggressionsobjekt im Norden und dem US-Lateinamerika-Interventionszentrum, dem Southern Command, in der Kanalzone des südlichen Nachbarn Panama an.

Der Reisende, der heute aus San José in den Südwesten Costa Ricas in das dortige Grenzgebiet zu Panama fährt, findet selbst die Panamericana, die »Traumstraße der Welt«, in diesem Abschnitt als verwahrloste Ansammlung von Schlaglöchern vor. Und das ist nur ein relativ unbedeutendes Signal. Abseits der Durchzugsstraße stößt er auf verlassene Hütten und Verarbeitungshallen, leerstehende Geschäftslokale, von der tropischen Vegetation bereits überwucherte Eisenbahndämme. »Hier ist jetzt nichts mehr«, sagt ein knochiger alter Mann, der im Schatten einer Palme hockt.

Vor wenigen Jahren war dort eines der wichtigsten Bananenanbaugebiete Costa Ricas – die Plantagen der *United Brands* (Chiquita-Bananen), die ursprünglich *United Fruit* hieß und in die Geschichte einging, als sie 1954 mit aktiver Unterstützung der US-Regierung und des US-Geheimdienstes (der damalige Außenminister John Foster Dulles und dessen Bruder Allen, der CIA-Chef, besaßen *United-Fruit*-Aktien) in Guatemala ein Söldnerheer gegen die verfassungsmäßige Regierung Arbenz putschen ließ, die sich angeschickt hatte, brachliegendes Land an *Campesinos* zu verteilen.

Die *United Brands* wußte, was sie ihrer Regierung schuldig war, als Ronald Reagans Strategen an ihren Aufmarschplänen zu basteln begannen. Dort unten im Südwesten Costa Ricas stach den Militärs nämlich eine Gefahr für allfällige künftige Unternehmungen ins Auge. 14 000 gewerkschaftlich organisierte *Bananeros* – lauter Rote, die womöglich US-Militärkonvois nicht so ohne weiteres in Richtung Nicaragua hätten passieren lassen, erzählt der Gewerkschaftsführer José Picado.

Im Frühjahr 1983 begann *United Brands* entgegen allen vertraglichen Verpflichtungen, ihre Bananenplantagen in diesem Gebiet stillzulegen und die Installationen zu vernichten. Für den Konzern winkte neben der vaterländischen Tat die Möglichkeit, auf ihren Ländereien in der Region Coto-Sur nun Ölpalmen anzupflanzen, für die ein Arbeiter reicht, wo in einer *Bananera* 38 notwendig sind, sagt José Picado.

Costa Ricas Regierung ließ *United Brands* nicht nur gewähren. Sie schickte 600 Mann der *Guardia Rural* ins Konfliktgebiet, von denen die Arbeiter aus den konzerneigenen Wohnhäusern vertrieben wurden. Die *Bananeros* wehrten sich erfolglos gegen die Schließung von Schulen, Krankenhäusern und Läden, die Zerstörung von Siedlungen und Eisenbahngleisen. Binnen weniger Tage wurden 800 Wohnungen vernichtet, ihre Bewohner zuerst »konzentriert« und dann auf Lastwagen in andere Landstriche »verteilt«, wie es im regierungsamtlichen Sprachgebrauch hieß.

Als die Gewerkschaft der Bananenarbeiter den Streik aus-rief, wurde dieser unter Berufung auf Artikel 381 des Arbeitsrechtes für illegal erklärt, der besagt, daß die Banan-enindustrie als öffentliche Dienstleistung in privater Hand gelten könne, wo somit kein Streikrecht bestehe. Zwei Arbeiter wurden bei den folgenden Auseinandersetzungen erschossen, vier schwer verletzt, Dutzende verhaftet. Nach 72 Tagen ohne jede Unterstützung brach der Streik zusam-men – und diese Niederlage trieb die gesamte Gewerk-schaftsbewegung und die Linke Costa Ricas in die Defen-sive. Die Offensive der *Solidarismo*-Leute begann.

»Denen ist alles in den Schoß gefallen, was die Gewerk-schaften zuvor über Jahrzehnte erkämpft haben«, erzählen die *Bananeros* der Plantage *La Fortuna* im *Valle de Estrella* bei ihrer geheimen nächtlichen Zusammenkunft. »Seit *Soli-darismo* herrscht, wurden die Löhne nicht mehr erhöht, aber die Preise steigen ständig. Früher gehörten wir zu den bestverdienenden Arbeitern im Land – inzwischen haben uns die Eisenbahner überholt, weil bei denen die Gewerk-schaft noch funktioniert. Fast alle unsere Kollegen wissen, daß *Solidarismo* eine Scheiße ist – aber wer nicht beitritt, bekommt keine Arbeit, und wer aufmuckt, kommt auf eine Schwarze Liste und wird dann auch in allen anderen *Bana-neras* nicht mehr angestellt.«

So geht es Jorge Perez Vasquez, einem 41jährigen Arbei-ter, der 1972 aus Guanacaste in die etwa 1500 Hektar große *Bananera* der *Standard Fruit* am Rio Frio kam: »Das war meine erste Anstellung als *Bananero* – und es wird meine letzte sein«, sagt Jorge, der 14 Jahre lang einer von durch-schnittlich 600 ständigen Arbeitern dieser Plantage war, auf der zu Spitzenzeiten bis zu 2000 Leute beschäftigt sind – der Großteil auch hier mit Verträgen von höchstens drei Monaten Laufzeit. Nach dem bislang letzten Streik am Rio Frio wurde Jorge 1986 zusammen mit allen anderen bekannten Gewerkschaftern gefeuert.

An den Bushaltestellen dieser Plantage stehen Schilder mit der Aufschrift: »*Solidarismo* ist Frieden, Harmonie und Arbeit«.

Das Gewerkschaftshaus, in dem wir die Arbeitslosen treffen, wurde im Auftrag der Firmenleitung blau und weiß angestrichen wie das *Solidarismo*-Haus – unter dem Schutz bewaffneter *Guardia-Rural*-Leute.

Auf die *Guardias,* die schon in Coto-Sur als Streikbrecher eingesetzt wurden, wenn sie nicht gerade die Arbeiter von den Plantagen zu vertreiben hatten, kann sich die Regierung verlassen, wie sich die Bananenkonzerne auf die Regierung verlassen können. Das gehört ebenso zu den Besonderheiten des politischen Systems dieses Landes wie das weltweit erzählte Märchen, Costa Rica besitze keine Armee.

Die Mär vom »Staat ohne Armee«

Tatsächlich verfügt dieser Staat über keine mit schweren Waffen ausgerüsteten Einheiten, wie sie für einen regulären Krieg gegen einen äußeren Feind benötigt werden – dafür aber über eine *Guardia Civil* und eine *Guardia Rural* mit zusammen schon nahezu 14 000 Bewaffneten sowie wenigstens ein halbes Dutzend weiterer Spezialeinheiten, die alle ausreichend ausgerüstet sind für den einzigen Zweck, dem eine lateinamerikanische Armee üblicherweise zu entsprechen hat: ein innenpolitisches Unterdrückungsinstrument darzustellen.

Die Aufstockung dieser Sicherheittruppen auf den heutigen Stand erfolgte ab etwa 1984 durch eine Verdoppelung des Personalstandes auf Anraten der US-Regierung, die dem »Staat ohne Armee« jährlich Militärhilfe in der Höhe eines zweistelligen Dollar-Millionenbetrages zahlt und für die Ausbildung der Offiziere in der Kanalzone von Panama sowie in den USA selbst sorgt.

Dazu wurde 1982 eine paramilitärische Miliz von inzwischen wenigstens 10 000 Mann für den Einsatz in einem »nationalen Notstand« (Organizacion para emergencias nacionales – OPEN) aufgestellt, die ihre Schlagkraft beim Papstbesuch im März 1983 und danach im Einsatz gegen streikendes Spitalpersonal erproben konnte.

Schließlich existieren private paramilitärische Gruppen, die zusammen an die 15 000 Mann unter Waffen haben – allen voran die rechtsextreme »Bewegung für ein freies Costa Rica« (MCRL), deren personelle Verflechtungen bis hinein in die – von westlichen Berichterstattern häufig »sozialdemokratisch« genannte – Regierungspartei PLN reichen, wie Eckhardt Deutscher weiß, der in San José die SPD-nahe Friedrich-Ebert-Stiftung vertritt.

Die Besonderheit der offiziellen Sicherheitstruppen liegt darin, daß ihre Angehörigen »politische Angestellte« sind: Die Offiziere und ein Großteil des rangniederen Kaderpersonals werden ebenso wie die meisten Polizisten ausgetauscht, wenn nach einer der alle vier Jahre stattfindenden Wahlen eine andere Partei an die Regierung kommt. Das geschah zuletzt 1982, als Alberto Monge die PLN an die Macht zurückführte, die sie 1986 mit ihrem Spitzenmann Oscar Arias Sanchez behaupten konnte.

Der gegenwärtige Präsident, 1987 für die nach ihm benannte Zentralamerika-Friedensinitiative mit dem Friedensnobelpreis ausgezeichnet, verfolgt das erklärte Ziel, das Nachbarland Nicaragua – und dazu möglichst viele andere Staaten Lateinamerikas – mit »demokratischen Zuständen nach dem Vorbild Costa Ricas« zu beglücken. In des Präsidenten eigenem Land müssen die Polizisten zusehen, daß sie bis zu den nächsten Wahlen genug ins Trockene gebracht haben – sie sind erfinderisch bei der Benennung von angeblichen Verkehrsdelikten, für die sie den Reisenden zur Kasse bitten können. In Mexico wird diese Praxis *Mordida* genannt – der Biß.

Die Vernichtung indianischer Kulturen

Doch nicht nur die Mär vom »Staat ohne Armee« ist eine solche. Auch die von zahlreichen Costa-Rica-Apologeten aufgestellte Behauptung, hier herrschten egalitäre Besitzstrukturen, weil aufgrund der geringen Bevölkerungsdichte genug Land für alle da sei und der Aufbau der Plantagenwirtschaft durch die transnationalen Bananenkonzerne keine bestehenden landwirtschaftlichen Kulturen vernichtet habe, hält einer Überprüfung nicht stand – und das nicht erst seit der Welle von Landbesetzungen durch verelendete *Campesinos,* die um 1982 einsetzte und ein reiches Betätigungsfeld für die *Guardia Rural* im Dienste der alten Grundbesitzer darstellt.

Carlos Luis Fallas, der 1966 gestorbene bedeutendste zeitgenössische Erzähler Costa Ricas, hat in seinem Roman »Mamita Yunai« authentisch die Zeit um die Jahrhundertwende beschrieben, als die Bananenkonzerne an der Atlantikküste Einzug hielten und binnen weniger Jahre indianische Kulturen vernichteten, die zuvor über Jahrhunderte den Kolonialisten widerstanden hatten: Die Siedlungen der Indios wurden niedergebrannt, ihre Felder verwüstet, die Menschen in die Dschungel der Berge getrieben – von wo man sie mit Feuerwasser wieder anlockte, wenn Arbeitssklaven gebraucht wurden.

Die Erde war von den damaligen Methoden des intensiven Bananenanbaus bald ausgelaugt, und die *United Fruit* zog weiter – nicht ohne zuvor die von ihr angelegten Brücken und Eisenbahnlinien zu zerstören. Zurück blieben ruinierte einheimische Händler – und die mit den Konzernen gekommenen Vertreter der staatlichen Autorität.

Die Polizisten hatten jetzt viel Zeit, mit den Indios ihre Geschäfte zu betreiben, indem sie ihnen Feuerwaffen für die Jagd verkauften, wofür ein Preis von mehreren Rindern und Schweinen zu entrichten war.

Ein paar Tage später pflegten andere Polizisten bei den Waffenkäufern aufzukreuzen und ihnen die Gewehre wieder abzunehmen. Die Indios besaßen schließlich keinen Waffenschein. Als Bußgeld nahmen die Vertreter der Staatsmacht noch einige Rinder und Schweine mit.

Die Polizisten verlangten von den Indios den Besitz eines Personalausweises – und für dessen Ausstellung wieder einige Stück Vieh. Wollten die Indios ihre Feste feiern, mußten sie dafür eine Genehmigung einholen, die abermals mit Vieh zu bezahlen war.

Etwas erwarten durften sich die Ureinwohner des Landes nur von den Herren der Politik – wenn Wahlen in dieser schon damals »stabilsten Demokratie Lateinamerikas« anstanden: Dann wurde Schnaps ausgeschenkt und für jede Stimme eine Handvoll *Centavos* ausgelegt.

Als die Bananenkonzerne in den zwanziger Jahren mit neuen Anbaumethoden zurückkehrten, war die Atlantikregion endgültig Indianer-rein. »Unser Volk hat sich seit damals nicht mehr erholt«, sagt Mauricio, der uns auf kleinen Indio-Pferden durch den Dschungel hinaufführt in die Berge. Nach einem mehrstündigen Ritt über steile Abhänge kommen wir zu einer kleinen Lichtung, auf der verlassen ein Versammlungshaus steht. Nach einer weiteren Stunde erreichen wir eine rundum offene, auf Pfählen stehende Hütte aus Stämmen und getrockneten Blättern.

Eine Indio-Familie baut dort oben ein wenig Bohnen, Mais und Bananen an. Wie sie leben rundum im Dschungel mit seinen Giftschlangen und Wildkatzen noch zahlreiche andere Indios, erzählt Mauricio. Jene, die es unten im Tal mit Kakao-Anbau versucht haben, seien gescheitert – eine Pilz-Krankheit habe die Pflanzen befallen.

Unten an der Küste mit ihren einsamen Stränden, die Drogen-Freaks aus aller Welt anziehen, ist aller Boden, der etwas trägt, in den Händen der Bananenkonzerne. Auch über deren Rückehr in den Zwanzigern berichtet Carlos Luis Fallas in »Mamita Yunai«.

Die *United Fruit* habe damals einen Teil des Landes an Pächter vergeben, die in den von Moskitos verseuchten Plantagen in armseligen Hütten ohne Wasser und Latrinen lebten, vom Dünger bis zu den Chinin-Pillen gegen Insektenstiche alles in den Läden des Konzerns kaufen mußten und vertraglich dazu verpflichtet waren, ihre Bananen ausnahmslos an die *United Fruit* zu verkaufen – die sich deren Annahme nach undefinierten Qualitätskriterien vorbehielt.

Sanken auf dem Weltmarkt die Bananenpreise, wurde mitunter die gesamte Ernte nicht angenommen – aber vernichtet, damit die Bananen nicht auf dem Inlandsmarkt verkauft werden konnten.

Don Pepe verbot die Gewerkschaften

Nach und nach mußten die Pächter aufgeben und als Tagelöhner in die Plantagen des Multis ziehen, wo man Weiße
gegen Schwarze, *Ticos* gegen *Nicas* und alle zusammen
gegen angebliche oder tatsächliche Kommunisten aufzuhet-
zen versuchte. Eine Strategie, die angesichts der unmensch-
lichen Bedingungen, unter denen die *Bananeros* zu arbeiten
gezwungen waren, mißlang: 1934 kam es an der Atlantikküste zum ersten großen Streik, als dessen Folge die *United
Fruit* einen Großteil ihrer Produktion in die südliche Pazifik-
region Costa Ricas verlagerte. Andere Konzerne blieben
am Atlantik, und die Gewerkschaftsbewegung breitete sich
in allen *Bananeras* des Landes aus.

»Damals wurden die *Bananeros* zur Avantgarde der Arbei-
terklasse Costa Ricas«, sagt der Gewerkschaftsführer José
Picado – ein Enkel des Autors von »Mamita Yunai«. Die bürgerlichen Regierungen der folgenden Jahre mußten sich mit
der Linken und den Gewerkschaften arrangieren. Ein großer Teil jener sozialen Reformen, auf die das offizielle Costa
Rica noch heute mit Stolz verweist, wurden damals durch-
gesetzt.

Den entscheidenden Einschnitt brachte der 1948 durch
einen Streit über behauptete Wahlfälschungen ausgelöste
Bürgerkrieg mit sich, der wenige Wochen dauerte und
geschätzte 3 000 Tote forderte. Als Sieger ging mit Unterstützung der USA der in den Vereinigten Staaten ausgebil-
dete Kaffeeplantagenbesitzer José Figueres Ferres aus diesem Krieg hervor.

Don Pepe, wie Figueres genannt wird, hatte Händler und
Bauern zu einer »Sozialdemokratischen Partei« gesammelt,
die »nicht einen Funken sozialdemokratischer Tradition
besaß«, wie der Friedrich-Ebert-Mann Eckhardt Deutscher
sagt. Diese Sozialdemokraten vereinigten sich mit anderen
mittelständischen Gruppen zur heute regierenden *Partido
de Liberacion Nacional* (PLN).

Ihre Politik in den folgenden Jahren entsprach allen
Vorurteilen, die sich linkere Gruppen bis dahin gegenüber

Sozialdemokraten hatten einfallen lassen: Die zuvor von der Arbeiterschaft erkämpften Sozialgesetze wurden nicht zurückgenommen, sondern teilweise formal noch erweitert, ein nicht unbedeutender staatlicher Wirtschaftssektor entstand, und *Don Pepe* setzte den historischen Schritt, die bis dahin existierende Armee aufzulösen.

Da hatte er aber schon die Linke politisch entwaffnet und die Gewerkschaften verboten. Nicaraguaner wurden ausgewiesen.

Seither gilt Costa Rica als Muster-Demokratie, während – so Eckhardt Deutscher – »in diesem Land Menschen verhungern«. Zwar hält der Gewerkschaftsführer José Picado, der daran beteiligt war, die 1961 erfolgte Wiederzulassung der Gewerkschaften durchzusetzen, den gegenwärtigen Präsidenten Oscar Arias »für intelligent genug, um zu wissen, daß es für alle besser ist, wenn wir nicht wieder in den Untergrund gedrängt werden«. Doch unter dem Arias-Vorgänger und PLN-Mann Monge »wurde ein *Solidarismo*-Gesetz verabschiedet, während es in diesem Land bis heute kein Gewerkschaftsgesetz gibt« (Eckhardt Deutscher).

Und die Gewerkschaften, sagt José Picado, müßten heute dafür sorgen, »daß sich die Transnationalen nicht zu schnell aus dem Land zurückziehen, weil es sonst überhaupt keine Überlebensbasis für die Arbeiter mehr gibt«.

Puerto Limon – einst Tor zur Welt

Der Reisende muß nicht bis hinunter in den Süden fahren, wo die *United Brands* nach der Auflassung ihrer Bananenplantagen nacktes Elend hinterlassen hat, um zu sehen, worum sich der Gewerkschafter sorgt. Einen Eindruck davon bietet auch am Atlantik die Hafenstadt Puerto Limon – einst dieser Bananenrepublik Tor zur Welt.

Der Fremde wird zunächst Gefallen an dieser Ansammlung meist bunt bemalter, großteils aus Holz im karibischen Stil erbauter Häuser und an dem mit riesigen tropischen Bäumen bewachsenen *Parque central* gleich neben der Ein-

fahrt zum Hafen finden. Nach einem ersten Rundgang wird
ihm klar geworden sein, daß in Puerto Limon die Gastrono-
mie und das Beherbergungsgewerbe weithin in den Händen von Chinesen ist, die breite Palette des Handels und
sonstiger Dienstleistungen hingegen in jenen von Schwarzen – welchem Erwerbszweig die häufig mit bemerkenswert
ausladenden Hinterteilen gesegneten Mulattinen zuzurechnen sind, deren – von ihnen gesuchte – Bekanntschaft der
Besucher zuerst in der Bar des Hotels »Caribe« macht, das
immerhin als erstes Haus am Platze gilt.

Die Weißen, die er in dieser Stadt trifft, stellen sich häufig
als Mitarbeiter staatlicher Stellen vor – wie Ramon, der
sagt, sein Dienstgeber sei das Justizministerium. Was er
für dieses genau macht, ist indes nicht aus ihm herauszu-
fragen.

Ramon war an diesem Abend schon etwas betrunken und
hatte die Unterhaltung mit den Fremden mit der Erklärung
begonnen, er würde sie »am liebsten umbringen«. Als
Grund dafür nannte der neue Bekannte seine Vermutung,
es mit *Yankees* zu tun zu haben. Ramon war daran gelegen,
noch etwas in dieser Bar zu verweilen. Dort drüben im *Parque central,* hatte er erklärt, warte ein Mann auf ihn, der
mörderische Absichten hege – doch das sei in dieser Stadt
nicht ungewöhnlich.

Ramon öffnete sein Hemd, um Narben vorzuzeigen, die
von Messerstichen stammten. Dann war er – schwer ver-
ständlich, weil der genossene Alkohol seine Zunge lähmte –
auf die Geschäfte zu sprechen gekommen, die über den
Hafen von Puerto Limon abgewickelt würden. Der Um-
schlag von Drogen aus Kolumbien beispielsweise. Aber
auch die Versorgung der nicaraguanischen *Contra,* die sich
in den nur mit Wasserfahrzeugen erreichbaren Dschungel-
gegenden des Küstenabschnitts im Norden der Stadt niedergelassen hätten.

Neuerdings, hatte Ramon angeführt, werde in diesem
Hafen eine Menge Material der US Army gelöscht, deren
Pioniere gerade dabei seien, die Straße hinunter zur karibi-
schen Seite Panamas für die Durchfahrt von Panzern und

schwerem Gerät tauglich zu machen. Damit sei im Frühjahr
1988 begonnen worden, als die US-Regierung zu ihren Problemen mit Nicaragua noch solche mit der Armeeführung
Panamas bekommen hatte. »Die ganze Welt weiß nichts
davon, was die *Yankees* hier bei uns treiben«, sagte Ramon.

Gut, er hatte schon einiges getrunken. Doch am Nachmittag zuvor waren die Besucher in einer Konditorei von
Puerto Limon auf drei uniformierte Helikopterpiloten aus
den USA gestoßen, die sich keinesfalls fotografieren lassen
wollten. Und anderntags mußten die Reisenden außerhalb
der Hafenstadt einen Umweg durch eine Furt und ein Pri-
vatgrundstück einschlagen (dessen Besitzer dafür ein safti-
ges Wegegeld kassierte), weil eine »vom Hochwasser
beschädigte Brücke gerade repariert« werde, wie ein Polizei-
posten erklärt hatte.

Am anderen Ende der Umleitung waren die Fremden auf
diese Brücke gestoßen – und auf zwei Dutzend Pioniere aus
den USA, die unterstützt von einheimischen Hilfsarbeitern
mächtige Stahltraversen über den Brückenkörper legten,
dem kein Schaden anzusehen war – abgesehen davon, daß
er mehreren schweren Panzern vermutlich nicht standgehal-
ten hätte.

Die *Boys* von der Army waren wenig erfreut, als sie bei
dieser Arbeit fotografiert wurden.

Der schon mehrfach genannte Präsident Alberto Monge
hatte am 17. November 1983 die immerwährende und unbe-
waffnete Neutralität Costa Ricas deklariert, deren sich auch
die gegenwärtige Regierung des Landes gerne rühmt.

Ja, hier in und um Puerto Limon passiere zwar einiges –
doch selten etwas für die Einheimischen, hatte Ramon
gesagt.

Ein Hauptgrund für den Niedergang der Stadt liegt einige
Kilometer weiter im Norden: der neue Hafen von Moin, der
umgeben ist von Dutzenden Rangiergleisen, auf denen
Hunderte Containerwaggons mit dem Dole-Schriftzug
stehen.

Die Verschiffung der Bananenfracht erfolge nur noch in
Moin, wird uns gesagt. In der *Bananera* am Rio Frio werden

wir von den dortigen Gewerkschaftern erfahren, daß der
Hafen von Puerto Limon von der Regierung auf Druck der
Bananenkonzerne für den Bananentransport dichtgemacht
worden sei, um die dort starke Gewerkschaft der Hafen-
arbeiter auszuschalten. In Moin würden nur *Solidarismo*-
Leute angeheuert.

Trabajadores liquidados

Die Arbeit der Schauerleute ist schwer – doch dankbar im
Vergleich zu jener eines Teils der *Bananeros,* die wir während sintflutartiger Regenschauer und kurz darauf bei
dampfender Hitze am Rio Frio schuften sehen. Das mag
nicht für die Männer und Frauen gelten, die unter dem
Flugdach der Verarbeitungshalle den herangeschafften
Bananen die Knospen abknipsen, die Früchte sortieren,
waschen, in Konservierungsmittel tauchen, samt Teilnah-
mescheinen für Preisausschreiben, an denen sich tüchtige
Endverkäufer in aller Welt beteiligen können (als erster
Preis winkt ein Urlaub auf Hawaii), in Kartons verpacken
und diese zuletzt in die Containerwaggons schichten.

Doch das gilt ganz sicher für die Männer, die draußen in
den Pflanzungen die mit farbigen Bändern markierten
Stämme suchen und abhacken, an denen reife Bananen
hängen. Das gilt für die Arbeiter, die diese Stämme zu den
Transportseilen schleppen – und vor allem für die Transpor-
teure: Jeweils 25 solcher Stämme, jeder mit einem Gewicht
von 40 bis 60 Kilogramm, werden mit einem Zugseil verbunden an das Transportseil gehängt. Das Zugseil endet an
einem Gürtel, den sich das menschliche Zugtier um die
Mitte bindet.

Die Transportseile führen über etliche Kilometer bis zu
den Verarbeitungshallen – bergauf und bergab, über Bewäs-
serungsgräben hinweg und durch tiefen Morast. Jeder
Mann muß seine weit über eine Tonne schwere Fracht zwar
nur ein etwa fünfzig Meter langes Stück ziehen – doch das
im Akkord viele Male am Tag.

Wenn im Hafen von Moin ein Schiff am Pier liege, das rasch beladen werden müsse, werde am Rio Frio an sieben Tagen der Woche gearbeitet – zumeist zehn Stunden pro Tag, sagt Jorge Perez Vasquez, den die *Standard Fruit* nach dem letzten Streik feuerte. In den Sozialgesetzen, auf die von der Regierung des Landes stolz hingewiesen werde, mögen ja einige schöne Dinge stehen – doch in der Plantage bestimme der Stärkere. Der sei allemal der Konzern: »Wer krank ist und nicht arbeiten kann, verdient keinen *Centavo*«, fügt Jorge hinzu.

Dem Besucher begegnen am Rio Frio fast ausschließlich junge Männer. Das sei kein Zufall, sagen die Gewerkschafter. Die Firma stelle nur Leute zwischen 18 und 30 Jahren ein – neuerdings auch keine Familienväter mehr, denen man mehr Wohnraum zur Verfügung stellen müßte als alleinstehenden *Bananeros,* für die eine Pritsche in einer Baracke genügt, die keinen Schulplatz für ein Kind benötigen und ansonsten wenig, für das der Konzern sorgen müßte.

Was nicht zu den Einrichtungen der Plantage gehört, gibt es in dieser *Bananera* nicht. Der Weg bis zur Hauptstraße, die Puerto Limon mit San José verbindet, ist eine Schotterpiste von wenigstens 15 Kilometer Länge – eine Entfernung, die unter den hier herrschenden Bedingungen die *Bananera* für die Bananenarbeiter zu einer Enklave macht, die sie kaum verlassen, solange sie Arbeit haben.

In der Plantage gibt es ein neues Restaurant. Ein simples Stück Fleisch kostet soviel wie ein aufwendig zubereitetes Gericht im einzigen Spitzenrestaurant der provinziellen Hauptstadt. Das schmucke Wirtshaus am Rio Frio zu besuchen können sich höchstens die costaricanischen Verwaltungsangestellten und Vorarbeiter der *United Fruit* leisten, die im Dienste des Multis dafür sorgen, daß die Aktionäre in den fernen USA nicht darben müssen.

Die Produktion eines Kartons Bananen koste der Firma einen bis zwei Dollar – und sie kassiere dafür fünf bis zehn Dollar, haben die im Gewerkschaftshaus sitzenden Männer ausgerechnet, die als *Trabajadores liquidados* bekannt sind. Wörtlich übersetzt: liquidierte Arbeiter.

Ob die genannten Zahlen realistisch sind, ist nicht zu
überprüfen. Das Management der Plantage rückt keine
Informationen heraus und verweist auf die Konzernvertre-
tung in San José. Die Herren dort sagen gleichfalls nichts
und erklären, es könnten nur schriftlich eingereichte Fragen beantwortet werden – von der Zentrale in San Francisco. Die Zentrale antwortet nicht.

Über die Plantage am Rio Frio bricht begleitet von einem
Regenschauer die Nacht herein. In den Verarbeitungshallen
haben bewaffnete Wächter ihre Posten bezogen. Die entlas-
senen Gewerkschafter schwärmen aus, um heimlich noch
beschäftigte Kollegen zu treffen. Die Gewerkschaft habe
jetzt im Untergrund an die 200 Mitglieder, die ein Prozent
ihres Lohns in die Gewerkschaftskasse zahlen, hatte Jorge
erzählt. Doch für viele Männer sei das zu gefährlich. Die
hätten Kinder in der Schule und müßten diese herausneh-
men, wenn der Familienerhalter sein Einkommen verliere.
Das müsse man einsehen.

Dauerhafte Lösung wäre das allerdings keine. Die Arbeit
in der Plantage hielten die meisten Männer höchstens zehn
Jahre lang aus, sagt Jorge, der nach 14 Arbeitsjahren gefeuert wurde. Viele *Bananeros* würden in den Straßen von San
José landen. Wer sich mit dem Verkauf von Lotterielosen
durchschlagen könne, dürfe von Glück reden.

Die Regierung sorgt sich um diese Dinge nicht so sehr.
Ihr großes Anliegen ist die Demokratie. Weil es damit in
den Staaten rundum nicht so recht vorangeht, neigen etli-
che Politiker dazu, sich aus dieser Nachbarschaft zu verab-
schieden. Miguel Angel Rodriguez, der bei den nächsten
Wahlen im Jahr 1990 als Präsidentschaftskandidat der
Christdemokraten auftreten will, hat seine Kampagne mit
der Forderung nach »Dezentralamerikanisierung der Politik
Costa Ricas« begonnen. Die Bananenrepublik will als etwas
Besseres gelten.

Panama

1. Der Kreuzweg

Nach 40 US-Interventionen auf der Suche nach Souveränität

Die Brücke der Amerikas

Der Boden vibriert im Takt der vorbeirasenden Autokolonnen. Wenigstens hundert Meter tiefer schwimmen Ozeanriesen vorbei, passieren die Docks des Hafens von Balboa hinaus in Richtung Pazifik oder aus diesem kommend landeinwärts zu den Schleusen von Miraflores.

Wer sich zu Fuß auf die zwei Kilometer lange *Brücke der Amerikas* begibt, die im Westen der Hauptstadt den Panama-Kanal überquert, sollte schwindelfrei sein. Nur unter dieser Voraussetzung wird der Besucher ohne beklemmende Gefühle hinabblicken können auf die gepflegten Grünflächen, die Sportplätze, Lagerhallen, Öltanks, Verwaltungsgebäude und Wohnsiedlungen der von den USA installierten Kanalzone, die diese künstliche Wasserstraße zwischen den beiden Ozeanen in einer Breite von zehn Kilometern einsäumt: aus der Vogelperspektive ein Stück sauberes *Middle America* in Lateinamerika.

Blickt er landeinwärts, erkennt der Reisende zu seiner Linken die Docks des US-Marinestützpunktes Fort Amador und dahinter die US-Luftwaffenbasis Howard. Zu seiner Rechten wird er hinter den Quarry Heights, dem Hauptquartier des US Southern Command, Militärflugzeuge von der Albrook Air Force Station aufsteigen sehen.

Doch nicht nur die imperiale Präsenz der mächtigsten Militärmacht der Erde offenbart der Blick von der Brücke. Dort oben, von diesem luftigen Standort aus, hatte sich der Fremde von Romulo Bethancourt Arosemana sagen lassen, biete sich ihm ein Panorama nahezu all dessen, was Panama ausmache. Der 1950 geborene ehemalige Studentenführer, ein hünenhafter Mann von würdiger Erscheinung, gilt nicht nur als führender Essayist seines Landes. Als Soziologieprofessor und Filmemacher ist er es gewohnt, die buntscheckige Gesellschaft Panamas analytisch zu betrachten und zugleich in Bildern zu denken.

Der Ausblick von der *Brücke der Amerikas* zeige die vorrangige – und in einer historischen Dimension bestehende – Bedeutung des Landes als Kreuzungspunkt von

Transitrouten ten ebenso wie die Zeugnisse der Vielfalt und des Wesens der Menschen, die von dieser speziellen Funktion Panamas angezogen worden seien, lautete der Hinweis von Don Romulo.

Um einen optischen Eindruck vom Inhalt dieses Satzes zu gewinnen, müssen wir die vierspurige Brücken-Fahrbahn überqueren, wo dann zu unseren Füßen der Balboa Yachtclub liegt, dessen gediegene Parkanlagen die Clubgebäude von El Chorrillo trennen – einer weit weniger vornehmen Wohngegend mit dicht aneinander gedrängten mehrstöckigen Holzhäusern karibischen Zuschnitts zwischen verwahrlost wirkenden Stahlbetonbauten, die nicht mehr zur Kanalzone, sondern zu Panama gehört.

Wohlversehen mit den Warnungen von Hotelrezeptionisten, Taxifahrern und anderen einheimischen Gesprächspartnern wird sich der Reisende hüten, diesen Teil der Stadt allein aufzusuchen. Es sei so gut wie unmöglich, hat er sich sagen lassen, dort als Fremder nicht beraubt zu werden.

El Chorrillo liegt somit wie ein verstoßener Balg zwischen der US-amerikanisch dominierten Kanalzone und dem *Casco viejo,* dessen kunstvoll gestaltete Kolonialbauten weltlicher und geistlicher Bestimmung an verflossene europäische Präsenz erinnern. Auf der *Plaza de Francia,* einer in den Pazifik hinausragenden Halbinsel, leuchtet der gallische Hahn von der Spitze eines Obelisken – eine Würdigung Fernand de Lesseps, dem Erbauer des Suez-Kanal und gescheiterten ersten Bauherrn des Panama-Kanal.

Noch weiter im Osten, auf der Landzunge von Paitilla, wird der Beschauer einer Skyline gewahr werden, die ihn an Manhattan erinnert: Zu Dutzenden ragen die Glas- und Betontürme neuer Wolkenkratzer auf. Die zwischen den Bauwerken postierten Baukräne zeigen an, daß in dieser Stadt sehr viel Geld darauf wartet, in Zeugnisse ökonomischer Macht investiert zu werden.

Daß hier alles mit allem auf vielfältige Weise zusammenhängt, lehrt der Blick auf das Straßenband, das ausgehend von El Chorrillo bis an den Rand von Paitilla reicht – die *Avenida central,* in unserem Reiseführer euphemistisch die

»Einkaufsstraße der Amerikas« genannt: auf etwa drei Kilometern eine Aneinanderreihung von Warenhäusern aller Art, hinter denen häufig US-Kapital steckt und wo sich nicht wenige Kleinhändler aus 'anderen lateinamerikanischen Staaten versorgen, um mit einem Koffer voller Billigwaren aus Taiwan die Heimreise anzutreten.

Inmitten dieses Warenhausdschungels, direkt gegenüber dem *Museo del hombre panameño,* in dem von den indianischen Stämmen bis zu den Juden, den Griechen bis zu Schwarzafrikanern, von Kariben bis zu Italienern die Geschichte der verschiedenen Einheimischen- und Einwanderergruppen der panamenischen Nation dokumentiert wird, wurde vor einem Obelisken der Satz in Marmor gehauen: »Wir verlangen keine Millionen-Almosen, sondern Gerechtigkeit.«

Diese Forderung ist an die Adresse der USA gerichtet, deren Regierung die Panamesen nun schon seit bald eineinhalb Jahrhunderten in ein Wechselbad von Krediten, Militär- und Wirtschaftshilfe für Wohlverhalten einerseits sowie politischer Einflußnahme, militärischer und zuletzt ökonomischer Pression als Strafe für störrische Anwandlungen andererseits taucht. Bereits 46mal intervenierten US-Truppen offen in diesem Land, um »amerikanische Interessen« zu wahren.

Der »Zivile Bürgerkreuzzug«

An diesem Sommertag des Jahres 1987, an dem wir uns von der *Brücke der Amerikas* aus einen Rundblick über die unterschiedlichen Facetten Panamas verschaffen, steigt im Osten, wo die *Avenida central* in die erleseneren Geschäfts- und Wohnviertel der Stadt übergeht, schwarzer Rauch zum Himmel und trägt uns der Wind die akustischen Signale einer Straßenschlacht zu. Vertreter des aufstrebenden Mittelstandes, die sich mit den traditionell besitzenden Schichten zu einem *Zivilen Bürgerkreuzzug* vereinigt haben, errichten dort Barrikaden aus in Brand gesetzten Autoreifen und

Müll, werfen Steine und Brandsätze gegen die nicht zimperlich vorrückenden Vertreter der uniformierten Staatsmacht, welche Auseinandersetzung Panama weltweit in die Schlagzeilen rücken und eine Entwicklung offenkundig machen wird, deren Ende noch nicht abzusehen ist.

Es gehe bei diesem Kampf um »Freiheit und Demokratie«, sagen uns die einen. Es gehe um die Aufrechterhaltung der US-Herrschaft auf dem Umweg der Etablierung einer einheimischen Statthalterelite an der Regierungsmacht, erklären die anderen.

Man müsse beachten, beginnt der zu Rate gezogene Romulo Bethancourt Arosemana seine Ausführungen, daß es in Panama faktisch keine nationale Bourgeoisie von Grundbesitzern gebe. Großgrundbesitz sei in diesem Land vornehmlich eine Sache der transnationalen Bananenkonzerne gewesen. Die wohlhabenden Schichten stellten eine Art Lumpenbourgeoisie dar: von Panamas historischer und geographischer Lage als Kreuzungspunkt von Transitwegen mit Dienstleistungsökonomie angezogene aufstrebende Import- und Export-Händler ohne gewachsene nationale Identität und mit auslandsbezogenen Interessen. Daher seien sie auch nie als patriotische Kraft in Erscheinung getreten.

Nun bedienten sich die USA dieser Kreise im Hinblick auf die 1989 anstehenden nächsten Wahlen, die als Weichenstellung für das Jahr 2000 zu sehen seien, in dem Panama die volle Souveränität über den Kanal mit allen daraus erwachsenden Einnahmen erlangen soll. So jedenfalls lautet die in einem 1977 vom damaligen Staatschef Panamas, General Omar Torrijos, und dem US-Präsidenten Jimmy Carter unterzeichneten Vertrag festgehaltene Vereinbarung, die in den Vereinigten Staaten vielerorts nie akzeptiert wurde. Ronald Reagan hatte seinen ersten Präsidentschaftswahlkampf mit dem Slogan geführt: »*Give away Carter – keep the Canal.*«

Um tatsächlich eine Ahnung von den komplexen Facetten dieser Auseinandersetzung zu gewinnen, müssen wir uns an deren historische Wurzeln begeben. Nur soviel wird gleich klar: Vordergründig ist der Kampf an der Person des gegenwärtigen Chefs des Militär- und Sicherheitsapparates, somit des mächtigsten Mannes im Staate, General Manuel Antonio Noriega, entbrannt. Dem sollen wir erst später begegnen.

Colon

Der nun den Staat Panama bildende Teil des zentralamerikanischen Isthmus wurde vom Atlantik her von den Eroberern eingenommen. Das Zentrum dieser karibischen Küste Panamas ist die Ende des 19. Jahrhunderts auf der von Sümpfen umgebenen Insel Manzanilla nach dem Vorbild von New Orleans erbaute Stadt Colon, die während jedes großen Krieges, in den die USA in der Folge involviert waren – zuerst die beiden Weltkriege, dann Korea und Vietnam –, durch die am Nordende des Kanals etablierte US-Garnison einen neuen Aufschwung erlebte.

Nun findet der Besucher die dicht aneinandergedrängten Holzbauten des historischen Stadtkerns mit abblätterndem Anstrich, bedrohlich durchhängenden Balkonbalken und herabgefallenem Fassadenschmuck vor. Er mißt diesem äußerlichen Zustand vorerst wenig Bedeutung bei. Erzeugen doch die auf den Straßen aufgestellten Lautsprecherboxen, aus denen Reggae- und Salsa-Klänge dröhnen, eine entspannte Atmosphäre. Die jungen Farbigen, die auf den Gehsteigen ihre Hüften im Takt der Musik wiegen, lassen vermuten, hier präge Lebensfreude und Unbeschwertheit den Alltag.

So wenigstens sieht das der Fremde, bis er von einem Straßenhändler aufgefordert wird: »*Go back!*«

Der von da aus zum Ufer des Atlantik verlaufende Teil der Hauptstraße sei für *Gringos* praktisch unpassierbar: »*Muchos ladrones*« wird die Aufforderung zur Umkehr auf Spanisch begründet – viele Räuber.

Viele Möglichkeiten hat der Besucher nicht, um den als ausgesprochen gefährlich geltenden Straßenzügen auszuweichen. Er kehrt um und wandert die *Avenida central* zurück in Richtung Festland. Ein paar Straßenkreuzungen weiter hält ihn eine motorisierte Polizeistreife an: Da weiterzugehen empfehle sich für Ausländer nicht – zu viele Straßenräuber!

Wo er sich dann gefahrlos bewegen könne, will der Reisende wissen und erhält ein ratloses Achselzucken zur Antwort. Schließlich deutet der Polizist nach Osten, wo am Rand von Colon die Hallen der *Zona libre* stehen: der nach Hongkong zweitgrößten Freihandelszone der Welt, wo keine Zölle auf Importe erhoben werden, wo keine Investititons-, Gewinn- und Umsatzsteuer gezahlt werden muß und von wo aus die etwa 700 Niederlassungen von Handels- und Industrieunternehmen aus allen fünf Erdteilen erwirtschaftete Gewinne in unbegrenzter Höhe in ihre Mutterländer transferieren dürfen.

Coca-Cola und ITT, Firestone und Xerox, Polaroid und Colgate, McGraw Hill und Sony – kaum ein bekannter Name aus der Welt der transnationalen Konzerne, der in der *Zona libre* nicht zu finden wäre, wo jährlich ein höherer Umsatz erzielt wird, als ihn alle zentralamerikanischen Staaten zusammen bei ihren internen Handelsbeziehungen schaffen.

Doch in dieser Freihandelszone wird nichts produziert, hier wird gehandelt. Handel schafft Profit, doch kaum Arbeit. In und um Colon sind 30 Prozent der Einheimischen arbeitslos, sagt die offizielle Statistik. Genauer besehen sei das sogar jeder zweite, meint die britische Ökonomin Charlotte Elton, die in Ciudad de Panama das sozialwissenschaftliche Forschungsinstitut CEASPA leitet. Und die Dollar, die in Colon noch zirkulieren, würden zu einem Großteil aus dem Kokainhandel stammen – einem der wenigen Rohstoffe Lateinamerikas mit stabilen Weltmarktpreisen.

Im übrigen sei dieser Teil des Landes aber kein ausgesprochener Sonderfall, sondern nur ein besonders deutlicher Ausdruck der Wirtschaftspolitik Panamas, die darauf beruhe, seine durch den Kanal begründete Rolle als Kreu-

zungspunkt der Welthandelsrouten vermittels eines breiten
Dienstleistungsangebotes zur Steuerung der transnationa-
len Kapital- und Warenströme zu komplettieren. Das ganze
Prinzip beruhe darauf, jenen, die schon viel haben, bessere
Gewinnmöglichkeiten einzuräumen und dabei auf die eine
oder andere Art ein wenig mitzukassieren.

Der »Camino real«

Die gewaltsame Aneignung fremden Eigentums hat Tradition in diesem Land, seit am Beginn des 16. Jahrhunderts
der Spanier Rodrigo de Bastias als erster Europäer östlich
von Colon in der nachmaligen Bucht von Portobelo den
Isthmus auf dem Gebiet des heutigen Panama betrat. Die
Abgesandten der spanischen Krone raubten der indianischen Urbevölkerung nicht nur ihr Land. Nachdem Vasco
Nuñez de Balboa 1513 den Isthmus als erster Spanier überquert hatte und Francisco Pizarro von dort aus zur Eroberung Perus aufgebrochen war, verschleppten sie ganze
Indio-Stämme, deren Angehörige sich als Sklaven auf dem
Trampelpfad zu Tode schuften mußten, der die atlantische
mit der pazifischen Küste der Landenge verband.

Ab und an ein paar in die Erde gerammte Steine im
Urwald sind die verbliebenen Spuren dieses *Camino real,*
der von den Einheimischen nicht »königlicher Weg«, sondern *Camino de cruces* genannt wird – Kreuzweg.

Die von den Spaniern in den Anden-Ländern den Inkas
und anderen Indio-Stämmen geraubten Gold- und Silber-
schätze, die per Schiff an die Pazifikküste Panamas gebracht
wurden, mußten von Sklaven zum Atlantikhafen Portobelo
gebracht werden, wo der Abtransport nach Europa erfolgte.
Diese Kuli-Arbeit war nicht nur die Ursache für die Ausrottung eines großen Teils der indianischen Urbevölkerung Zentralamerikas, sondern auch ein erster Grund dafür, daß die
nun häufig beschworene panamesische Nation in der Tat ein
vielfältiges Völkergemisch ist – sowie zugleich der Anfang
vom Ende europäischer Herrschaft über den Isthmus.

Die Spanier holten noch im 16. Jahrhundert in Massen
zusätzliche Sklaven aus Afrika nach Panama, die ihnen für
den Lastentransport über den *Camino real* besser geeignet
erschienen als die Indios. »Die Schwarzen steckten die
Indianer vor allem mit ihren Krankheiten und Lastern an
und lehrten sie, in die Berge zu flüchten … und ihren
Eigentümern gegenüber Widerstand zu leisten«, bedauerte
noch in den sechziger Jahren des 20. Jahrhunderts der spanische Historiker Vicent J. Vives diese Fehlkalkulation.

Wer wenige Kilometer außerhalb von Colon auf der
Krone eines Schleusentores der *Gatun-Locks* den Panama-
Kanal überquert, sich dort nach Süden wendet und schließlich in westlicher Richtung von der gepflegten Kanalzonen-
straße auf einen Schotterweg abzweigt, nähert sich den
Relikten dieser unfreiwilligen Immigration. Junge Affen
überqueren mitunter die in den dichten Dschungel geschla-
gene Fahrbahn. Nach wenigen Kilometern gelangt der Reisende an den Atlantik, dessen Wellen in paradiesischen
Buchten auslaufen.

Verstreut stehen ein paar Dutzend Häuser zwischen der
Straße und dem Strand, an dem farbige Kinder nach
Muscheln tauchen. Aus der »Bodega Luzmila« am Fahr-
bahnrand dröhnt Reggae-Musik, und davor sitzt die
beleibte Lokalbesitzerin, die bedauert, jetzt den Herd nicht
mehr anfachen zu können, weil es wegen eines einzigen
Gastes nicht lohne, ein Essen zuzubereiten.

Pina heißt dieser Ort, und er ist wie La Union und die folgenden Dörfer fast ausschließlich von direkten Nachkommen der aus Afrika importierten Sklaven besiedelt, die in
diesen von Fischfang und Landwirtschaft lebenden Enkla-
ven ihre kulturelle Eigenart bewahrten.

Doch auf welche kulturelle Äußerung man im heutigen
Panama stößt – die Wurzeln stehen in jedem Fall in Verbindung mit der Rolle der Landenge als Transportweg zwischen den Ozeanen. Kurz nach den Sklaven kamen – vornehmlich britische – Freibeuter, die darauf aus waren, vor
den Küsten des Landes und am *Camino real* den Spaniern
die den Indios geraubten Schätze abzujagen.

Der später von Ihrer britischen Majestät geadelte Pirat
Henry Morgan zerstörte im Januar 1671 mit seinen Leuten
die östlich der heutigen Hauptstadt gelegene erste Ansied-
lung der Spanier am Pazifik und ein britischer Admiral
namens Edward Vernon in den Jahren 1739/49 die Stadt
Portobelo, den zu dieser Zeit bedeutendsten Hafen an der
Atlantikküste Panamas.

Als sich im Gefolge der Aufstände farbiger Sklaven in
den Jahren 1750 und 1780 dann auch noch einige Indianer-
stämme auf dem Isthmus erhoben, bewirkte dies das faktische Ende der spanischen Herrschaft über Panama. Der
Camino real versank wieder im Urwald, und Portobelo ver-
kam zu jenem tropischen Nest, als das es der Besucher
heute im Osten von Colon vorfindet.

In den Mauern ehemaliger Festungswerke haben Fischer
ihre Holzhütten errichtet, und die dösende Atmosphäre
von mehr als 200 Jahren Einsamkeit wird nur einmal jährlich durchbrochen, wenn im Oktober Pilger aus allen Landesteilen zur Statue des schwarzen Christus strömen, die in
der Kirche von Portobelo hinter einer Glaswand verwahrt
wird: eine Holzfigur mit dem Kreuz auf dem Rücken, angetan mit blauen Gewändern und einer Langhaarperücke.
Eine Dornenkrone umfaßt das Haupt, Goldgehänge wurden um jeden der zehn Finger gelegt.

Diese Figur bargen Fischer zur Zeit der *Conquista* aus
einem sinkenden Schiff. Wenn sie aus Portobelo entfernt
werde, würde das Meer aufwallen und über die gesamte
Landenge hinwegströmen, versichert der Mulatte, der als
Kirchendiener darüber wacht, daß jeder Besucher einen
Obolus in den Opferstock versenkt, nachdem er der wundertätigen Gestalt des *Cristo negro* ansichtig werden durfte.

Am pazifischen Ufer des Landes, wo Ciudad de Panama
im Gegensatz zu Portobelo nach der Zerstörung durch die
Konkurrenten der kastillischen Krone noch viel größer und
bedeutender aus der Asche des spanischen Kolonialreiches
herauswuchs, trägt die Wundergläubigkeit moderne Züge.
Hunderte Spielcasinos, in deren manchen an den Wochenenden drei Tage lang rund um die Uhr an einarmigen Banditen,

Black-Jack- und Roulette-Tischen kurzbehoste US-Touristen neben einheimischen Matronen auf den großen Gewinn warten, werden ausnahmslos vom Staat Panama betrieben, der in US-Reiseführern als »bedeutendster Glücksspielertreffpunkt südlich von Las Vegas« beschrieben wird.

Der Ausverkauf an die Gringos

Simon Bolivar, der Befreier Lateinamerikas, hatte andere Pläne. 1815 schrieb er: »Es ist eine wunderbare Idee, aus der ganzen Neuen Welt eine einzige Nation zu machen, die die einzelnen Teile miteinander vereint. Die Neue Welt hat einen Ursprung, sie hat eine Sprache, gemeinsame Bräuche und eine Religion: Folgerichtig müßte sie nur eine einzige Regierung haben, die die einzelnen Staaten, die sich bilden müssen, konföderiert ... Wie schön wäre es, wenn der Isthmus von Panama für uns das wäre, was für die Griechen Korinth gewesen ist.«

Nachdem die Spanier endgültig abgezogen waren, ging Panama zwar 1821 in die von Bolivar gegründete Konföderation von *Gran Colombia* auf, geriet aber schon kurz darauf immer stärker unter den Einfluß der sich expansionistisch nach Süden wendenden USA. Im heutigen Panama ist der US-Dollar das offizielle Zahlungsmittel, der hier – brüchiger Schein – *Balboa* genannt wird. Doch diese Landeswährung existiert vorderhand nur in Münzen im Wert bis zu einem halben Dollar.

Die nordamerikanischen Interessen am Isthmus stiegen erstmals 1848 sprunghaft an, als in Kalifornien Gold gefunden wurde und ein hysterischer Wettlauf zu diesen *Claims* einsetzte. Der rascheste und sicherste Weg von der Ost- zur Westküste der Vereinigten Staaten führte damals durch Nicaragua oder Panama. Also wälzte sich ein Strom von jährlich 30 000 Goldsuchern in der Gegenrichtung über jene Route, auf der drei Jahrhunderte zuvor von den Spaniern das geraubte Gold der Inkas von einem Ozean zum anderen transportiert worden war.

Die Beförderung dieser Menschen versprach ein noch viel besseres Geschäft zu werden als die mühsame Goldsuche selbst. 1850 begann ein US-Konsortium mit dem Bau einer Eisenbahn quer über den Isthmus. 1855 konnte die gesamte Strecke erstmals befahren werden. Auf dieser Trasse verkehrt die Bahnlinie, die Ciudad de Panama mit Colon verbindet, noch immer – nun dicht am Kanal entlang und über aufgeschüttete Dämme durch die sumpfigen Ausläufer des Gatun-Sees, in dem Frachter und Tanker auf die Einfahrt in die Schleusenanlagen warten.

Doch es ist nicht immer die tropische Parklandschaft der Kanalzone mit ihren Golfplätzen und Wohnhäusern für die Angestellten der Kanalgesellschaft, die der Bahnkörper am Festland durchquert. Über weite Strecken ragt zu beiden Seiten der Gleise dichter Dschungel auf, peitschen die aus den Sümpfen emporwachsenden Schilfpflanzen gegen die Waggonfenster und vermitteln dem Reisenden einen Eindruck von der Landschaft, die von den Erbauern der Eisenbahn vorgefunden wurde, als sie auf der Insel Manzanilla die Arbeiten aufnahmen.

Im zeitgenössischen Bericht eines Ingenieurs heißt es: »Es war ein jungfräuliches Sumpfland, dicht bewachsen mit den gekrümmten Stämmen der Mangroven. Dazwischen rankten sich gewaltige Schlinggewächse, Dornsträucher, die selbst den dort hausenden wilden Tieren den Zutritt verwehrten. In dem schwarzen, schmierigen Schlamm wimmelte es von Alligatoren und anderen Reptilien, die Luft war mit todbringenden Dünsten sowie Schwärmen von Sandfliegen und Moskitos erfüllt.«

In aller Welt wurden Arbeiter für dieses Unternehmen angeworben. Besonders zahlreich waren die Kariben aus Jamaica und Barbados sowie Chinesen auf dieser Baustelle tätig, von der niemand genau sagen kann, für wie viele Menschen sie zum Grab wurde. Laut einer in Panama häufig erzählten Legende liegt unter jeder Schwelle dieser 50 Meilen langen Bahnstrecke ein an Malaria, Gelbfieber oder einem Unfall verstorbener Arbeiter begraben. Was übertrieben sein dürfte. Zwischen Atlantik und Pazifik wurden an die 150 000 Schwellen verlegt. Die Eisenbahn war auf einen schnellen Boom hin angelegt. Von langfristiger und ökonomischer Bedeutung konnte nur ein schiffbarer Verbindungsweg zwischen den Ozeanen sein. Das wußten bereits die Spanier, deren König Karl I. – zugleich Kaiser Karl V. des Heiligen Römischen Reiches Deutscher Nation – im Jahr 1534 eine Studie über die Möglichkeiten eines Kanalbaus in Auftrag gegeben hatte.

Es dauerte mehr als 300 Jahre, bis ein erster Versuch gestartet wurde, dessen Spuren der Reisende wenige hundert Meter westlich der heutigen Gatun-Schleusen besichtigen kann: eine längst von Wasserpflanzen überwucherte Rinne inmitten des Dschungels – der sogenannte *French Cut*.

Hier hatte 1880 der Franzose und Erbauer des Suez-Kanal, Fernand de Lesseps, damit begonnen, einen Kanal auf Meeresniveau zu bauen. Ein Projekt, das zwanzig Jahre später mit einer Pleite endete, die Friedrich Engels hoffen ließ, der »Anfang vom Ende der bürgerlichen Republik« würde in Frankreich die Folge des Verlusts von etwa 1 500 Millionen Francs an Aktionärsgeldern sein, die großteils kleine Sparer aufgebracht hatten.

Die 20jährigen Bauarbeiten lockten abermals ein Heer von Arbeitern aus aller Welt nach Panama, von denen wenigstens 20 000 an den Krankheiten der tropischen Hölle zugrunde gingen. Paul Gauguin, der sich an diesen Arbeiten beteiligte, schrieb an seine Frau: »Die Sterblichkeit ist nicht ganz so schlimm, wie man in Europa sagt. Von den Negern, die die schwerste Arbeit verrichten, sterben neun von zwölf, von den anderen die Hälfte.«

Nach dem Scheitern der Franzosen schlug in Panama endgültig die Stunde der USA, die unter dem expansionsfreudigen Präsidenten Theodore Roosevelt für 40 Millionen Dollar die Konkursmasse Lesseps erwarben und 1904 die Realisierung eines Konzeptes starteten, das den Einbau von drei Schleusenanlagen zur Überwindung eines Höhenunterschiedes von 26 Metern vorsah.

Mit dem Kanal schufen die USA einen neuen Staat. Nachdem ihre Verhandlungen mit der Regierung von

Kolumbien über die Abtretung einer Kanalzone »auf ewige
Zeiten« nicht vorankamen, einigten sich die Emissäre
Washingtons mit einer Handvoll einheimischer Oligarchen
und Angestellter der US-Eisenbahngesellschaft über die
Abtrennung des in den Isthmus hineinragenden Teiles von
Kolumbien. Unter dem Schutz US-amerikanischer Kriegs-
schiffe deklarierten die Vasallen der Vereinigten Staaten
1903 die »Souveränität« Panamas und unterschrieben gleich
darauf alle Vereinbarungen betreffend der Kanalrechte, die
Roosevelts Regierung ihnen diktiert hatte.

Die bronzenen Büsten dieser Staatsgründer kann der
Besucher heute gegenüber der Kathedrale von Ciudad de
Panama besichtigen: »Aufgefädelt, wie vor einem Erschie-
ßungskommando«, kommentiert ein panamesischer Intellektueller, der in den von diesen Herrschaften unterzeichneten Verträgen einen »Ausverkauf des Vaterlandes an die
Gringos« sieht, den Panama endlich rückgängig machen
müsse.

Von ganz unten nach ganz oben: Torrijos und Noriega

Diese Forderung ist nicht neu. Sie war in Panama seit den
fünfziger Jahren immer wieder Gegenstand von Demon-
strationen, die im Januar 1964 ihren blutigen Höhepunkt
fanden, als panamesische Studenten den Zaun der Kanalzone überkletterten und auf dem Gelände dieser US-
Enklave die Flagge Panamas hißten. 24 von ihnen starben.
Die Besatzungsmacht hatte auf sie schießen lassen.

In geordnete Bahnen wurde der Widerstand erst gelenkt,
als sich 1968 der damals junge Offizier der Nationalgarde
Omar Torrijos an die Macht putschte. Die traditionellen Parteien des Landes würden mit ihrer anti-patriotischen Politik
den Ausverkauf Panamas an die USA betreiben, begründete er diesen Handstreich, dem der gerade wieder einmal
gewählte Präsident Arnulfo Arias weichen mußte – ein *Caudillo,* den die USA zuvor schon einmal aus dem Präsiden-

tenamt entfernten, weil er sich im Zweiten Weltkrieg offen
auf die Seite Hitlers stellte. Später dann, im Kalten Krieg,
paßte den Herrschaften in Washington der eiserne Anti-
kommunist Arias durchaus, und sie unternahmen mehrere
vergebliche Versuche, Torrijos zu stürzen, der 1981 bei
einem Flugzeugabsturz zu Tode kam, der in panamesischen
Zeitungen ein Werk der CIA genannt wurde.

Zuvor war es ihm gelungen, die Kanal-Frage vor den
UNO-Weltsicherheitsrat zu bringen und Washington
schließlich in zähen Verhandlungen den Carter-Torrijos-Ver-
trag abzuringen. »Omar war der erste Patriot an der Spitze
unseres Landes«, sagt nun Efrain Reyes Medina, ein bulli-
ger Mann mit einer dicken Goldkette um den Hals und
Chefredakteur der nach einem Führer aufständischer farbiger Sklaven benannten Zeitung »Bayano«. Sie ist das Organ
des *Partido Revolucionario Democratico* (PRD), einer von
Torrijos gegründeten populistischen Sammlungsbewegung.

Zugleich, betont Don Efrain, sei der General der erste an
die Macht gelangte fortschrittliche Führer Panamas gewesen, was durchaus einen Sinn ergebe: Aufgrund der ständigen Präsenz eigener Truppen in der Kanalzone hätte die
USA kein Interesse daran gehabt, in diesem Staat eine
starke Armee als Hüter ihrer und ihrer Vasallen Vorherrschaft zu installieren wie in den meisten anderen Ländern
Lateinamerikas. Mehr noch: Nach einer bewaffneten Intervention in den dreißiger Jahren hätten die *Gringos* Panamas
Armee zu einer unbewaffneten Polizei degradiert, die den
Söhnen der einheimischen Oligarchie keine Karrieremög-
lichkeiten bieten konnte. Das Offizierskorps der panamesischen Sicherheitskräfte rekrutiere sich daher – und Omar
Torrijos wäre ein gutes Beispiel dafür – aus den intelligente-
sten, kämpferischsten Burschen der Unterschicht, die folgerichtig sozial und patriotisch dächten.

Aus der unteren Schicht Panamas, wo Rücksichtnahme
im Überlebenskampf nichts taugt, kommt auch Manuel
Antonio Noriega, Omar Torrijos' Nachfolger als Armeechef
– und somit auch faktischer, wenngleich nicht nomineller
Staatschef. Wir treffen den kleingewachsenen, dynamisch

wirkenden Mann mit dem von Pockennarben gezeichneten
Gesicht gelegentlich bei der Inspizierung einer weiblichen
Militäreinheit. »Nationalist« sei er, sagt der General, »hun-
dertprozentig, weder links noch rechts.«

Politisch läßt sich Noriega in der Tat schwer einordnen,
dem von der rechtsgerichteten Opposition des Landes und
der US-Regierung zu diesem Zeitpunkt bereits häßliche
Dinge vorgeworfen werden: Drogenhandel, Wahlfälschung
und die Anstiftung zu mehreren politischen Morden.
Einige Monate später wird in den USA sogar ein Gerichts-
verfahren gegen ihn eröffnet – was den mit den Verhältnissen Amerikas halbwegs vertrauten Beobachter doch verwundert. Schließlich gilt Drogenhandel in den führenden
Kreisen Lateinamerikas als Kavaliersdelikt, das auch der
US-Geheimdienst CIA bedenkenlos vollziehen ließ, um
auf diesem Umweg die nicaraguanische *Contra* zu finanzieren.

Daß des weiteren in diesem Teil der Welt ein erfolgrei-
cher Politiker nicht Wahlen, sondern die anschließende
Stimmauszählung zu gewinnen hat, kann schon als eine Art
Tradition gelten. Und was Gewaltanwendung im Kampf um
die politische Macht anlangt, hat Graham Greene, ein vor-
trefflicher Kenner Panamas, seinem Freund, dem Noriega-
Vorgänger Torrijos, eingestanden, vermutlich deshalb so
sehr von dieser Region fasziniert zu sein, weil »Politik in diesen Ländern sich kaum je auf einen Machtkampf zwischen
gegnerischen politischen Parteien beschränkt, sondern
meist eine Frage von Leben und Tod ist«.

Sicher, der von ganz unten nach ganz oben gekommene
Noriega, dem auch ein Milliardenvermögen nachgesagt
wird, das er – wie jedes Vermögen – nicht mit ehrlicher
Arbeit verdient haben kann, ist für vielerlei unschickliche
Dinge gut. Doch warum beginnt ihn die Regierung der USA
nun plötzlich wie den Leibhaftigen darzustellen? Wo es
noch dazu mit der Zeit immer klarer wird, daß dieser Offi-
zier lange der Vertraute der CIA in Panama war, mit dem
Oliver North, der Mann in Reagans Keller, militärische
Aktionen gegen das sandinistische Nicaragua beplauderte.

»Die Antwort ist einfach«, glaubt ein einheimischer Intellektueller, der diese Einsicht indes nur vertraulich äußern will: »Der Mann verkörpert Panama – man kann ihn mieten, aber nicht kaufen. Das haben die *Gringos* lange Zeit nicht begriffen – und nun, wo er nicht mehr nach ihrer Pfeife tanzt, spielen sie die moralisch Empörten. Das ist zwar alles lächerlich, aber wahr.«

Tatsache ist jedenfalls, daß sich die Regierung der USA in den folgenden Monaten mit ihren Versuchen vor aller Welt lächerlich machen wird, Noriega aus dessen Machtposition zu beseitigen. Doch so weit sind wir noch nicht. Vorderhand bleibt der Protest gegen den General auf das tägliche Spektakel reduziert, das die besseren Herrschaften des Landes in den besseren Lagen der Hauptstadt für die Hundertschaften angereister Sonderberichterstatter inszenieren, von denen nicht wenige den »Zivilen Bürgerkreuzzug« für einen »Befreiungskampf«, gar für eine »Revolution des Volkes« halten.

Ein Mann dieses Volkes ist Orlando – ein Händler auf dem *Mercado publico San Felipe* am Fischerhafen der Hauptstadt. Unter Torrijos, vergleicht er, sei alles besser gewesen. Die Kinder hätten gratis Schuluniformen bekommen. Nun müßten die Eltern dafür wieder viel Geld bezahlen, und alles werde immer teurer. Während die einheimischen Bauern in Panama nichts mehr verkaufen könnten, überschwemmten die *Gringos* das Land mit ihren Nahrungsmittelexporten, nachdem sie die Abschaffung der Schutzzölle erzwungen hätten.

Orlando weiß, was die Leute in diesem heruntergekommenen Teil von Ciudad de Panama denken: »In der Regierung sitzen Gangster, und die Opposition besteht aus demselben Gesindel, das keinen Ausweg anzubieten hat. Für die gehen wir nicht auf die Straße. Aber solange die *Gringos* hier alles kontrollieren, ist die Oligarchie nicht wegzukriegen. Und die Leute bei uns sind viel zu wenig gebildet, um das zu durchschauen.«

Die kleinen Leute Panamas sind, so sie sich überhaupt mit Politik beschäftigen, überwiegend in der torrijistischen

PRD organisiert – und die steht noch an der Seite von Noriega, wenngleich nicht unkritisch: »*Reotification*« lautet ihre Parole – der Kurs der Regierung müsse berichtigt werden.

Unter Omar Torrijos wurde eine sehr eigenwillige Umverteilungspolitik betrieben, womit sich der General eine solide soziale Basis bei den Unterschichten schuf, hatte uns Charlotte Elton vom Sozialforschungsinstitut CEASPA erklärt: Mit den Staatseinnahmen in den Jahren der Hochkonjunktur, dem nach der Carter-Torrijos-Vereinbarung ab 1979 deutlich angestiegenen panamesischen Anteil an den Kanaleinnahmen sowie den zu dieser Zeit reichlich fließenden ausländischen Krediten seien Arbeitsplätze im staatlichen Sektor geschaffen worden – wesentlich mehr, als notwendig gewesen wären. So habe Torrijos die soziale Lage Hunderttausender Panamesen verbessert und zugleich einen straff organisierten Mitgliederapparat seiner PRD aufgebaut.

Doch inzwischen sei die weltweite Wirtschaftskrise und die Verschuldungslast, die alle Staaten Lateinamerikas an den Rand des Kollaps drängt, auch an Panama nicht spurlos vorübergegangen, das von den USA pro Kopf der Bevölkerung höhere Kredite aufgedrängt erhalten hatte als jedes andere Land der Welt. Diese Konstellation biete dem Internationalen Währungsfonds (IWF) nun die Möglichkeit, der in Ciudad de Panama amtierenden Regierung Ratschläge zu erteilen, die diese nicht überhören könne: Sparen bei den Staatsausgaben lautet die dringlichste Forderung der Herren vom IWF.

Der ökonomische Druck wächst

San Miguelito, ein immer weiter ins Land hinaus wuchernder Vorort im Norden der Hauptstadt, ist eine Hochburg der torrijistischen PRD. Der Großteil der hier in einfachen, kleinen Häusern lebenden Erwachsenen sind Staatsangestellte – und Mitglieder der PRD. Wenn unten in den besseren Vier-

teln der Stadt mit weißen Lappen gegen Noriega demonstriert wird, ballt da heroben höchstens so mancher die
Faust in der Hosentasche.

Die Lage sei nicht gut, erzählt Carmen Valoy, die in San
Miguelito einen kleinen Krämerladen betreibt: »Die Leute
kommen und wollen auf Kredit kaufen. Natürlich lasse ich
sie anschreiben – sie müssen schließlich essen.«

Dabei steht Doña Carmen, von negroider Abstammung
wie die meisten Bewohner dieses Stadtteils, selbst beim
Elektrizitätswerk und beim Wasserwerk in der Kreide:
»Wenn ich nicht bald 257 Dollar Stromrechnung bezahle,
drehen sie mir das Licht ab. Für Wasser schulde ich 400.«

Ihr kleiner Laden soll eine Großfamilie ernähren. Die
drei Söhne und der Schwiegersohn von Doña Carmen sind
arbeitslos, ihre Tochter geht noch zur Schule.

Die offizielle Arbeitslosenstatistik weist für San Miguelito eine Rate von 30 Prozent aus. In dieser Statistik wird
Franklin nicht mitgezählt, obwohl er bereits 29 Jahre alt ist
und unweit von Doña Carmens Laden im Haus seines
Vaters wohnt, der noch einen Job als Inspekteur bei einem
staatlichen Speditionsunternehmen hat. Franklin sagt, er
arbeite auch: als Trainer – genauer besehen als eine Art Assi-
stent eines Trainers – in einer traditionsreichen Institution,
die *Gimnasio* genannt wird, den Namen »Club Maranon«
führt und in einem vergammelten Gebäude am Fischerhafen von Ciudad de Panama ihren Sitz hat, das einer aufgegebenen Lagerhalle gleicht.

Das staatliche Sportinstitut stelle jährlich Millionen für
den »Club Maranon« bereit, sagt Franklin – doch von diesen Geldern werde nur ein kleiner Teil widmungsgemäß ver-
wendet. Er hält sich die hohle Hand an die Hosentasche:
Irgendwelche Funktionäre würden den Löwenanteil dieser
Dollar einsacken. Da könnten Leute wie er für ihre freiwil-
lig geleistete Arbeit nicht bezahlt werden und verlottere das
Gimnasio, aus dem die meisten der ingesamt 14 Weltmeister
hervorgegangen seien, zu denen es das knapp über zwei
Millionen zählende Volk der Panamesen bislang in der
Sparte des Berufsboxens gebracht hat.

Der »Club Maranon« ist also eine Boxschule, in der im und um den Ring von morgens bis abends ständig einige Dutzend Nachwuchsboxer trainieren: Der gegenwärtig jüngste Schüler ist ein zehnjähriger Indio, die Mehrheit bilden Farbige im Alter um 20, die – teils in abgetretenen Straßenschuhen – schnurspringend den Ring umkreisen, Liegestütze pumpen, schattenboxend ihre Kreise ziehen, gegen Sandsäcke dreschen und sich von älteren Herren in Straßenkleidung Schlagkombinationen vorführen lassen.

Einer der jungen Schwarzen hat einen Trainingsanzug, auf dessen Jacke eine Früchtehandlung aus der *Avenida central* wirbt. Der Junge habe bei den letzten Amateur-Weltmeisterschaften eine Bronzemedaille gewonnen, berichtet Franklin, der Sandsäcke in Position hängt, Boxhandschuhe sortiert und Trinkflaschen reicht.

Eigentlich habe er vier Jahre lang Theologie studiert, um Prediger eines evangelischen Zweigs der Mutter Kirche zu werden, erfahren wir später von ihm. Doch daraus sei ebensowenig geworden wie aus dem Versuch, eine Karriere als Boxer zu starten. Beides aus demselben Grund. Zwar rauche er nicht, beteuert Franklin. Er trinke keinen Alkohol und habe nichts mit Drogen im Sinn. Doch die Weiber – denen könne er sich nicht entziehen. Dazu beschreiben seine Hände barocke Wölbungen, wie sie sein Gusto seien.

Am Ring sitzt ein Trainer und wirft zwei Handschuhe abwechselnd nach links und rechts auf den Boden, von wo sie ein Boxer aufheben und dem älteren Herrn wieder in die Hand drücken muß. Das sei gut für die Reaktionsschnelligkeit und die Beweglichkeit, kehrt Franklin zu seinem zweiten Lieblingsthema zurück: dem Boxen, das für die meisten der *Muchachos* in dieser Stadt die einzige Chance sei, aus den Slums herauszukommen, in denen so gut wie alle der Schüler dieses *Gimnasio* aufgewachsen seien und lebten. Dort wäre es praktisch, wenn man mit seinen Fäusten umzugehen verstehe, lacht Franklin und bleckt dabei eine breite Zahnreihe, die ihn in Verbindung mit dem steil aus der Stirne gekämmten, geglätteten Kraushaar aussehen läßt wie den jungen Sugar Ray Robinson.

Der sei seiner Überzeugung nach der vollkommenste Boxer aller Zeiten gewesen, meint Franklin. Er formuliert das noch weitreichender: *»El hombre mas completo de todos tiempos.«*

Für die Politiker seines Landes empfindet Franklin weniger Hochachtung. Er halte sich da heraus, sei neutral – gehe weder für die Regierung noch für die Opposition auf die Straße. Für Leute wie ihn würde sich ohnedies nichts ändern, egal, wer an der Macht sei.

In einer anderen traditionsreichen Institution der Stadt treffen wir einen hochgewachsenen älteren Herrn, der überhaupt kein Wort zur Politik sagen will. Bertram Philips gibt seine Neigung mit dem Begriff *Aficionado* und seinen Beruf mit dem Wort *Deportista* an: Glühender Anhänger seines Sports und zugleich selbst Sportsmann sei er also – seit mehr als 40 Jahren auf das engste mit dem Hahnenkampf verbunden.

Der *Aficionado* verbringt seine Wochenenden als sachkundiger Zuschauer und Kunde der Buchmacher im »Club Gallistico« am Stadtrand von Panama. Als Sportsmann schickt er mitunter seine eigenen Kampfhähne in den Ring, die er während der Wochentage trainiert. Dazu benützt Don Bertram einen verschreckten Gockel mit zerrupftem Gefieder, den er seinen Kampfhähnen so lange vor die Nase hält, bis diese auf den unfreiwilligen Sparringpartner loszuhakken beginnen.

»Sehr aggressiv«, lobt ein anderer *Aficionado* den besten Hahn aus Señor Philips Stall.

Nun mag der distinguierte Mitteleuropäer das blutige Gemetzel eines Hahnenkampfes für eine barbarische Angelegenheit halten – im Lichte von Panamas Geschichte und Gegenwart besehen verblassen solche Einwände indes zur kleinlichen Beckmesserei. Hier hat eben jedes Ding auf besonders drastische Weise zwei Seiten. Das gilt nicht nur für die Vergnügungen der kleinen Leute, sondern auch für die Geschäfte der reichen Konzerne aus aller Welt, die Omar Torrijos – bei aller grundsätzlich fortschrittlichen Gesinnung absolut kein Sozialist – mit seiner Politik wenigstens ebenso bedachte wie die Armen seines eigenen Landes.

Der Bankenplatz verliert an Bedeutung

Auch diesbezüglich ist vieles Ansichtssache. Bertolt Brecht, beispielsweise, vertrat die Ansicht, ein Bankraub sei eine harmlose Angelegenheit – verglichen mit der Gründung einer Bank. Der Großteil der im Sommer 1987 in Ciudad de Panama existierenden zirka 130 Banken wurden in den vorangegangenen fünfzehn Jahren gegründet. Die Regierung Torrijos hatte bei ihren Bemühungen, die durch den Kanal erreichte Position Panamas als einer der wichtigsten Transitplätze der Welt und dazu als kostengünstiger Registrierungsort für Schiffe vermittels eines breiten Dienstleistungsangebotes an die Herren des Welthandels zu komplettieren, dem Bankgeheimnis eine Bedeutung eingeräumt, die jenem des Beichtgeheimnisses zumindest um nichts nachsteht. Das Ergebnis war 1987 ein Bankenumsatz von 60 Milliarden Dollar, an dem sich schon das eine oder andere mitverdienen läßt, wenn man am richtigen Platz sitzt.

Während die Herrschaften vom »Zivilen Bürgerkreuzzug« gerade wieder einmal auf den Straßen der Hauptstadt aufmischen, treffen wir einige diskrete Herren internationaler Bankgesellschaften in deren klimatisierten und gegen solche Störungen schalldicht abgeschotteten Büros, um unisono Lob zu vernehmen, das beispielsweise den in dieser Stadt existierenden Fernmeldesystemen – satellitengestützt! – gilt, die für einen modernen und effizienten Geldhandel unerläßlich seien. Darüber hinaus wird der in Geschäfts- und Regierungskreisen Panamas weitverbreitete Umgang mit der englischen Sprache gewürdigt und nicht zuletzt, naturgemäß, die unbürokratische Handhabung des Bankengesetzes, das im übrigen nach Schweizer Vorbild konstruiert worden sei, wie der Chef der örtlichen Niederlassung eines Zürcher Geldinstituts einflicht.

Zur politischen Lage wollen sich die Herren der Banken allesamt nicht äußern. Oder höchstens *off the record*. Da wird dann darauf hingewiesen, daß der inzwischen von den einheimischen Unternehmerkreisen leidenschaftlich angegriffene General Noriega noch im März 1987 recht drastisch gegen Streiks und Arbeiterunruhen habe vorgehen lassen. Und wenn man auch schwer beurteilen könne, wie die Panamesen allein mit dem Kanal zurechtkommen würden, so habe man zumindest den Eindruck, der General sei ein Garant für die Politik, die Panama zu einem weltweit erstrangigen Bankenplatz gemacht habe.

Als wir dieselben Bankdirektoren ein Jahr später abermals aufsuchen, sind etliche von ihnen mitsamt ihrem Institut außer Landes gezogen, bei den anderen überwiegt eine Mischung aus Ratlosigkeit und Pessimismus. Zwischen den Sommern von 1987 und 1988 liegt der mit rabiater ökonomischer Intervention und Repression vorgetragene Versuch der US-Regierung, in Panama General Noriega aus seiner Machtposition zu hebeln. »Das haben sie zwar nicht geschafft – dafür aber wirtschaftliche Interessen der westlichen Welt empfindlich gestört«, konstatiert ein europäischer Geldverweser mit bitterer Miene. »Ob dieses Land seine Bedeutung als Bankenplatz jemals wieder zurückgewinnt, ist höchst fraglich, zumal ja das Kernproblem dieses Konfliktes weiterhin ungelöst ist – wer kontrolliert künftig den Kanal?«

Die Zukunft der Kanalzone

Paul ist ein Schwarzer, der seinem Kraushaar einen akkuraten Scheitel abgerungen hat. Bestätigt man ihm einen ausgesprochenen New Yorker Akzent, bedankt er sich artig und erfreut: Paul ist Panamese – einer von etwa 9 000, die in den Diensten der Kanalgesellschaft stehen.

Paul gehört dem PR-Stab im Betriebsbereich der Miraflores-Schleusen an, führt dort Besucher entlang der Gleiskörper zwischen den Schleusenkammern herum, in denen gerade Ozeanriesen hinabsinken oder aufsteigen, und referiert mit routinierter Gründlichkeit alles Wissenswerte über den Kanal: 387 Millionen Dollar hätten die Baukosten für die 81,6 Kilometer lange Wasserstraße betragen, 196 Millionen Liter Wasser seien bei jeder Schiffsdurchfahrt für die Füllung der Schleusen erforderlich, was in einem an Regen so reichen Land wie Panama kein Problem darstelle. Bis zu 40 Schiffe würden täglich den Kanal durchqueren. Seit der Errichtung einer 1984 in Betrieb genommenen Pipeline sei allerdings die Zahl der Tanker-Passagen etwas zurückgegangen – von insgesamt 15 000 auf 12 000 Schiffe pro Jahr. Und so weiter.

Sein eigenes Land betreffend äußert Paul lediglich, daß ein Drittel des Bruttosozialproduktes von Panama durch den Kanal erwirtschaftet werde. Die internen politischen Vorgänge wolle er nicht kommentieren. Fragen betreffend die Zukunft des Kanals, der im Jahr 2000 vollständig in die Hände der Regierung von Panama übergehen soll, könne er nicht kompetent beantworten.

Pauls Kollegin bei den Gatun-Schleusen heißt Su Stabler und ist sehr weiß, sehr nordamerikanisch. Sie sei in diesem Land geboren, Panama sei ihre Heimat, sagt Su. Nicht wenige der etwa 1 800 US-Bürger unter den Kanalangestellten leben zumindest bereits in der zweiten Generation hier.

Wie das für sie ab dem Jahr 2000 sein werde, weiß auch Su nicht: »Bis dahin ist noch viel Zeit – und vielleicht kommt alles ganz anders, als wir heute denken.«

Nahezu wörtlich dieselbe Antwort gibt Major Robert Bernard auf die Frage nach der Zukunft jener Institution, deren stellvertretender Kommandant der US-Infanterieoffizier ist: des *Jungle Operations Training Center,* untergebracht in Fort Sherman, wo jährlich an die 8 000 Mann im Dschungelkampf ausgebildet werden. Wie die im Flur vor den Kommandantenbüros an den Wänden hängenden Wappen von Einheiten zeigen, die in Fort Sherman trainiert wurden, ist diese Ausbildung nicht nur Truppenverbänden aus den USA vorbehalten. Ungehalten wird von panamesischen Regierungsfunktionären darauf hingewiesen, daß in den letzten Jahren auch immer wieder Trupps der von den USA gegen Nicaragua in den Krieg geschickten *Contra* in der Kanalzone ausgebildet worden seien, was allen zwischenstaatlichen Vereinbarungen widerspreche.

Zwar wurde 1984 – eine Folge des Torrijos-Carter-Vertrages – die im Kanal-Fort Gulick untergebrachte *US Army School of the Americas,* die legendäre »Schule der Diktatoren«, in der bevorzugt lateinamerikanische Militärs auf US-Linie gedrillt wurden, nach Fort Bragg in North Carolina verlegt. Doch die Kanalzone beherbergt noch immer 14 US-Stützpunkte mit 77 militärischen Einrichtungen. Drei Viertel der 1640 Quadratkilometer großen Kanalzone werden für militärische Zwecke und nur vier Prozent für den zivilen Betrieb des Kanals genützt. Die Hälfte der ständig in der Kanalzone lebenden 20 000 US-Bürger sind Militärs.

Geleitet wird der militärische Komplex vom US Southern Command, das die Quarry Heights im Westen von Ciudad de Panama besetzt hält. Alle offenen und verdeckten Operationen der USA in Lateinamerika werden von hier aus koordiniert. Der Besucher erwartet, einen wohlorganisierten Apparat vorzufinden, stößt dann aber zuerst auf einen Militärpolizisten, der zwar nicht weiß, wo der Pressestab untergebracht ist, und nicht merkt, daß er seine Lagekarte verkehrt herum hält, dafür aber ein bemerkenswert schlechtes Benehmen an den Tag legt.

Um weiteren Händeln aus dem Weg zu gehen, versuchen wir es bei einer anderen Einfahrt, wo eine Jung-Walküre von Militärpolizistin gleichfalls *no idea* hat, wo der PR-Stab residiert. Doch sie bedauert wenigstens, niemanden telefonisch um Rat fragen zu können: »Irgendwer hat uns das Kabel herausgerissen.«

Die panamesischen Soldaten, die sich mit ihr das Wachlokal teilen – eine kosmetische Präsenz und Folge des Torrijos-Carter-Vertrages –, unterhalten sich köstlich über die Hilflosigkeit ihrer Waffenkameradin: »Wir sitzen hier den ganzen Tag mit den *Gringos* zusammen, haben aber kaum Kontakt miteinander«, berichtet einer der Panamesen. »Wir können nur wenig Englisch und sie kein Wort Spanisch.«

Endlich findet der Besucher den Pressemann im Southern
Command doch noch, wird mit einer Coca-Cola-Dose
bewirtet und dazu angehalten, nur im Freien zu rauchen.
Um die Genehmigung zum Besuch von Fort Sherman zu
erhalten, muß der Reporter eine Dia-Show über die Bedrohung von Freiheit und Demokratie durch die kommunistische Weltverschwörung, in Sonderheit den Supermächten
Kuba und Nicaragua, über sich ergehen lassen und für die
Hausaufgaben einen Stapel Informationsmaterial mitnehmen, in dem ohne jeden Beleg Behauptungen aneinander-
gereiht sind wie im Propagandamaterial einer obskuren
Sekte. Der Herausgeber dieser Schriften ist indes das
Außenministerium in Washington.

Anderntags, nun endlich in Fort Sherman gelandet, wird
der Reporter zuerst an einen Teich geführt, wo sich auffallend viele fettleibige Gestalten in Kampfanzügen mit der
Beherrschung eines Schlauchbootes abmühen, was nicht
ungefährlich sei, wie Major Bernard referiert, da viele der
Soldaten nicht schwimmen könnten. Dann nimmt uns der
Offizier, der mit seinem eigenwilligen Haarschnitt und dem
unter der Nase hängenden Schnauzer aussieht wie Charlie
Chaplin im Film »Der große Diktator«, zu einem kleinen
Fußmarsch in den benachbarten Dschungel mit und verirrt
sich prompt zweimal, bis wir auf fünf in bunte T-Shirts
gekleidete Soldaten stoßen. Sie mimen die *bad guys* und
müssen so lange einen Pfad auf und ab wandern, bis sie von
den *good guys* gefunden und überwältigt werden.

Der Major ist mit dieser Vorführung nicht ganz zufrieden
und gibt zur Ablenkung Schnurren aus Vietnam zum
Besten. Später in seinem Büro, wo der US-Offizier zwei Bilder des Wehrmachtsgenerals Rommel aufgehängt hat, kommen wir auf die Zukunft der Dschungel-Militärschule zu
sprechen, die nötigenfalls nach Honduras, Belize oder
Costa Rica verlegt werden könne, wie Major Bernard sagt:
»Doch warten wir's ab, bis zum Jahr 2000 ist noch viel Zeit –
und die Panamesen lieben unser Geld.«

Zu den Panamesen, für die das sicher gilt, dürfte Ricardo
Arias Calderon gehören. Der eloquente Mittfünfziger, ehe-

mals Student an der Sorbonne und in Yale, später Professor
für Philosophie an der Universität von Panama, gilt in diesem Land als Hoffnung der westlichen Welt. Er ist der Vorsitzende der örtlichen Christdemokratischen Partei, die bei
den Wahlen im Jahr 1984 zwar nur sieben Prozent der Stimmen erhielt, doch das soll sich ändern, wozu auch die Bon-
ner Konrad-Adenauer-Stiftung beiträgt, die jährlich die
Schulung von etwa 1 500 Gefolgsleuten von Arias Calderon
finanziert. Der spricht inzwischen einige Worte Deutsch:
»Danke schön« und »Auf Wiedersehen«.

Dazu hat der Professor ein geordnetes Weltbild. Es sei
wohl wahr, sagt er, daß bisher in Panama noch immer passiert sei, was die USA wollten – doch was gut für die USA
sei, wäre in jedem Fall auch das Beste für Panama gewesen.

Alles vermeiden, was nach Intervention aussieht

Als wir unweit des Hauses von Arias Calderon ein Taxi
anhalten, fragt der Fahrer, ob wir von General Noriega
kämen – der wohne hier gleich um die Ecke. Am Tag zuvor
hatte uns ein US-Diplomat beim Betreten eines Bürohoch-
hauses, in dem das *US Information Service* untergebracht ist,
auf einen hünenhaften Schwarzen hingewiesen, der gerade
das Haus verließ: Das sei der Leibwächter von Noriegas
Geliebter, die in diesem Haus arbeite – bei einer Import-
Export-Firma.

In Panamas Politik liegen die Dinge eng beieinander. Die
traditionellen Parteien sind personenbezogene Wahlver-
eine, deren führende Köpfe aus wenigen, häufig miteinander verschwägerten Sippen stammen. Politik ist somit seit
jeher die Sache einer kleinen Clique, die den Grundsatz der
Demokratie verletzt sieht, wenn sich die Plebs von der
Armee einmischen. Dagegen läßt die Herrschaft ihre
Gefolgschaft demonstrieren und nach *Justicia* – Gerechtigkeit – rufen.

Auf dem Höhepunkt dieser Kampagne, im Sommer 1987,
begegnet uns auf dem Platz vor dem Gebäude des Unter-

nehmerverbandes Luly Tribaldos, eine Dame mittleren
Alters, die wir zuvor in ihrem weitläufigen Atelier in einem
Kolonialhaus des *Casco viejo* besucht hatten. Die Bilder, die
dort an den Wänden hingen und auf Staffeleien standen,
mögen vor zwei Jahrzehnten in New York als mittelmäßig,
aber modern gegolten haben. An ihnen ist nichts Eigenständiges zu erkennen – nur die nordamerikanischen Vorbilder,
an denen sich die Malerein orientiert, werden deutlich.

Luly Tribaldos ist nämlich Künstlerin – eigentlich Desi-
gnerin, doch während eines längeren Aufenthaltes im Chile
Pinochets schaffte sie es, auch als Malerin anerkannt zu werden. Nun wurde sie uns von Herrschaften aus der Touris-
mus-Branche als eine der bekanntesten Vertreterinnen der
zeitgenössischen Kunst Panamas empfohlen.

Als wir sie auf der Straße wiedersehen, befindet sich Frau
Tribaldos »im Kampf«, wie sie sagt: Eine Großkundgebung
gegen die Regierung und vor allem General Noriega ist
einmal mehr angesagt, und da es seine Zeit braucht, bis
die Damen und Herren aus den besseren Wohnvierteln ein-
getroffen sind, kann uns die Künstlerin auseinandersetzen,
was sie bewegt. Die Militärs beispielsweise, die dem Ansehen Panamas schaden würden. Dazu sei die Regierung
unfähig, weil sie zu viele Ausländer ins Land lasse, wodurch
die Lebensgrundlage der Einheimischen bedroht werde.

Panama sei doch fast zur Gänze eine Nation von Einwanderern, werfen wir ein. Als mit dem Kanalbau begonnen wurde, lebten ganze 300 000 Menschen in diesem
Land.

Das möge schon stimmen, fährt Señora Tribaldos fort.
Doch nun sei es eben genug – nun müßte dem ein Riegel
vorgeschoben werden. Vor allem der Chinesen wegen, die
kaum spanisch sprächen, aber schon an den besten Plätzen
ihre Geschäfte besäßen.

Am Rande der sich formierenden Kundgebung treffen
wir auch Frederick Becker wieder, der uns einige Tage zuvor
in der Botschaft der USA als Zweiter Sekretär derselben vorgestellt worden war, um im kleinen Kreis über die aktuelle
Lage aus der Sicht seiner Regierung zu referieren. Wobei er

es vorzöge, wie Mister Becker einleitend einflocht, als
»westlicher Beobachter« ohne Namensnennung zitiert zu
werden. Dann folgte die Erklärung, die USA würden den
Kanal 1999 gerne einer demokratischen Regierung von
Panama übergeben, was nötigenfalls schon durchsetzbar
wäre, doch wolle man alles vermeiden, was als Intervention
der Vereinigten Staaten ausgelegt werden könnte.

Mister Becker scheint wenig erfreut darüber zu sein, daß
wir ihn nun bei dieser Demonstration wiedersehen. Auch
das sehr dürftige Resultat des Aufrufes zum Generalstreik,
den der »Zivile Bürgerkreuzzug« für diesen Tag deklariert
hatte, trägt nicht zur Verbesserung seiner Laune bei. Mit auf
Kochtöpfe schlagenden Hausfrauen – zumal solchen, die
den Umgang mit diesem Arbeitsgerät gewöhnlich ihren
Hausangestellten überlassen – und selbst ihre Demonstrati-
onszüge im Auto absolvierenden Aufsteigern läßt sich ein
Mann wie Noriega, der seinen Weg von ganz unten nach
ganz oben nur schaffen konnte, weil ihm Skrupel fremd
waren, nicht aus den Angeln heben. Das muß in den folgenden Monaten wohl auch den US-amerikanischen Mentoren
dieses »Zivilen Bürgerkreuzzuges« klar geworden sein.

Als wir 1988 wiederkommen, sind die bürgerlichen Batail-
lone von den Straßen Ciudad de Panamas abgezogen. Es ist
nun die Regierung der USA selbst, die nahezu täglich den
Rücktritt Noriegas verlangt. Diesem Wunsch werde sich der
General nicht lange widersetzen können, freuen sich seine
Gegner. Señor Arias Calderon von den Christdemokraten
hält sich schon bereit, um einer Übergangsregierung vorzu-
sitzen. »Noriegas Rücktritt ist nicht mehr eine Frage von
Tagen, sondern von Stunden«, gibt er sich siegesgewiß.
»Dann müssen sofort Neuwahlen ausgeschrieben werden,
damit auch die Marionetten des Generals aus der Regie-
rung verschwinden.«

Als bei den vorangegangenen Wahlen des Jahres 1984
ganze 2000 Stimmen den Ausschlag für die gegenwärtige
Regierungskoalition gegeben hatten, gehörte nicht viel
Phantasie dazu, um sich ausmalen zu können, wie hier – vermutlich von allen Seiten – gefälscht und geschoben wurde.

Doch damals sprach die Regierung in Washington noch von
einer guten und demokratischen Entscheidung der Panamesen. Glaubten Reagans Leute doch, die gewählte Crew im
Griff zu haben. Und Noriega erfreute sich da noch des
besonderen Vertrauens der CIA.

Wie wenig diese Wahlen real bedeuteten, zeigte der
Umstand, daß in den vier Jahren zwischen 1983 und 1987
der Staatspräsident fünfmal ausgewechselt wurde. Und in
jedem dieser Fälle hatte wohl der General ein entscheiden-
des Wort mitgeredet.

Wie so ein Vorgang abläuft, konnte das interessierte
Publikum im Februar 1988 verfolgen: Präsident Eric Arturo
Delvalle, selbst auf fragwürdige Weise ins Amt gekommen,
doch nicht deshalb von den USA als »Marionette Noriegas«
geschmäht, reist zum Ankauf von Rennpferden – er kann
sich das leisten – nach New York und trifft dort Reagans
Mann für Lateinamerika, Elliot Abrams, der ihm erklärt:
»Noriega muß gehen, das ist sicher.«

Der Pferdeeinkäufer setzt daraufhin auf das falsche Roß.
Nach Panama zurückgekehrt, tut der Präsident so, als wäre
er tatsächlich einer – und erklärt den Armeechef Noriega für
abgesetzt. Daraufhin tritt unter dem Schutze von Noriegas
Truppen das Parlament zusammen und beschließt, daß Delvalle nicht länger zum Präsidenten tauge. Mit diesem Amt
wird ein Regierungsmitglied namens Solis Palma betraut,
der aufgrund seiner Herkunft aus den reichen Oberschicht-
klüngeln, die sich traditionell die höchsten politischen
Ämter vorbehalten, sowie seiner eher reaktionären Ansichten durchaus zum Mann Washingtons getaugt hätte – in dieser Situation aber wohl kein Vertrauen mehr in die Welt-
regierungskünste Washingtons hatte, daher auf den näher-
liegenden Noriega setzte und den Patrioten mimte.

Die Kalkulation des Herrn Solis Palma erwies sich vorderhand nicht als falsch. Zwar begann die Reagan-Crew nun
erst recht durchzudrehen: Zusätzliche US-Truppen wurden
in die Kanalzone entsandt, ein Embargo über Panama ver-
hängt und versucht, die Dollar-Zufuhr in das Bankensystem
zu sperren. Panamas Regierung konnte tatsächlich vorüber-

gehend die Gehälter der Staatsangestellten nicht auszahlen und erntete auch Proteste von dieser Seite.

Als sich der Pulverdampf indes gesenkt hatte, wurden als die eigentlich Geschädigten dieser Panama-Politik Washingtons die Unternehmer-Vasallen von der *Cruzada civilista* sichtbar. General Noriega ist, während wir diese Arbeit abschließen, noch immer im Amt. Womöglich läßt er sich 1989 zum Staatspräsidenten wählen. Als Kandidat der *Gringo*-Gegner müßte er womöglich gar nicht fälschen lassen, um die Mehrheit der Panamesen für sich zu gewinnen.

Panama

2. Die Relikte

Die Kuna-Indianer, ein Rest von Zentralamerikas Ureinwohnerschaft

Die San-Blas-Inseln

Verschlafen und ein wenig unbehaglich starrt der Reisende
aus dem schmutzigen Fenster der zweimotorigen Cessna,
die den amerikanischen Kontinent in nur 45 Minuten überquert – eben an seiner schmalsten Stelle, in Panama.

Um fünf Uhr morgens hat er sich weisungsgemäß am
Aeropuerto Paitilla, dem Inlandsflughafen von Ciudad de
Panama, eingefunden, um sein bereits reserviertes Ticket in
Empfang zu nehmen und eine Stunde später die Reise zu
den San-Blas-Inseln an der karibischen Küste des Isthmus
anzutreten. Was sich indessen als gar nicht so einfach
erweist: Menschenschlangen quellen aus dem kleinen
Schalterraum auf den noch nächtlichen Parkplatz, aufgereg-
tes Hin und Her, Pakete werden herumgereicht, Menschen
rufen in einer völlig unverständlichen Sprache durcheinander.

Nahezu alle, die sich zu dieser Morgenstunde auf dem
Paitilla-Flughafen drängen, haben etwas gemeinsam: Sie
sind Kuna-Indianer. Ihre Heimat sind die San-Blas-Inseln.
Ihre Sprache ist Kuna. Sie sind es auch, die Panama, dieser
schmalen Landbrücke zwischen den Subkontinenten, ihren
Namen gaben. Wo die legendären Städte aus Gold und Sil-
ber seien, wurden die Indianer von den beutegierigen spanischen Eroberern gefragt. *»Panna mai«* war die Antwort:
»Weit weg.«

In dem kleinen Flugzeug ist der Reisende mit Ausnahme
des Piloten der einzige Nicht-Kuna. Der Kopilot wurde ein-
gespart und durch einen weiteren Passagier ersetzt, was
jedoch niemanden zu beunruhigen scheint. Überhaupt
wird der Schritt von der Steinzeit ins Flugzeug auch von den
älteren Kunas mit erstaunlicher Gelassenheit getan. Oder
ist es Fatalismus?

Ein silberner Streifen wird am Horizont sichtbar: das kari-
bische Meer. Das Flugzeug sinkt im Gleitflug tiefer, und da
sind sie – wie im Märchen: an die 400 Inselchen entlang der
Küste gestreut, als hätte jemand eine Perlenkette zerrissen.
Perlen von weißem Sand und Kokospalmen, dicht an dicht,

kaum aus dem durchsichtig blauen Meer ragend – Harry Belafontes »island in the sun«. Es gibt sie also tatsächlich, die Fototapeten-Palmeninseln.

Spätestens eine halbe Stunde nach der Landung auf einer unbewohnten Insel, der Flughafen-Insel eben, erlebt die Idylle erste ironische Brüche. Hat man dem – allerdings bereits zehn Jahre alten – Reiseführer entnommen, daß die Kokosnuß die offizielle Währung auf den San-Blas-Inseln sei, so verwundert es doch, unter der Brücke, die die beiden Inselchen Naragana und Corazon de Jesu verbindet, eine wahre Armada leerer Bierdosen im glasklaren Wasser schwimmen zu sehen.

Bescheidene Berühmtheit haben die Kunas durch die Herstellung der *Molas* erlangt: aus bunten Stoffstreifen zusammengenähte Bilder, die meist Vögel, Fische und anderes in ornamentaler Auflösung darstellen.

Der Besucher wird nun je nach Temperament entweder lächeln oder den Kopf schütteln, wenn er im einzigen »Hotel«, das gleichzeitig der einzige Laden und das einzige »Restaurant« ist, eine *Mola*-artig bedruckte Plastiktischdecke vorfindet. Auch darf er die Rechnung nicht in Kokosnüssen zahlen, sondern muß schon – wenngleich wenige – Dollar auf den Tisch legen, die in Panama, auf dessen Staatsgebiet wir uns befinden, *Balboa* genannt werden.

Das »Hotel« ist ein spartanisch ausgerüstetes, leidlich sauberes (immer in Relation zu den üblichen zentralamerikanischen Verhältnissen) einstöckiges Steinhaus und dient nur nebenbei der Beherbergung Fremder. Hauptsächlich ist es ein soziales Zentrum – Krämerladen, Bar, Nabel des Nachtlebens.

Gloria, ein junges Kuna-Mädchen, beobachtet das vormittägliche Treiben: Immer wieder laufen Kinder in den kleinen, dunklen Raum und kaufen *Gaseosas,* kohlesäurehaltige Erfrischungsgetränke. Auffallend selbstbewußt kommandieren die kleinen Mädchen ihre gleichaltrigen männlichen Spielgefährten.

Gloria ist ein modernes Mädchen. Sie trägt Jeans und hat langes Haar statt dem traditionellen Pagenkopf der erwach-

senen Kuna-Frauen. Sie lebt in Ciudad de Panama und ist
heute nur auf Verwandtenbesuch gekommen. Sie studiere
Sprachen und Tourismus, erklärt Gloria mit wichtiger
Miene. Dem Tourismus gehöre die Zukunft – trotz der
Sache damals auf der Insel Pidertupu.

Welche Sache?

Gloria lacht und schüttelt den Kopf.

Draußen laufen die Frauen geschäftig durch den Sand.
Die meisten tragen ihre Tracht: Blusen, deren Rumpfteil
aus *Molas* gemacht ist, Wickeltücher als Rock, über dem kurzen Haupthaar ein loses, gelbrot gemustertes Tuch, gelb-
rote Manschetten aus Perlenschnüren an Händen und
Füßen, Goldketten um den Hals und – einen goldenen
Nasenring.

Gloria lacht und schüttelt den Kopf. Ihre Leute kommen
ihr reichlich atavistisch vor.

Töchter und Söhne der Schöpfungsgottheit Mu

Um auf eine andere Insel, etwa nach El Tigre oder Tecati-
qui, zu gelangen, muß ein Kahn mit Außenbordmotor ange-
mietet werden. Für derlei geschäftliche Transaktionen
wende man sich an den *Sayla,* den gewählten Häuptling der
Insel, der gewöhnlich im Gemeindehaus, das zugleich als
Reisebüro, Bootsanlegestelle und Versammlungsort dient,
anzutreffen ist. Der *Sayla* wird den Gemeindediener zu
einem geeigneten Bootsbesitzer schicken, und dann können die Verhandlungen beginnen: Erst ein kurzes Palaver
zwischen Bootsmensch und *Sayla* in Kuna, anschließend
Verkündung ziemlich unverschämter Preisvorstellungen
durch den *Sayla* in Spanisch. Nun ist des Fremden Verhand-
lungsgeschick gefordert.

Keine Scheu vor dem Feilschen sollte der Fremde auch
kennen, wenn er schließlich auf El Tigre gelandet ist. Kaum
hat der Besucher seinen Fuß auf festen Boden gesetzt und
will sich zur Erkundung des dicht mit Bambushütten bebau-
ten Inselchens aufmachen, zischt es schon aus allen Ecken:

»*Mola, Mola, Mola*«. Die Frauen der Insel holen in Windes-
eile ihre Arbeiten hervor, zupfen dem potentiellen Käufer
am Arm und reden eifrig in Kuna auf ihn ein. Die Verständi-
gung erfolgt dann in erster Linie mittels Handzeichen und
Gesten.

»*Mola, Mola*«, lockt eine junge Frau und zieht uns in ihre
Hütte. Im unerwartet geräumigen und dunklen Innern bau-
meln einige Hängematten vom niedrigen Palmdach. Der
Rest der Habe wird auf einem Bord entlang der Wände aufbewahrt: Töpfe, Küchengerätschaften, Krimskram. In mancher Hütte findet sich auch schon ein Propangasherd, ein
Kühlschrank oder ein Fernsehapparat. Verwandte, die in
Panama (wozu die Kunas ihr Stammesgebiet eigentlich
nicht zählen) arbeiten, haben diese Schätze herbeigeschafft.

Von solchen Ausnahmen abgesehen, sind bei den Kunas
kaum soziale Unterschiede zu bemerken. Wohl sind ihre
Hütten karg, doch der Eindruck von Armut kommt nie auf.

Der Verkauf von *Molas,* die sie ursprünglich zur Zier der
eigenen Kleidung anfertigten, hat den Frauen eine neue
Einkommensquelle erschlossen, die von ihnen geschäfts-
tüchtig genutzt wird. Noch findet man in der Mehrzahl
phantasievolle und minutiös gearbeitete *Molas,* mitunter
aber auch schon schnell und routiniert hingefetzte »Massen-
ware«.

Die Hütte füllt sich mit Frauen, die alle ihre Arbeiten
anpreisen. Der im Hintergrund aufgetauchte Mann wird
nach Abschluß der Verhandlungen zum Geldwechseln geschickt.

Jede Art von Geschäft ist fest in weiblicher Hand. Sie
trägt das Familienvermögen in einem Tuch um den Hals.
Sie verlangt Geld, wenn der Fremde sie in ihrer malerischen
Tracht fotografieren will. Männer, die eben keine attraktive
Tracht tragen und überhaupt von geringerer Bedeutung im
Stammesleben der Kuna sind, werfen sich förmlich vor die
Kamera.

Der *Sayla,* der Häuptling von El Tigre, erklärt, auf dieses
Phänomen angesprochen, unbekümmert, der Inselrat habe
beschlossen, daß die Frauen sich nur mehr gegen Geld foto-

grafieren lassen sollten, weil der weiße Mann mit diesen Fotos ja zumeist auch Geld verdiene.

Kunas wollen sich nicht ausbeuten lassen. Kunas beuten einander nicht aus. Bei ihnen herrsche eine Art Urkommunismus, wird uns später ein politisch engagierter Jugendführer erklären.

»Dies hier«, der *Sayla* weist auf das große luftige Bambushaus, »ist unser Gemeindehaus, wir haben es alle zusammen gebaut. Unser Land gehört uns allen gemeinsam. Was wir an Überschuß produzieren, wird nicht verkauft, sondern geteilt.«

Im Gegensatz zu den meisten anderen Indios Mittel- und Südamerikas sind die Kunas weder devot noch verschüchtert, sondern von einem bis zum Rassismus reichenden Selbstbewußtsein und Stolz. Sie empfinden sich als direkte und auserwählte Töchter und Söhne der Schöpfungsgottheit *Mu.* Die nächst tiefer stehende Rasse sind für sie die Weißen, ihre Feinde Neger und Chinesen. Die bauten als Kulis zuerst die Eisenbahn und dann den Kanal vom Atlantik zum Pazifik. In den Augen der Opfer dieser Siege der Technik über die Natur waren sie es aber, von denen die Kunas aus ihrem Stammesgebiet auf dem Festland verdrängt wurden.

Nie käme jemand vom Stamm der Kunas auf die Idee, sich einen andersrassigen Partner zu nehmen – die Zugehörigkeit zur Stammesgemeinschaft würde damit erlöschen. Diese jahrhundertealte Inzucht bleibt nicht ohne Folgen: Die Zahl der Albinos liegt bei den Kunas weit über dem Durchschnitt anderer Völker.

Auf Schritt und Tritt begegnen dem Besucher diese *Kinder des Mondes:* weißhäutig, rotäugig – unter der tropischen Sonne mit einem permanenten Sonnenbrand geschlagen.

Wegen dieser »weißen« – also guten – Indianer intervenierte 1925 die US Navy für den Stamm. Die rebellischen Kunas hatten sich gerade von Panama losgesagt und ihre ephemere Republik Tule ausgerufen, was die panamesischen Streitkräfte auf den Plan rief. Deren Strafaktion wurde vom US-Kreuzer »Cleveland« buchstäblich durch-

kreuzt, der die »Weißen« – deren Entdeckung durch den
US-Anthropologen Richard March beträchtliches Aufsehen
in der US-Öffentlichkeit erregt hatte – in Schutz nahm.

»Natürlich sind die Frauen etwas Besonderes«

An der Bootsanlegestelle des Inselchens Tecantiqui erwartet der Gemeindediener die Ankömmlinge. Fremde werden zuerst dem *Sayla* der Insel vorgeführt. Dem lege man
seine guten Absichten mit lebhaften Gebärden dar – er
spricht kaum Spanisch.

Nach ausführlichem, höflichem Palaver wird er dem Gast
den Gemeindediener als Begleiter für die Dauer des Aufent-
halts auf Tecantiqui zur Verfügung stellen.

Hier kichern die Frauen noch über die Erscheinung der
Fremden. Die Männer binden gemeinschaftlich ihre Bambushütten. Reis liegt zum Trocknen aus. Man amüsiert sich,
als die erste Fremdheit vorbei ist, zusammen mit den Besuchern über den Papagei. »*Quaqua!*« rufen die Frauen begei-
stert und zeigen auf den Vogel. »*Quaqua!*« wiederholt der
Gast und hat sein erstes Kuna-Wort gelernt.

Der Gemeindediener lädt die Gäste vor sein Haus.
Schnell schlägt er einige *Pipas* – unreife Kokosnüsse – von
der benachbarten Palme, öffnet sie mit einem Hieb der
Machete und bietet ein herrliches Erfrischungsgetränk an:
Kokosnußwasser direkt aus der Nuß.

Kokosnüsse sind das einzige traditionelle Exportprodukt
der Kunas. Jeder Kuna besitzt Kokospalmen, erzählt der
Gemeindediener. Oft gehören die Palmen auf den unbewohnten Inseln – nur 40 der etwa 400 San-Blas-Inseln sind
bewohnt – verschiedenen Leuten. Jeder Besitzer habe die
Pflicht, sechs Wochen im Jahr Kokosnüsse zu ernten und
die Palmen vor Dieben zu bewachen. Er liebe diese einsame
Zeit – man fische ein wenig und ernte Nüsse. Derzeit
bekomme ein Kuna 0,20 Balboa für eine Nuß.

In Tecantiqui sei das Leben noch in Ordnung, hier werde
in der hergebrachten Weise gelebt. Stolz zeigt der Gemein-

dediener die Insignien seines Amtes: einen geschnitzten
Holzstab, dessen Griff einen schwarzgekleideten Mann darstellt, dem ein *Quaqua* auf dem Kopf hockt. Damit gehe er,
wenn ein Mädchen geboren wird, von Hütte zu Hütte und
verkünde: »Es gibt eine Frau mehr in unserem Dorf!«
    Knaben?
    Deren Geburt übergehe man. Auch das feierliche Initia-
tionsritual *Inna Suit* gebe es selbstverständlich nur bei jungen Mädchen.
    Inna ist ein stark berauschendes Getränk auf Zuckerrohr-
basis, das während der Riten getrunken wird, weshalb der
Gemeindediener auch keine genaue Schilderung des Ablau-
fes geben kann. Fest steht, daß am Ende der dreitägigen
Festlichkeiten dem pubertierenden Mädchen das Haupthaar geschnitten wird und es sich dann einen Mann suchen
beziehungsweise einen rauben lassen kann. Die Kleine teilt
ihre Wahl ihrem Vater oder Bruder mit, der den Bräutigam
herbeizuschaffen und dem Mädchen in die Hängematte zu
legen hat. Zweimal darf der Gefreite fliehen, die dritte
Hochzeit gilt – oder der junge Mann muß sich auf einer
anderen Insel in Sicherheit bringen.
    Frauen hätten es auf einigen Inseln bereits zum *Sayla*
gebracht, erzählt der Gemeindediener. Doch das sei die
Ausnahme: »Bei uns kümmern sich die Frauen ums
Geschäft und die Männer um die Politik.«
    Ob es hier Elemente eines Matriarchats gäbe?
    Unser Begleiter versteht rasch, was mit diesem Wort
gemeint sein könnte: »Natürlich sind die Frauen etwas
Besonderes, und wir Männer haben große Achtung vor
ihnen. Jede Frau ist auch *Mu*.«
    Mu ist die Großmutter und Muttergottheit, der Baum des
Lebens in der Mythologie der Kunas. In Tecantiqui hat *Mu*
noch keine Konkurrenz aus Palästina.
    Die Kinder gehen einzig in die Schule des Lebens: Mit
acht Jahren kann ein kleiner Kuna perfekt mit dem Kanu
umgehen, mit zwölf arbeitet er auf dem Feld, lernt die Gei-
ster und Kräuter des Waldes auf dem Festland kennen,
wohin ein Teil der Männer jeden Tag fährt, um die Äcker zu

bewirtschaften. Heranzuwachsen heißt für einen Kuna, leben und arbeiten in der Gemeinschaft, in der er seinen Platz und seine Rechte besitzt.

»Siehst du, deshalb ist das Leben hier noch in Ordnung«, sagt der Gemeindediener. »In Corazon haben sie eine Schule – die Jungen gehen weg und kommen in der Stadt unter die Räder. Wir haben erst gedacht, sie gingen fort, um etwas für uns Nützliches zu lernen, und kämen dann mit ihrem Wissen wieder zurück. Aber zu viele bleiben weg, kümmern sich nicht mehr um die Felder und die Palmen ... in Corazon, denn bei uns ist alles in Ordnung.«

Zum Abschied schenkt er uns – ein Zeichen äußerster Wertschätzung – fünf *Pipas,* die allerdings nur mit einer Machete zu öffnen sind. Das Kokosnußwasser bleibt daher für den ansonsten wohlausgerüsteten Reisenden ein unzugänglicher Schatz, wie sich später herausstellt, nachdem der Bootsmann seine Passagiere am Strand einer unbewohnten winzigen Insel abgesetzt hat.

Auf den San-Blas-Inseln sind solche Träume tatsächlich zu erleben: Stille und Palmenrauschen, manchmal ein Vogelschrei, Sonne, Wind, weißer Sand und natürlich Meer, Meer, Meer. Jedes Zeitgefühl verliert sich zwischen schlafen, wachen, träumen. Wenn ein Brummen in der Ferne den Rücktransport ankündigt, möchte der Fremde an ein Mißverständnis glauben, regten sich nicht Hungergefühle in den Gedärmen.

Die allerdings wird der Besucher bei den Kunas nur sehr begrenzt zu stillen vermögen, denn eine Kuna-Mahlzeit ist für europäische Begriffe eine halbe Kinderportion: ein winziges Fischlein, dazu ein wenig Reis mit Kokosnuß. Das ist bereits das Luxusmenue für den Gast. Es muß aber auch für den Tag reichen. Kunas essen extrem wenig, ohne dabei etwas zu vermissen. Sie sind gesund, kennen keine Figurprobleme. Ein dicker Kuna ist nicht denkbar.

Der Kampf gegen den weißen Mann

Zurück in Corazon de Jesu wirkt dieser Außenposten westlicher Zivilisation wie von Parasiten befallen. Hier löst sich eine Kultur bereits auf.

»Come with me, come to my house«, lockt uns ein uraltes, hutzeliges Männchen, das sich als »Freddy« vorgestellt hatte, in seine Hütte: *»I have been to the United States, I'm a baptist!«*

Freddy, der Baptistenprediger, ist stolz auf seinen makellosen *Yankee*-Slang und schwärmt in den höchsten Tönen von den USA. Den Panamesen hingegen mag er nicht einmal den Kanal gönnen: »Jaja, den hätten sie gerne. Den werden sie aber nicht kriegen, weil sie den Vereinigten Staaten viel Geld schulden!«

In der schlichten katholischen Kirche von Corazon hängen an den Wänden Karikaturen von Banken und Militärs, Ausbeutern eben, und Sprüche, wie man mit denen fertig werden könne: mittels Solidarität.

Ja, die Vertreter der katholischen Kirche hier könne man sicher der Befreiungstheologie zurechnen, meint die hinzugetretene Nonne. Sie würde die Kunas nicht als Christen bezeichnen. Viele kämen zwar sonntags zur Messe, wären aber weder christlich getraut, noch ließen sie ihre Kinder taufen. Aber sie, die Nonne und der Herr Pfarrer, hätten große Achtung vor den Indianern, deren Respekt vor der Natur und deren sozialer Ordnung. Mord, Diebstahl, Ehebruch seien auf den Inseln unbekannt.

»Wir wollen die Kunas nicht durch Repression zum Christentum zwingen wie anderswo«, meint die ernste Nonne. »Man sollte hier sehr vorsichtig sein.«

Vielleicht hat sie dabei an jenes Vorkommnis gedacht, von dem uns Ologuagdi, ein in Ciudad de Panama lebender Kuna, erzählt hatte: Als der erste Kuna, der Christ und Priester geworden war, auf seine Heimatinsel zurückkehrte, zerbrach er mit einer symbolischen Geste das heilige Gefäß, das den Uterus von *Mu* darstellt und in dem das Getränk *Inna* aufbewahrt wird. Die Kunas töteten den Priester und rissen ihn in Stücke.

Nayve, ein Bruder Ologuagdis und Führer der Jugend-
bewegung der Kunas, mag von all den fremden Religionen
nichts wissen. Am wenigsten von den Mormomen, die sich
vor einigen Jahren hier festgesetzt hatten. Zur Zeit ist ihr
Vertreter ein milchgesichtiges Bürschchen, das wir schon
des Morgens um die Insel joggen sahen. Dutzende Male
hatte er sie mangels Auslaufmöglichkeiten umrundet.

»Wir Jungen haben dafür gestimmt, daß diese Leute erst
ihre Ansichten darlegen sollten, bevor wir entscheiden, ob
sie sich bei uns niederlassen dürfen. Aber sie sind einfach
gekommen und geblieben«, berichtet Nayve.

Genausowenig hält er von den politischen Parteien Panamas, die einzelne Kunas als Repräsentanten auf den Inseln
an sich zögen und so die Bevölkerung spalteten, in der
Wahrnehmung ihrer Interessen schwächten.

Die Interessen der Kunas sieht Nayve ganz klar: Endlich
seien die Grenzen ihres Stammesgebietes auf dem Festland
seitens der Regierung festzuschreiben, die Jugend sollte
mittels Landwirtschaftskooperativen wieder zur Arbeit auf
den Feldern bewogen werden und sich der alten Traditionen besinnen, um die Verwestlichung zu stoppen.

Dennoch trinkt Nayve mit Genuß Bierchen auf Bierchen
im »Hotel«.

Bereitwillig erzählt er die Geschichte von Pidertupo, die
uns immer wieder geheimnisvoll angedeutet worden war:
»Gegen unseren Willen und ohne uns zu fragen hatte sich
auf der Insel Pidertupo der *Gringo* Thomas Moody festgesetzt. Er beutete die Insel auf böseste Weise aus und errich-
tete ein Hotel. Wir forderten ihn auf, er solle weggehen,
aber er lachte uns aus. Da fuhren wir eines Nachts von den
Inseln Naragana und Porvenir nach Pidertupo. Wir waren
zwölf Jungen mit Gewehren. Wir riefen: ›Moody, komm
heraus!‹ Er kam mit seinem Hund und wollte auf uns schießen. Aber wir waren schneller, und sein Bein flog bis nach
Naragana.«

Einbeinig wurde Moody vom panamesischen Militär aus-
geflogen. Geplante Hotelprojekte wurden zurückgestellt.
Das Hotel gehört jetzt einem Kuna.

Eine weitere Bedrohung seines Volkes sieht der 26jährige
Nayve in den Schulen der Weißen, in denen die Kinder
in Widerspruch zu alten Kuna-Verhaltensweisen gerieten:
Konkurrenz statt Gemeinschaft, andere Werte...

Nayve erinnert sich: »Mein Vater schickte mich, als ich
nicht zur Schule der Weißen gehen wollte, in die Berge.
Aber nicht, damit ich die Schönheit unseres Landes kennen-
lernen sollte, die Heilpflanzen und die Kräfte der Erde, sondern damit ich mich vor den wilden Tieren erschrecke und
dann wieder lieber zur Schule gehe. Das Gegenteil ist
geschehen.«

Nayve ist davon überzeugt, daß die Zukunft wie die Vergangenheit seines Volkes im Land, im Boden liegt. Seit dem
Beginn der Kanalbauarbeiten waren die Kunas Schritt für
Schritt in ihrem Land zurückgedrängt worden, bis sie
schließlich auf den der Küste vorgelagerten Inselchen landeten. Der traditionell agrarische Stamm fand hier keine land-
wirtschaftlich nutzbaren Böden und forderte deshalb
zunehmend heftiger den Küstenstreifen der *Comarca San
Blas* von der panamesischen Regierung zurück.

Prinzipiell wurde dieses Land den Kunas auch zugestanden. Nur stößt die Regierung ihrerseits auf erhebliche
Schwierigkeiten: Innerhalb des Kuna-Landes gibt es Plantagen, Eisenerz- und Manganlagerstätten, die im Besitz von
US-Firmen sind. Gerade Bergbau und intensive Landwirtschaft sind in den Augen der Indianer Todsünden wider die
Erde.

Deshalb weiß Nayve sich mit vielen gerade seiner jüngeren Stammesbrüder eins »im Kampf gegen den weißen
Mann«: gegen dessen Sitten, seine Religion, seine politischen Parteien. Er kann den Untergang unzähliger Indianer-
kulturen, der den Kunas bisher mangels Reichtum und
dank ihrer peripheren geographischen Lage erspart geblieben ist, durch den Lauf der Geschichte studieren.

Für sein Volk, so hofft er, ist es noch nicht zu spät: »Die
Domestizierung der Indianer hat deshalb funktioniert, weil
wir alles Fremde als überlegen ansehen.« Spricht's, trinkt
sein Bier aus und taucht weg in die tropische Nacht.